国家社科基金重点项目"数字化背景下激活农村闲置资源的产村融合共生路径研究"(项目编号：21AGL020)

激活农村闲置资源的产村融合共生路径研究

基于数字化背景

黄小勇　邹伟◎著

Research on the Symbiotic Path of Produce-Village Integration to Activate Rural Idle Resources:
Based on the Background of Digitalization

中国社会科学出版社

图书在版编目（CIP）数据

激活农村闲置资源的产村融合共生路径研究：基于数字化背景 / 黄小勇，邹伟著. -- 北京：中国社会科学出版社，2025. 1. -- ISBN 978-7-5227-4556-5

Ⅰ. F320.3-39

中国国家版本馆CIP数据核字第2024WV9552号

出 版 人	赵剑英	
责任编辑	刘晓红	
责任校对	阎红蕾	
责任印制	戴　宽	
出　　版	中国社会科学出版社	
社　　址	北京鼓楼西大街甲158号	
邮　　编	100720	
网　　址	http://www.csspw.cn	
发 行 部	010-84083685	
门 市 部	010-84029450	
经　　销	新华书店及其他书店	
印　　刷	北京君升印刷有限公司	
装　　订	廊坊市广阳区广增装订厂	
版　　次	2025年1月第1版	
印　　次	2025年1月第1次印刷	
开　　本	710×1000　1/16	
印　　张	19.75	
字　　数	315千字	
定　　价	109.00元	

凡购买中国社会科学出版社图书，如有质量问题请与本社营销中心联系调换
电话：010-84083683
版权所有　侵权必究

前　　言

目前，中国正处于农业农村现代化的关键时期，但农村资源闲置极大阻碍了农村经济高质量发展。随着新一代信息技术的发展，引发技术经济范式的变革，数字技术与农业农村跨界融合，能够重塑农村生产、生态和生活格局，加快产业、农村、农民、资源等围绕生产、生态、生活空间实现深度融合，培养组织创新能力，促进农村产业多元化发展，实现资源的高效利用和产业的深度融合，形成数字化产村融合新模式。2024年中央1号文件提出要运用"千万工程"蕴含的发展理念、工作方法和推进机制，把推进乡村全面振兴作为新时代新征程"三农"工作的总抓手。以强化科技和改革双轮驱动、强化农民增收举措为支撑，协同推进科技创新和制度创新，实施数字农村发展行动，推动数字化应用场景研发推广，激发农村各类要素潜能和主体活力，表明数字化产村融合是农业农村发展的必然趋势，能够推进乡村振兴战略的实施。因此，探究数字化背景下激活农村闲置资源的产村融合共生机理与路径，不仅有助于丰富和拓展区域发展理论、农村振兴理论和可持续发展理论，也符合当前农村发展的现实需要，具有重要的理论意义与实践价值。

本书基于共生理论，紧密围绕"数字化背景下激活农村闲置资源的产村融合共生路径"这一问题，遵循文献分析、理论研究、案例研究等研究范式，以农村闲置资源为研究对象，以数字化背景下产村融合共生为路径展开研究，主要内容如下。

第一章绪论。本章基于中国农村闲置资源及数字技术向农村扩散的研究背景，提出以下三个主要研究问题：一是影响数字化产村融合激活农村闲置资源的因素及其共生机理是怎样的？二是数字化产村融合激活农村闲置资源的演化规律和共生路径是怎样的？三是数字化产村融合组织是通过何种机制实现数字化产村融合共生并激活农村闲置资源的？并由此对研究的理论与现实意义进行了深入剖析，提出了"厘清现实障碍—剖析典型案例—解析理论机理—构建演化路径—进行路径检验—提出实现机制—提出政策建议"的研究思路。

第二章文献综述与理论基础。通过文献研究法系统梳理了农村闲置资源、产村融合、数字技术发展的农村经济效应及数字技术、产村融合与农村闲置资源的关系等研究成果，提出了新的研究空间——数字化产村融合共生，并基于技术溢出理论、产业融合理论和共生理论，探索了数字化、农村闲置资源和产村融合的内在逻辑，为后续研究提供了理论依据。

第三章农村闲置资源的现实情况、激活障碍与突破方向。分析不同区域农村闲置资源现状、成因和激活障碍，探析农村闲置资源激活方式的转变趋势，总结农村闲置资源激活路径的基本趋势，发现激活农村闲置资源存在诸多障碍，如观念障碍、区位障碍和制度障碍，激活路径从传统方式向多元化方式转变，且数字技术与农业农村生产、生态、生活空间的融合与链接将为激活农村闲置资源提供新的路径和动力。

第四章数字化背景下激活农村闲置资源的路径探索典型案例。通过案例研究和实地调研，对数字化背景下东中西三大地区激活农村闲置资源的典型案例进行研究分析，并介绍这些典型区域的激活农村闲置资源的具体情况，从生产、生态、生活等角度对数字化背景下各区域激活农村闲置资源的实践路径进行具体分析，为中国数字化产村融合激活农村闲置资源提供经验借鉴。

第五章数字化背景下激活农村闲置资源的产村融合共生机理。基于扎根理论对数字化产村融合激活农村闲置资源的共生机理及影响因素进行探索性研究，围绕技术范式转换、组织动态演化和共生网络形成等归纳数字化产村融合激活农村闲置资源的共生机理，得出数字化产村融合激活农村闲置资源共生发展的关键在于促进技术范式转换与组织结构创新，提高数字创新能力，加快形成共生网络，实现资源的价值创造、价值转换和价值增值。

第六章数字化背景下激活农村闲置资源的产村融合共生静态路径构建。探讨了数字化背景下激活农村闲置资源的产村融合共生静态路径，提出了"资源产业化→产业生态化→生态村景化→村景智慧化"的激活农村闲置资源的一般路径，并提出3条激活农村闲置资源的数字化产村融合共生的具体路径，分别为"绿色资源+全产业链加工业"导向型数字化产村融合共生路径，"文化资源+精致文农旅产业"导向型数字化产村融合共生路径和"特定资源+嵌入式产业"导向型数字化产村融合共生路径。

第七章数字化背景下激活农村闲置资源的产村融合共生路径系统仿真分析。基于系统动力学对数字化产村融合激活农村闲置资源的共生路径进行探讨。数字化产村融合激活农村闲置资源是一个复杂系统，在运用潜在狄利克雷分配主题模型确定子系统数量及影响因素分析的基础上，将数字化产村融合系统分为生产、生态、生活3个子系统，构建数字化产村融合共生激活农村闲置资源的系统模型，模拟各子系统的演化轨迹，并对数字化产村融合激活农村闲置资源关键因素的动态过程进行系统仿真，通过定量分析及仿真分析得出数字化产村融合共生发展能够激活农村闲置资源，并提升乡村生产、生态、生活水平。

第八章产村融合对乡村振兴的影响机制及实证检验。分析了产村融合影响乡村振兴的内在规律及实证检验产村融合促进乡村振兴的效果，得出产村融合对乡村振兴具有显著正向的影响效果且该影响效果在中国中部、西部地区以及东部地区存在明显的异质性。

第九章数字化背景下产村融合激活农村闲置资源的实证检验。通过构建数字化产村融合水平评价指标体系，对数字化产村融合共生对农村闲置资源激活利用的影响效应展开实证检验，得出数字化产村融合共生有力推动了农村闲置资源利用水平的提高，但数字化产村融合对农村闲置资源激活利用的影响效应也存在着区域异质性。

第十章数字化背景下产村融合激活农村闲置资源的实现机制。剖析激活农村闲置资源的数字化产村融合行为主体间的博弈关系，基于演化博弈理论，构建地方政府、涉农企业、农村集体经济组织和农户的四方演化博弈模型，寻求各主体间实现持续、稳定的互利共生合作的均衡解和稳定条件，探寻数字化产村融合共生发展的实现机制，得出地方政府政策支持能够加快数字化产村融合组织达成合作，但政府补贴超过一定限额时不利于数字化产村融合系统的稳定，并从政策激励传导、功能一体联动、利益链条凝结、制度道德约束和监督评价引导五个方面构建实现机制，促进数字化产村融合共生发展，激活农村闲置资源，从而推动乡村共生发展和城乡共生发展。

第十一章数字化背景下产村融合激活农村闲置资源的政策建议。结合数字化背景下激活农村闲置资源的产村融合共生机理、共生路径和实现机制，从促进城乡要素双向流动、实现资源共生、推动产村融合要素共生增值等方面提出数字化产村融合激活农村闲置资源的共生路径优化策略，并从"五个精准"方面提出相应的政策建议，并从产业、机制、人才和技术层面提出相关保障措施。

本书的贡献主要体现在两个方面。第一，学术价值方面：一是把已有关于"数字乡村建设研究"向"数字化产村融合研究"方面延伸，丰富和拓展乡村振兴理论。本书以数字化产村融合为切入点，以中国农村地区典型数字化产村融合案例为研究对象，围绕中国农村闲置资源的特点和现状，构建数字化产村融合激活农村闲置资源的理论模型，从而探索技术范式转换下数字化产村融合激活农村闲置资源的共生演化趋势，为乡村建设和发展提供新视角。二是把已有关于"产村融合路径"的研究向"数字化产村融合共生路径"方面延伸，丰富和拓展农村可持续发展理论，并拓展"数字化产村融合"的理论研究广度与深度。相较于现有文献通常以产村融合、乡村振兴和美丽乡村建设为研究思路，本书将数字技术、产村融合和农村闲置资源三者视为一个有机整体，从共生视角探析数字化产村融合在生产、生态和生活空间下激活农村闲置资源，提出了数字化产村融合激活农村闲置的共生路径，即"资源产业化→产业生态化→生态村景化→村景智慧化→智慧共生化"，为激活农村闲置资源提供了新思路。三是将现有关于"产城融合"的研究推向"产村融合共生"研究，丰富和拓展区域发展理论。本书探寻了数字化产村融合激活农村闲置资源的共生机理及路径，依托农村资源，加快城乡共生资源的形成，并且以数字技术为媒介，在共生利益的凝结下，实现农村资源价值创造、价值转换和价值增值，重塑数字化产村融合共生价值，以丰富和拓展区域发展理论。第二，应用价值方面：

一是促进乡村生产、生态、生活发展水平，实现农村资源的整合、优化和价值增值，盘活农村经济发展。受资源意识不足、城市虹吸作用、乡村产业缺乏、要素流动无序等因素影响，中国农村存在大量"沉睡资源"，需要激活和优化配置。若要激活农村闲置资源，推动数字化产村融合共生发展，则必须突破城乡要素分割状态，在加强城乡要素共生的同时，加强数字要素的链接作用，延长产业链、创新链，凝结利益链，实现乡村生产、生态、生活融合共生发展，实现农村闲置资源的有效激活。二是促进资源的优化配置，推动农业农村现代化发展进程，实现农村经济社会的全面发展。随着数字技术向农村地区的溢出效应日益明显，新型商业模式和新业态不断渗透至农村，传统农业农村得以转型升级。一方面，数字化产村融合的推进可以实现数字技术与农业农村的跨界融合，充分利用农村资源，加快乡村数字产业化、产业数字化、生态产业化、产业生态化发展，促进农村地区经济发展的同时保护生态和人居环境，从而推动农村实现可持续发展；另一方面，数字化产村融合也是推进农业农村现代化的有效途径。三是丰富数字化产村融合激活农村闲置资源案例库。本书通过探索数字化产村融合激活农村闲置资源的共生路径，总结数字化产村融合成功案例，探究其共生利益、共生资源和共生价值形成过程，为农业强、农村美、农民富提供相应的实施方案，对缓解"三农"问题、促进城乡共生发展具有较好的实践指导意义，也为乡村振兴注入了新动力。由于水平有限，书中不妥之处，敬请读者批评指正。

黄小勇　于洪城
2024 年 3 月 10 日

目　　录

第一章　绪论 … 1

第一节　研究背景及问题的提出 … 1
第二节　研究意义 … 6
第三节　研究思路、方法与创新之处 … 8

第二章　文献综述与理论基础 … 13

第一节　文献综述 … 13
第二节　理论基础 … 31
第三节　本章小结 … 34

第三章　农村闲置资源的现实情况、激活障碍与突破方向 … 35

第一节　中国农村资源闲置的现状 … 35
第二节　典型村庄资源闲置情况的问卷调查 … 41
第三节　中国农村闲置资源形成的原因 … 47
第四节　激活农村闲置资源的现实障碍 … 52
第五节　农村闲置资源的激活方式与突破方向 … 56
第六节　本章小结 … 67

第四章　数字化背景下激活农村闲置资源的路径探索典型案例 … 68

第一节　东部地区激活农村闲置资源的路径探索典型案例 … 68
第二节　中部地区激活农村闲置资源的路径探索典型案例 … 81

第三节　西部地区激活农村闲置资源的路径探索典型案例 …… 95
  第四节　本章小结 ……………………………………………… 108

第五章　数字化背景下激活农村闲置资源的产村融合共生机理…… 110
  第一节　研究方法与研究设计 ………………………………… 111
  第二节　分析过程 ……………………………………………… 118
  第三节　理论模型与案例分析 ………………………………… 124
  第四节　本章小结 ……………………………………………… 132

第六章　数字化背景下激活农村闲置资源的产村融合共生
　　　　静态路径构建 …………………………………………… 134
  第一节　产村融合共生一般路径构建 ………………………… 134
  第二节　产村融合共生具体路径构建 ………………………… 140
  第三节　本章小结 ……………………………………………… 146

第七章　数字化背景下激活农村闲置资源的产村融合共生路径
　　　　系统仿真分析 …………………………………………… 147
  第一节　基于系统动力学的分析方法 ………………………… 147
  第二节　系统动力因素的确定 ………………………………… 149
  第三节　模型构建与方程构建 ………………………………… 167
  第四节　系统仿真分析 ………………………………………… 170
  第五节　本章小结 ……………………………………………… 179

第八章　产村融合对乡村振兴的影响机制及实证检验 ………… 180
  第一节　产村融合对乡村振兴的影响机制 …………………… 180
  第二节　产村融合对乡村振兴的影响实证检验 ……………… 182
  第三节　本章小结 ……………………………………………… 195

第九章　数字化背景下产村融合激活农村闲置资源的实证检验…… 196
  第一节　理论分析与研究假设 ………………………………… 196
  第二节　研究设计与数据说明 ………………………………… 199

第三节　实证结果与分析·················· 204
第四节　本章小结····················· 210

第十章　数字化背景下产村融合激活农村闲置资源的实现机制······ 212

第一节　激活农村闲置资源的数字化产村融合主体间的
　　　　利益博弈分析·················· 213
第二节　数字化产村融合激活农村闲置资源的实现
　　　　机制构建····················· 240
第三节　本章小结····················· 250

第十一章　数字化背景下产村融合激活农村闲置资源的
　　　　　政策建议······················ 252

第一节　数字化产村融合激活农村闲置资源共生路径
　　　　优化策略····················· 252
第二节　数字化产村融合激活农村闲置资源的政策建议······ 258
第三节　数字化产村融合激活农村闲置资源的保障措施······ 260
第四节　本章小结····················· 267

附　　录··························· 268

参考文献··························· 280

后　　记··························· 302

第一章

绪　论

在城市化与新型城镇化不断推进的背景下，中国农村经济结构和社会形态发生了历史性的变化。家庭空巢化、产业空心化、农业过疏化、劳动力非农化等错综复杂的因素，使中国农村地区出现了不同程度的资源闲置现象。农村闲置资源的存在不仅降低了农业生产效率和竞争力，还将制约乡村振兴战略的实施，阻碍农村经济高质量发展。随着数字技术与农业生产体系、经营体系加快融合，数字技术成为农业农村发展的核心动力，不断催生农村农业新业态，农业生产经营数字化转型取得明显进展。面对新机遇新窗口，习近平总书记在党的二十大报告、2023年中央一号文件[①]和2024年中央一号文件[②]中多次强调需要加快发展数字经济，促进数字经济和实体经济深度融合，以及深入实施数字乡村发展行动，推动数字化应用场景研发推广，从而绘就乡村"新图景"。

第一节　研究背景及问题的提出

一　研究背景

2021年中央一号文件[③]深入阐述"民族要复兴，乡村必振兴"这

---

① 《中共中央 国务院关于做好2023年全面推进乡村振兴重点工作的意见》，https://www.gov.cn/zhengce/2023/02/13/content_5741370.htm。
② 《中共中央 国务院关于学习运用"千村示范、万村整治"工程经验有力有效推进乡村全面振兴的意见》，https://www.gov.cn/zhengce/202402/content_6929934.htm。
③ 《中共中央 国务院关于全面推进乡村振兴加快农业农村现代化的意见》，https://www.moa.gov.cn/ztzl/jj2021zyyhwj/zxgz_26476/202102/t20210221_6361865.htm。

一理念：解决好发展不平衡、不充分的问题，重点难点在"三农"，并提出完善农村要素市场化配置机制，建立城乡公共资源均衡配置机制，这意味着唤醒农村潜在资源的活力已然成为中国"十四五"规划各级政府的核心目标之一。此外，《国务院关于促进乡村产业振兴的指导意见》[①]明确指出乡村产业是根植县域，以农业农村资源为依托，以农村第一产业、第二产业、第三产业融合发展为路径，地域特色鲜明、创新创业活跃、业态类型丰富、利益联结紧密，是提升农业、繁荣农村、富裕农民的产业。因此，激活闲置资源是乡村振兴的新动能，充分利用农村潜在资源将成为实现乡村振兴和农业现代化的关键。2022年中央一号文件[②]明确提出大力推进数字乡村建设，数字经济以提供的数据要素和数字技术深刻变革实体经济和社会生活，重塑社会生产、交换、分配、消费新格局，数字技术赋能乡村振兴计划由此实现产村融合，能够推进乡村振兴战略实施（周锦，2021；王定祥和冉希美，2022）。虽然已有部分地方政府在激活农村闲置资源方面进行了实践，并在此过程中积累了一些宝贵的经验，但实现农村闲置资源的充分活化依然面临着机遇与挑战。

（一）农村闲置资源数量庞大、形式多样

改革开放40多年来，农业农村发生了翻天覆地的变化，从传统的单一粮食生产逐渐转向多元农产品生产，涌现出大量的乡村特色产业，农产品生产的效率和品质大幅提升，也催生了许多农村企业家和创业者，科技创新能力和品牌建设能力不断增强，农村经济迅速崛起。但仍面临城乡发展不平衡、农村发展不充分的问题，导致当前农村资源资产在盘活、流动与保护上还存在障碍，大量农村资源资产"沉睡"，利用率普遍不高（孔祥智和周振，2020）。

当前，农村闲置资源的利用已成为一项迫切需要解决的问题。地域发展的不平衡导致了农村资源利用的局限性，很多地区陷入土地荒芜、资源闲置的困境。这不仅是资源的浪费，更是农村经济健康发展的阻

---

① 《国务院关于促进乡村产业振兴的指导意见》（国发〔2019〕12号），http://www.gov.cn/Zhengce/content/2019-06/28/content_5404170.htm。

② 《中共中央 国务院关于做好2022年全面推进乡村振兴重点工作的意见》，https://www.gov.cn/zhengce/2022-02/22/content_5675035.htm。

碍。自然资源部数据显示，中国每年撂荒耕地近 3000 万亩[1]，造成土地资源浪费。第三次全国国土调查结果显示村庄用地总规模为 3.29 亿亩[2]，村庄用地总量过大，布局不合理。而农房大量闲置更是对土地适度规模经营乃至粮食安全都带来严重影响，据中国社会科学院农村发展研究所统计，中国每年闲置的农房面积高达 5.94 亿平方米，折合市场价值约 4000 亿元[3]，农村建设用地闲置与乡村建设中产业、生态等用地的紧缺相矛盾，农村闲置资源所内含的生态价值、社会价值以及经济价值尚未得到充分的体现和转化，碎片化的农村闲置资源难以得到系统性保护与整体开发利用（贾晋和尹业兴，2020）。宅基地闲置现象同样严重，第三次全国农业普查数据显示，中国 99.5% 的农户拥有自住房，拥有 1 处住房的农户占 87.0%，拥有 2 处住房的农户占 11.6%，拥有 3 处及以上住房的农户占 0.9%；此外，拥有商品房的农户占比为 8.7%[4]，据此估算中国现有的农村宅基地至少有 259.72 万处。王良健和吴佳灏（2019）对农村宅基地空心化进行调研，发现调研地区农村宅基地的平均空心率为 29.14%，且山地和丘陵的"空心化"程度远高于平原。按 29.14% 空心率进行计算，中国至少有 75.68 万处宅基地处于闲置状态，闲置数值巨大，成为当前土地资源利用和管理中不容忽视且亟须解决的难题。

（二）数字技术赋能产村融合为激活农村闲置资源带来新机遇

自 2015 年颁布《关于推进农村一二三产业融合发展的指导意见》[5] 之后，国家大力倡导通过产村融合来带动农民创收，建立现代化乡村产业发展模式与体系。2022 年中央一号文件进一步强调要强化现代农业基础支撑，聚焦产业促进农村发展，扎实稳妥推进农村建设，大

---

[1] 《地之不存，粮将焉附？——围绕遏制"非农化"、防止"非粮化"，委员们积极建言》，http：//www.rmzxb.com.cn/c/2022-03-22/3078403.shtml。

[2] 《第三次全国国土调查主要数据公报》，https：//www.gov.cn/xinwen/2021-008/26/content_5633490.htm。

[3] 《如何一子下活满盘棋？——宅基地"三权分置"要过三关，》https：//www.gov.cn/zhengce/2018-02/08/content_5265102.htm。

[4] 《第三次全国农业普查》，http：//www.stats.gov.cn/zt_18555/zdtjgz/zgnypc/d3cnypc/。

[5] 《关于推进农村一二三产业融合发展的指导意见》，https：//www.gov.cn/zhengce/zhengceku/2016-01/04/content_10549.htm。

力发展数字乡村建设,推动乡村振兴取得新进展。《数字乡村发展战略纲要》[①] 充分发挥信息化在乡村振兴的先导力量,坚持农业农村优先发展,全面落实产业振兴、人才振兴、文化振兴、生态振兴、组织振兴的战略部署。一方面,产村融合拓展农业多种功能,挖掘乡村多元价值,调和农村闲置资源与产业、生态等发展资源稀缺的矛盾,改变农村产业发展模式。另一方面,数字信息技术的高歌猛进,拓宽了城乡要素双向流通渠道,推进了数字化乡村建设,也为激活农村闲置资源带来新的机遇。

因此,数字化产村融合共生是激活农村闲置资源的动力源泉,是实现乡村产业兴旺的重要途径,是乡村建设和乡村治理的重要突破口,也是加快转变农村发展方式、实现农业农村现代化的关键举措。与此同时,以数字信息技术为支撑的新一轮科技革命正在深刻影响社会变革,将有望改变城乡间发展不平衡、不充分的现状,知识、技术、管理、数据等新生产要素将成为产村融合和乡村振兴的新动能,为激活农村闲置资源和乡村发展带来了前所未有的发展机遇。

(三)数字化产村融合是激活农村闲置资源的重要途径

在当前数字化转型、绿色发展和农村深化改革的复杂背景下,农业农村现代化仍是中国式现代化的关键和难点所在,农村资源得不到有效配置,农村资源变资产、资金变股金、农民变股东的转化率低于预期。当前,中国仍有近40%的人口常住乡村,即使到2035年中国城镇化率达到72%左右,预计仍有约4亿人口常住乡村(李周等,2021)。2021年中央一号文件指出实现农业科技自立自强是农业农村现代化发展的关键。事实证明,数字技术可以改变农业研发、生产、供应、销售、服务各环节,重塑农业农村发展格局,扩大农业农村生产、生活和生态可能性边界。

随着数字技术的快速发展和广泛应用,数字化产村融合已成为激活农村闲置资源的重要途径。通过整合数字技术、产业创新和资源协同,能够为农村闲置资源的利用提供新的可能性,数字技术成为农业农村发展新引擎,为农业和农村地区带来了新的发展机遇(徐达,2023)。2023年中央一号文件进一步提出要深入实施数字乡村行动,推动数字

---

① 《数字乡村发展战略纲要》,https://www.gov.cn/zhengce/2019-05/16/content_5392269.htm。

化应用场景研发推广，包括推进智慧农业、加强农民数字素养与技能培训、产村融合等。2024年中央一号文件进一步强调要提升乡村产业发展水平、乡村建设水平、乡村治理水平，强化科技和改革双轮驱动，强化农民增收举措，打好乡村全面振兴漂亮仗，绘就宜居宜业和美乡村新画卷，以加快农业农村现代化更好推进中国式现代化建设。

数字技术正在为农村地区带来积极的变革，数字化产村融合成为激活农村闲置资源的重要手段：一是数字化产村融合通过强化资源主体认知与创新能力的方式，推动资源的差异化开发和利用；二是数字化产村融合以数字技术为驱动，深刻影响了土地、资金、人才、技术等生产要素及其配置，为要素的有序流动创造了条件，进而有效实现了农村闲置资源的高效利用；三是数字技术与乡村产业的有效融合，能够释放生态红利，推动精准农业、多元化农业与环境友好型农业的发展，促进农村第一产业、第二产业、第三产业融合，形成高质量、可持续的发展模式（陈旎和李志，2023）。因此，数字化产村融合能够依托数字技术的应用，突破产业之间的边界，推动乡村产业的全面融合，有助于充分释放农村闲置资源的潜力，为农村现代化的推进提供了坚实支持，推动实现农村经济的可持续发展和乡村产业的振兴。

二　问题的提出

随着数字技术变革进程加快，数字技术与农业农村跨界融合不断增强，农业农村数字化建设正成为当前引领农村经济增长的重要引擎之一（梁栋等，2019）。数字技术深刻影响农业农村生产、生态、生活空间的发展，延伸农业产业链、创新链，凝结利益链，为农业农村创新发展创造了良好的生态环境，有利于农村自有资源与流入资源的整合、优化，从而改变农村闲置资源的价值形态。一般而言，城市化地区率先接受新技术，而Cheng等（2021）认为农村地区在接受新技术上是"落后"的，因此城市居民与农民在拥有和使用新型技术方面存在一定的差距，造成信息资源配置落差，从而产生"城乡数字鸿沟"。

因此，本书基于中国农村闲置资源及数字技术向农村扩散的现状，提出以下三个主要研究问题：一是影响数字化产村融合激活农村闲置资源的因素及其共生机理是怎样的？二是数字化产村融合激活农村闲置资源的演化规律和共生路径是怎样的？三是数字化产村融合组织是通过何种机制实现数字化产村融合共生并激活农村闲置资源的?为此,本书立足新时代中国农业农村现代化发展的特点和趋势,从农村闲置资源的现实状况和突出问题出发,围绕主要研究问题展开深入研究。本书基于文献研究并结合当前数字化产村融合激活农村闲置资源的典型案例,探究数字化产村融合激活农村闲置资源的内在逻辑与实现过程,构建数字化产村融合激活农村闲置资源的共生机理、共生路径及实现机制,这不仅有助于改善农村资源禀赋结构,推动农村产业结构优化升级和持续发展,而且还可以打破城乡二元分割的现状,推进乡村振兴,实现共生发展。

第二节 研究意义

乡村振兴是国家重要战略,旨在弥补农村发展短板,实现农业农村的现代化和全体人民共同富裕。当前中国农村出现不同程度的闲置资源现象。一方面,中国农村面积辽阔,蕴藏大量资源。另一方面,中国城乡二元分割现象严重,城乡融合程度有待加深,盘活农村闲置资源势在必行。面对"投入大,水花浅"的局势,以数字化产村融合为优化农村经济发展模式的突破口,特别是利用数字化技术推动新技术、新产业、新业态的升级发展,并以此促进农村产业结构升级,走出一条中国式农业农村现代化高质量发展道路十分重要。因此,数字化产村融合能够实现生产、生态、生活融合共生,优化和整合农村闲置资源,挖掘农村闲置资源隐性价值和显性价值,为农村发展注入新动力,促使农村实现经济、社会和生态价值的全面转化,推动农业农村高质量发展。

一 理论意义

(1) 基于技术扩散理论和产业融合理论,数字技术向农村扩散,赋能产村融合,运用扎根理论,探究数字化产村融合激活农村闲置资源的共生机理:技术范式转换—组织动态演化—共生网络形成,将目前关于"数字乡村建设研究"向"数字化产村融合研究"方面延伸,丰富和拓展乡村振兴理论。虽然乡村发展和农村闲置资源已得到学术界高度重视,也取得了不少优秀成果,但过于侧重某些方面,忽略了产村融合共生甚至数字化产村融合共生。本书将以数字化产村融合为切入点,以中国农村地区典型数字化产村融合案例为研究对象,围绕中国农村闲置资源的特点和现状，构建数字化产村融合激活农村闲置资源的理论模型，从而探索技术范式转换下数字化产村融合激活农村闲置资源的共生演化趋势，为乡村建设和发展提供新视角。

（2）运用案例分析和系统动力学方法，探讨数字化产村融合激活农村闲置资源的共生路径，把已有关于"产村融合路径"的研究向"数字化产村融合共生路径"方面延伸，丰富和拓展农村可持续发展理论，并拓展"数字化产村融合"的理论研究广度与深度。现有的农村可持续发展理论注重资源禀赋发展论、资本资源下乡激活农村闲置资源及盘活宅基地闲置资源等问题，但对数字化产村融合共生激活农村闲置资源的研究尚不足。本书从共生视角，探析数字化产村融合如何在生产、生态和生活空间下激活农村闲置资源，是对农村可持续发展理论的有益补充。

（3）通过探究数字化产村融合激活农村闲置资源的内在逻辑和演化趋势，将现有关于"产城融合"的研究推向"产村融合共生"研究，丰富和拓展区域发展理论。在经济管理研究中，"共生"被理解为"人"和"自然"间的生存关系，从而以"人"和"自然"为研究主体，探索其相互间的关系，而农村的生产、生态和生活空间也存在共生关系，探寻数字化产村融合激活农村闲置资源的共生机理及路径，依托农村资源，加快城乡共生资源的形成，并且以数字技术为媒介，在共生利益的凝结下，实现农村资源价值创造、价值转换和价值增值，重塑数字化产村融合共生价值，以丰富和发展区域发展理论。

二 现实意义

（1）数字化产村融合激活农村闲置资源能够促进乡村生产、生态、生活发展水平，实现农村资源的整合、优化和价值增值，盘活农村经济发展，为农村共生发展和城乡共生发展奠定坚实基础。受资源意识不足、城市虹吸作用、农村产业缺乏、要素流动无序等因素影响，中国农村存在大量"沉睡资源"。若要激活农村闲置资源，推动数字化产村融合共生发展，则必然要突破城乡要素分割状态，在加强城乡要素共生的同时，加强数字要素的链接作用，延长产业链、创新链，凝结利益链，实现农村生产、生态、生活融合共生发展，实现农村闲置资源的有效激活。

（2）数字化产村融合通过技术渗透、产业联动、组织结构创新等方式，将数字要素引入农业农村发展中，引发一系列革新与变革。这不仅仅能够促进资源的优化配置，推动农业农村现代化发展进程，而且能够实现农村经济社会的全面发展。随着数字技术向农村地区的溢出效应日益明显，新型商业模式和新业态不断渗透至农村，传统农业农村得以转型升级。一方面，数字化产村融合的推进可以实现数字技术与农业农村的跨界融合，充分利用农村资源，加快乡村数字产业化、产业数字化、生态产业化、产业生态化发展，促进农村地区经济发展的同时保护生态和人居环境，从而推动农村实现可持续发展。另一方面，数字化产村融合也是推进农业农村现代化的有效途径。

（3）有助于丰富数字化产村融合激活农村闲置资源案例库，为不同区域、不同类型村庄激活农村闲置资源提供数字化产村融合共生发展样板，为农村发展提供参考依据。现今中国农村普遍存在虽已开展一定规模的特色经营，但产业结构单一且仍以传统农业为主；农村基础设施条件较差，新型基础设施投入较少；农村人均收入较低；农村空心化、凋敝程度严重等现象。这既是导致中国农村存在大量资源闲置的主要原因，又是导致农村发展缓慢、成效不显著的关键因素。因此，盘活农村闲置资源，促进农村发展甚至是城乡区域协调发展乃国家现今肩负的艰巨任务。本书通过探索数字化产村融合激活农村闲置资源的共生路径，总结数字化产村融合成功案例，探究其共生利益、共生资源和共生价值形成过程，为农业强、农村美、农民富提供相应的实施方案，对缓解"三农"问题、促进城乡共生发展具有较好的实践指导意义，也为乡村振兴注入新动力。

第三节 研究思路、方法与创新之处

一 研究思路

本书是在新一代信息技术飞速发展的背景下，数字技术成为农业农村现代化的重要引擎，以数字化产村融合如何共生发展并激活农村闲置资源为研究的主要问题，按照"提出问题—分析问题—解决问题"的思路，创建了本书厘清现实障碍—剖析典型案例—解析理论机理—构建演化路径—进行路径检验—提出实现机制—提出政策建议的研究框架，分析数字化背景下激活农村闲置资源的产村融合共生路径，并按这一思路构建了本书的技术路线（见图1-1）。

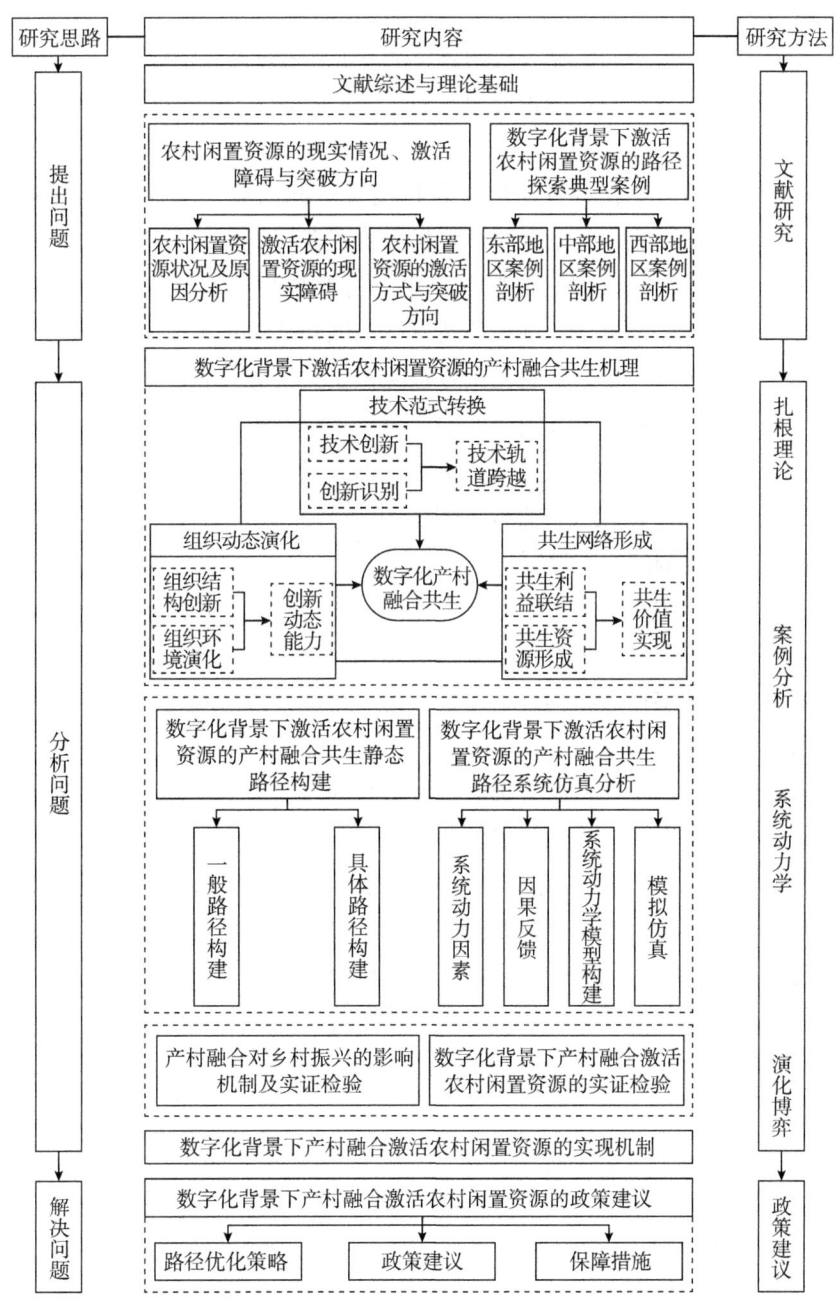

图1-1　技术路线

本书主要从以下九个方面进行数字化背景下激活农村闲置资源的产村融合共生路径研究。

第一，分析不同区域农村闲置资源现状，挖掘农村闲置资源产生的深层次原因，分析农村闲置资源的激活障碍，探究激活农村闲置资源的演化趋势。

第二，对数字化背景下激活农村闲置资源的典型案例进行调查研究，为中国数字化产村融合激活农村闲置资源提供借鉴经验。

第三，通过扎根理论挖掘数字化产村融合激活农村闲置资源的过程，逐项开展资料范畴挖掘、范畴属性识别和范畴关系梳理等步骤，对数字化产村融合共生激活农村闲置资源现象进行分析和比对，实现数字化产村融合激活农村闲置资源的理论建构并得到解释性概念。

第四，探讨了激活农村闲置资源的数字化产村融合共生静态路径，提出了"资源产业化→产业生态化→生态村景化→村景智慧化"的激活农村闲置资源的一般路径。

第五，运用系统动力学对数字化产村融合激活农村闲置资源的共生路径进行模拟分析，定性与定量相结合比较分析数字化产村融合激活农村闲置资源的多样性结构，构建数字化产村融合激活农村闲置资源的共生路径。

第六，分析了产村融合影响乡村振兴的内在规律，以及实证检验了产村融合促进乡村振兴的效果。

第七，基于2010—2021年中国30个省份的省级面板数据，通过构建数字化产村融合水平评价指标体系，针对数字化产村融合共生对农村闲置资源激活利用的影响效应展开实证检验。

第八，运用演化博弈模型分析农村闲置资源激活过程中各主体之间的博弈关系及稳定均衡策略，从理论和实践上提出数字化产村融合激活农村闲置资源的实现机制。

第九，探寻激活农村闲置资源的数字化产村融合共生路径优化策略，提出相关政策建议和保障机制。

二 研究方法

（1）文献分析法。本书着重搜集和整理大量关于农村闲置资源，产村融合，数字技术对农村经济的影响，数字技术、产村融合和农村闲置资源的关系等相关领域的文献资料及案例，并进行文献分析，厘清农村闲置资源的现状、成因及技术范式转变下农村农业发展的特征和现状，通过理论研究方法把握数字化产村融合激活农村闲置资源的内在关系，形成数字化产村融合激活农村闲置资源的分析框架。

（2）扎根理论与案例分析。扎根理论分析是基于现实案例材料自下而上建构理论的定性研究，由于数字化产村融合激活农村闲置资源涉及生产、生态、生活等多个层面，且不同领域激活路径又有一定差异，需要采用扎根理论对典型案例进行分析和挖掘。在对多个数字化产村融合典型案例进行实地调研、文献分析和深度访谈的基础上，结合相关政策文件、档案数据及文献资料进行案例分析，探索数字化产村融合激活农村闲置资源的内在逻辑和演化过程，为构建理论模型奠定基础。

（3）系统动力学。系统动力学是用于复杂动态演化分析研究的决策分析方法，现已广泛应用于经济决策、农业经济管理、公共管理与政策制定等领域。利用系统动力学对数字化产村融合激活农村闲置资源的共生路径进行反馈分析，基于系统动力学仿真技术对数字化产村融合共生激活农村闲置资源路径进行模拟仿真。本书研究的数字化产村融合激活农村闲置资源具有系统复杂性，利用系统动力学模型对数字化产村融合共生演化趋势进行分析，能够为路径选择提供支撑。

（4）演化博弈理论。基于数字化产村融合共生机理，运用演化博弈理论，分析数字化产村融合激活农村闲置资源的共生过程中相关组织行为主体的利益关系，构建演化博弈模型，且进行稳定均衡策略分析，对所得结果进行仿真分析，并在此基础上探究数字化产村融合激活农村闲置资源的实现机制。

三 创新之处

近年来，中国针对数字乡村建设和乡村振兴陆续发布了多项政策和规划，促进了乡村发展，取得了全面脱贫的伟大成就。但已有研究对产村融合理论，尤其是新技术经济范式下的数字化产村融合共生理论问题研究尚不足。通过对现有文献的分析和整理，本书在以下方面进行了创新。

（1）以数字技术赋能产村融合为视角对数字化产村融合激活农村闲置资源进行了创新性的分析。相较于现有文献通常以产村融合、乡村振兴和美丽乡村建设为研究思路，本书将数字技术、产村融合和农村闲置资源三者视为一个有机整体，进一步推动了"产村融合"向"数字化产村融合"的研究转变。基于扎根理论，本书揭示了数字化产村融合激活农村闲置资源的共生机理：技术范式转换—组织动态演化—共生网络形成，从而拓展了产村融合研究的视野，为激活农村闲置资源提供了新思路。

（2）在构建数字化产村融合激活农村闲置资源的共生机理的基础上，提出了数字化产村融合激活农村闲置资源的共生路径，即"资源产业化→产业生态化→生态村景化→村景智慧化"。这一路径作用于"生产、生态、生活"空间，实现了生产数字化、生态数字化和生活数字化的融合共生发展，从而促进农村闲置资源的优化配置，把"产村融合"推向了"产村融合共生"与"数字化产村融合共生"，丰富了农村"三生"空间的研究内容，为激活农村闲置资源提出了新路径。

（3）数字化产村融合激活农村闲置资源是多主体的行为，现有文献更多从地方政府、涉农企业、农村集体经济组织、农户中的两方或三方构建博弈模型，本书从中国农村资源实际出发，构建了地方政府、涉农企业、农村集体经济组织和农户四方演化博弈模型，全面分析不同组织主体行为策略选择的动态演化趋势，为数字化产村融合组织行为决策提供可参考的依据。

第二章

文献综述与理论基础

本书以中国存在大量农村闲置资源为现实背景，以数字化产村融合为手段，基于共生视角，以数字化产村融合激活农村闲置资源为目标，研究数字化背景下激活农村闲置资源的产村融合共生内在逻辑与演化规律，探讨农村闲置资源面临的困境，构建数字化产村融合激活农村闲置资源的共生机理、共生路径和实现机制。因此，本书的相关文献涉及"农村闲置资源""产村融合""数字技术发展下农村经济效应的相关研究""数字技术、产村融合和农村闲置资源的关系"等方面，依次展开文献综述。同时，本书以技术溢出理论、产业融合理论和共生理论为基础，并依次进行详细介绍。

第一节 文献综述

一 农村闲置资源的相关研究

党的十九大报告[①]提出了乡村振兴的发展战略，战略的总体要求是"产业兴旺、生态宜居、乡风文明、治理有效、生活富裕"。党的二十大报告[②]将全面推进乡村振兴纳入构建新发展格局的整体框架。近年来，随着工业化、城镇化的进程加快，社会经济的发展重心逐渐偏离农

---

① 《决胜全面建成小康社会 夺取新时代中国特色社会主义伟大胜利——中国共产党第十九次全国代表大会报告》，https：//www.gov.cn/zhuanti/2018-01/05/content_5253681.htm。

② 《高举中国特色社会主义伟大旗帜 为全面建设社会主义现代化国家而团结奋斗——中国共产党第二十次全国代表大会报告》，https：//www.gov.cn/xinwen/2022-10/24/content_57212250.htm。

村，大量的农村资源处于闲置或荒废状态，而农村大量闲置资源的存在与乡村振兴的总体要求相背离。当前，中国农村闲置资源的体量仍在不断扩大，但因其成因复杂，治理的难度较大，改善农村资源闲置的状态对促进农村经济发展、农村治理和乡村振兴都具有重大意义。目前关于农村闲置资源的研究，主要集中在农村闲置资源的主要类别和盘活农村闲置资源的对策两个方面。

（一）农村闲置资源的主要类别

1. 土地资源

中国土地资源十分丰富，但土地资源的利用效率和产出效率仍停滞在较低水平，存在大量土地资源闲置的现象。徐洁等（2014）提出闲置土地是指现有农村范围内已经开发但处于未被利用或利用不充分、不利于农业生产和影响集约利用的集体或国有土地，不仅包括在一定期限内未被使用的土地，还包括利用效率低下的土地。

2. 宅基地资源

依据中国相关法律规定，宅基地属于集体建设用地，通常应实施"一户一宅"的原则，然而事实上，农村地区存在广泛的"一户多宅"现象。而农村人口持续外流，又进一步造成宅基地大量空置。根据中国社会科学院农村发展研究所调查研究的数据，2018年全国农村宅基地的空置率约为10.7%，农村空闲房屋的比例最高可达70%。目前，全国拥有近8亿的农村户籍人口，而农业普查公报中的数据显示，全国农村拥有大约2.3亿套房屋，按照10.7%的空置率计算，约有2500万套住房处于闲置状态（魏后凯等，2021）。

已有研究发现，中国农村闲置宅基地呈现出总量巨大，布局分散，缺乏整体规划等特征。任育锋等（2020）构建农村宅基地总量估算方法，得出2019年中国农村宅基地总量在933.98万—1194.13万公顷。李婷婷等（2019）对全国140个农村进行实地调研，发现中国农村宅基地的平均闲置率略高于10%。商冉等（2020）从农村的类型来看，远郊区的经济基础较为薄弱，农民更倾向外出务工，宅基地的闲置问题更为严峻。刘丹和巩前文（2021）对中国27个省份112个村进行了测算，结果显示2021年中国农村宅基地总量为901.45万公顷，其中，闲置宅基地总面积约为96.46万公顷。尽管中国尚未统计出有关闲置宅基地的确切数据，但可以肯定的是，由于农村对宅基地管理不严及农村规划分散等原因，宅基地的闲置现象在农村广泛存在。此外，随着大量农民迁往城市，导致"空心村"现象日益普遍，宅基地的闲置问题也日益突出。

3. 剩余劳动力资源

由于农业生产具有很强的季节性，在农忙季节农业需要投入大量的劳动力，而农闲季节农业日常管理所需的劳动力大幅降低，虽然有部分农村闲置劳动力可以投入林业生产、畜牧业生产，但农副产品生产所需的农村闲置劳动力终究有限，农村剩余劳动力的体量仍然很大。赵卫军等（2018）重新确定了农业劳动力合理工作负荷工日和效用最大化工日，建立了效用工日折算模型，并重新估算和预测了1984—2050年中国农业部门的剩余劳动力，预测2050年中国农业部门仍然存在50%的剩余劳动力。朱光磊和裴新伟（2021）指出当前中国农村劳动力资源利用不充分，农村剩余劳动力转移就业的整体状况不佳，农村剩余劳动力存在就业难的问题。朱光磊和裴新伟（2021）认为农村剩余劳动力因工作匹配难，70%以上的农村剩余劳动力仅选择季节性转移就业，并且农村剩余劳动力有向年轻化发展的趋势。

4. 生态资源

中国农村的生态环境质量较好，有着丰富多样的生态资源，如森林、草地、水等（白福臣等，2023）。高红贵和赵路（2019）认为生态资源不仅具有生态功能，还具有经济价值，但是农村大量生态资源还处于"沉睡"状态。而从农业三产化角度来看，不能被分到户的生态资源（如山、水、田、林、湖、草、土、石、沙、海、气等）是真正能够被资本化开发和再定价的要素，但由于生态资源的非标准化资产多面向综合开发的可能性，使绝大多数生态资源的平面开发中其他面向的价值和成本被低估或忽略（温铁军等，2018；温铁军和逯浩，2021）。同时，丁艳（2023）认为生态产品同质化严重，使生态产品的生态溢价无法实现。因此，这将使农村地区在生态资源利用上存在悖论，容易陷入"富饶的贫困"。

（二）盘活农村闲置资源的对策

盘活农村闲置资源可带来多重效益。近年来，虽然在探索农村闲置资源的盘活利用实践过程中取得了一定的成效，但也存在许多问题。农村闲置资源在激活过程中往往事倍功半，难以创造社会经济效益，严重制约了农村经济的可持续发展。农村资源闲置如果得不到合理的解决，农村的治理和发展将遇到"瓶颈"，在一定程度上还会干扰乡村振兴的进程。通过查阅相关文献，对目前的研究成果梳理如下。

1. 健全土地流转制度，完善监管机制

当前，中国仍然面临土地流转困难和监管机制不完善等问题。建立健全的土地流转制度和完善的监管机制是有效预防土地闲置的关键措施。然而，目前中国对农村土地流转及监管仍未实现全面覆盖，导致土地闲置的成本较低，甚至是零成本。因此，制定全面的土地利用规范和闲置处罚机制变得尤为迫切，学者也从这一角度给出了诸多建议。

在实践中，闲置土地的处置和责任追究都属于"事后"处置，极大地浪费了土地资源和人力资源，中国大多数专家学者建议"事前"治理，避免闲置土地形成。Thériault 等（2020）指出在土地利用中应重视土地规划，坚持可持续发展的观点。一是从"源头"进行管控。顾书桂（2019）认为要削弱政府土地闲置的经济动因，提高土地闲置的政治成本。杨秀琴（2020）提出从规划、土地供应、土地出让等供地环节防范闲置土地的形成，主要是科学编制规划、建立科学的土地供应机制、完善土地出让机制。二是强化监管机制。张晓玲和吕晓（2020）认为要建立一个动态的监督体系，尤其是要注意审批后的土地使用监督。杨恬和张世龙（2020）在对关于盘活农村闲置宅基地的思考中提出国家应提高经济驱动力，完善宅基地退出制度，减少宅基地退出过程中产生的不确定因素，建立价格公允、信息公开、交易合规的宅基地市场，降低流转成本，提高农户参与度，保障农户交易权益，保障农户在进行闲置宅基地交易过程中的合法权益。

2. 加大资金投入，促进农村经济发展

资本无疑在农村经济发展中发挥了至关重要的作用。长期以来，工业得到迅速发展，农业产业却投入有限，导致农民收入增长乏力。改革

开放后，随着中国经济高速增长，农民收入和农村资本有所提升，但农村建设投入资金仍明显不足，农业农村发展资金严重不足，农村发展资金缺乏的局面尚未根本扭转。

Maddison（2013）将影响经济增长的要素划分为人力资源、资本和资源配置效率三大类，考察了经济平均年增长率为5.55%的发展中国家和地区，发现资本对经济增长的贡献高达55%。农村经济发展离不开资金支持，从中国农业发展现状上看，农业发展缺少充足的资金，申请农业扶持资金与优惠存在难度大、手续烦琐、周期长等问题（张婷婷和孟颖，2022）。学者提出了多方面的建议以解决资金短缺问题。首先，政府应加大对农村基础设施建设、农业科技研发和乡村产业扶持等方面的投资力度，以创造良好的发展环境（张延龙等，2021；黄茂兵等，2023）。其次，应积极扩展融资渠道，建立长效的融资机制，设立专门的农村金融机构，为农民和企业提供贷款、保险等金融服务（李虹含等，2020）。同时，应出台利率优惠政策，降低融资成本，鼓励社会企业、团体和民间资本参与农村经济发展和建设（徐俊丽等，2021；胡颖峰，2022）。此外，为促进乡村经济发展，学者还建议结合实际情况制定扶持政策和优惠政策，鼓励企业在农村兴办农产品加工厂和养殖场，缓解资金困境，创造就业岗位，增加农民经济收入，助推农村经济发展（李兴洲等，2018；雷晓康和陈泽鹏，2022）。而农民作为土地和房屋资源利用的关键主体，其积极性和主动性直接影响着农村闲置资源的盘活效果（刘合光，2018；张勇，2020）。

3. 调整农村产业结构，推动产业融合

产业兴旺是乡村振兴的基石，是解决农村问题的前提。2019年6月，《国务院关于促进乡村产业振兴的指导意见》指出，乡村产业根植于县域，以农业农村资源为依托，以农民为主体，以农村第一产业、第二产业、第三产业融合发展为路径，地域特色鲜明、创新创业活跃、业态类型丰富、利益联结紧密，是提升农业、繁荣农村、富裕农民的产业。

产业融合可以有效整合资源，提高产业效率，降低运营成本并且充分发挥各产业优势（刘敏楼等，2022）。在农村经济发展中，产业融合有助于促进经济增长，加速城镇化进程，提升农民收入，最终实现缩小城乡收入差距的目标（李晓龙和陆远权，2019）。然而，产业融合实践中仍面临诸多挑战。黄挺（2016）通过案例分析发现，当前"三产融合"存在联结机制不畅、农民收益较低、权益保障不足等问题。此外，农村产业融合发展还受制于经营人才短缺、土地流转不畅、财政支持不均衡以及农业保险服务覆盖范围较窄等现实困境。苏毅清等（2016）基于对中国六个省份的调研发现，地方政府对农村三产融合的认知有限，融合模式较为单一。姜晶和崔雁冰（2018）指出中国农村三产融合发展具备一定优势，但融合过程中总体较为分散，自发性和盲目性问题突出，且许多地区的产业缺乏创新和特色，处于产业链低端。针对上述问题，学者提出了一系列对策建议。首先，从制度层面入手，健全相关政策法规，完善法律文件，加强资金扶持力度和配套改革服务，为农村三产融合营造良好的发展环境（郑风田，2016）。其次，要创新融合方式，立足当地特色产业，强调农村特点，推动农业转型升级，摆脱传统粮食供应的单一功能（张永强等，2017）。通过产业兴旺使乡村地区三产融合发展，培育新产业新业态，拓宽农民就业渠道，扩大就地就近就业空间（李国祥，2018）。此外，大力发展第二产业、第三产业是增强乡镇经济实力、增加农民收入的重要路径，也是促进三产融合的有效手段（黄兴，2019）。同时，技术创新在乡村产业融合发展中发挥着至关重要的作用，不仅能推动农业与第二产业、第三产业的深度融合，还能促进农业与第二产业、第三产业的跨市场融合发展（Hacklin，2007；刘克宝等，2020）。

二 产村融合的相关研究

产村融合是一个新兴的概念，涵盖两个层面的含义：首先，"产业与产业"的融合，在农村地区主要是指以农业为基础，推动第一产业、第二产业、第三产业的深度融合；其次，"产业与乡村"的融合，强调产业发展与乡村空间、生态环境、文化传承的协调共生。产村融合是乡村建设与产业融合相互渗透、相互促进的过程，乡村建设为产村融合奠定基础，产业发展为产村融合提供核心支撑，二者相辅相成，协同发展。国内外对产村融合的系统性研究起步较晚，直到党的十九大报告明确提出乡村振兴战略后，相关研究才逐步兴起。目前，产村融合领域的研究成果相对有限，已有文献多集中于产业融合或美丽乡村建设的单一维度。鉴于乡村产业融合可视为产村融合的重要基础，为美丽乡村建设提供产业支撑、环境治理动力和人才吸引力，最终理想状态即实现产村融合（陈英华和杨学成，2017）。因此，将从乡村产业融合和美丽乡村建设两个方面对相关文献进行梳理，以期为深入理解产村融合提供理论借鉴。

（一）乡村产业融合

乡村产业融合是指传统农业与现代非农产业相互渗透、交叉重组，形成新的产业形态和发展模式的过程。自 2015 年中国有关部门相继提出了乡村产业融合战略以来，国内专家学者围绕这一主题展开广泛研究，取得了一系列重要成果。马晓河（2015）认为，以农业为基础，推动资源要素跨界集约化配置，是实现乡村产业融合的关键所在，通过资源要素的整合促进产业之间的协调发展。姜长云（2016）提出乡村产业融合是在农村各产业相互作用的基础上，催生新技术应用或新产业形成，从而推动农业转型升级的过程。同时，新业态、新技术或新发展模式融入产业发展的整个过程，才能真正实现产业的整体融合。曾晔等（2016）以"互联网+"为核心，提出了以产业融合、空间融合和网络融合为基础，产业先导、空间均衡、网络互联三元耦合的城郊型村庄产村融合模式。许凯和杨寒（2016）基于"产村融合"的空间模式构想，分析村镇小微制造业的产业历程及发展机理，指出产业链是村庄产业发展的核心要素。杜宏（2017）提出了"以村促产、以产兴村"的产村融合发展路径，并探讨了具体的实施策略。焦丽娟（2018）以安徽省为例，提炼出功能拓展型、产业链延伸型和技术渗透型三种乡村产业融合的典型模式，并指出这些模式通过降低交易成本，拓宽了农民增收渠道，从而提升了农民收入水平。近年来，针对资源型地区乡村三产融合的研究也逐渐深入，朱媛媛等（2023）提出，资源型地区乡村三产融合以主体培育、利益转换、渠道建设、需求开发为驱动力，以农村资源为基底、农户为中枢，实现内生动力提升和三产融合的有机共促，促进资源型地区乡村振兴和城乡融合发展。

国外关于乡村产业融合的研究起步较早，相当一部分研究聚焦于农业与旅游业的融合发展，强调通过建设现代农业园区，将现代农业生产与休闲旅游有机结合，从而提高农产品附加值，推动农村经济发展。如

激活农村闲置资源的产村融合共生路径研究

澳大利亚通过拓展农业观光、休闲体验等功能，开发农业与旅游业融合的产品组合，实现两者协同发展（Sudarmini等，2022）。日本则注重农业的展示示范、休闲观光功能，将农业园区打造成兼具休闲观光与科普教育功能的综合体（Liu等，2022）。Usman等（2022）指出，农业旅游业的发展不仅能够带动相关产业增长，还能为农村剩余劳动力创造就业机会，提升农民收入水平，具有显著的综合效益。此外，茶业与旅游业的融合也是国外研究关注的一个重要方向，尤其是在茶产业发达地区。Galagoda等（2006）对斯里兰卡乡村茶园生态旅游的可行性进行了探索。Jolliffe和Aslam（2009）从市场营销、规划、创业和发展等维度，分析茶业与旅游业融合的动因，并进一步研究了斯里兰卡茶宿、茶工厂参观等茶遗产旅游的发展潜力，提出应在文化历史的基础上完善相关的文化产品和服务。Sita等（2021）认为，通过扩大茶业与旅游业的融合，建立更广泛的伙伴关系，能够有效激发地方组织参与，提升当地社区的收益，使之成为茶园发达地区的特色生产生活方式，对未来产业融合发展具有重要的借鉴意义。

（二）美丽乡村建设

2013年中央一号文件[①]提出"要加强农村生态建设，大力整治农村居住环境，努力建设美丽乡村"，依据美丽中国的理念提出要建设"美丽乡村"的奋斗目标，农村建设以"美丽乡村"建设的提法首次在国家层面明确提出。美丽乡村建设的提出，标志着中国农村发展进入了崭新的历史阶段，为新时代下农村地区的生态、文化、经济、社会协同发展提供了全新的指导思想。

美丽乡村建设的核心理念是"绿水青山就是金山银山"，强调保护生态环境和传统文化，推动经济发展与生态环境的协同发展。部分学者认为美丽宜居乡村建设是协调城乡发展、推动城乡融合的核心目标，也预示着中国农村发展进入了新的历史时期，为新时代下农村地区的生态、文化、经济和社会全面协同发展提供了新的思维途径（张龙江等，2021；康晗，2022）。此外，还有观点认为，当前"美丽中国"政策推

[①] 《中共中央 国务院关于加快发展现代农业进一步增强农村发展活力的若干意见》，https://www.gov.cn/jrzg/2013-01/31/content_2324293.htm。

动下的乡村建设应奠定在"宜居、宜行、宜业"的基础上，作为城乡一体化的关键着力点。因此，在美丽宜居乡村建设过程中贯彻"内涵美"的诉求，强调环境清洁和宜人风貌等基本要求，通过升级产业结构和推进农业现代化等措施，切实让农民感受到美丽宜居乡村建设的成效（沈费伟和陈晓玲，2021）。科学规划是农村经济持续发展的前提，农村规划是美丽宜居乡村建设的关键（陈瑾，2021）。因此，乡村建设中应坚持规划先行的原则，强调产业支撑和自然生态优势，应建立稳定的财政投入增长机制，采取差别化的财政投入，调整地方政府的分权机制，创新财政投入运行机制（杨忍等，2019）。胡守庚等（2019）梳理乡村振兴规划内涵和本质特征，强化农村地域系统诊断、环境承载力评价，推进系统化规划技术范式的形成，推动乡村振兴理论体系的建立。

部分学者围绕特定区域的美丽乡村建设展开研究。郑巧茜（2017）在总结浙江省特色小镇建设经验的基础上，认为应以科学合理的开发理念为指引，遵循尊重自然生态环境和以人为本的基本原则，同时注重物质文明与精神文明的协同发展。曾帆等（2017）结合成都地区的区域特征，围绕特色产业、区域规划、基建情况以及地域文化的阶段性特征展开实践探索，提出了一种具有地域特色的内涵式乡村规划模式及本土化发展路径。陶柳伊和张永成（2020）通过研究广西壮族自治区"美丽南方"的实践情况，发现当前美丽乡村建设在产业融合水平、承载力、内部管理及体制等方面均存在问题，建议以农民为核心，促进农村资源的优化配置，强化乡村建设的系统性，以推动乡村产业融合背景下美丽乡村建设的可持续良性发展。

三 数字技术发展下农村经济效应的相关研究

数字技术的起源可以追溯到 20 世纪中叶，随着数字电子技术、数字计算机等数字技术的兴起，为人类在技术层面对世界实现数字化认知和实践提供有力支撑，并由此引发了一场新的技术革命，即信息技术革命（黄欣荣和潘欧文，2021）。此后，数据挖掘、移动网络、智能终端、网络社交、大数据、新一代人工智能等一系列数字化新技术迅速崛起，数字技术加速与经济社会全方位深度融合，信息技术革命也由此进入了新阶段，这被称为新一代信息技术革命。诸多学者认为数字技术具有的强大赋能作用，并逐渐成为经济发展的新动能，大数据、云计算、人工智能、区块链等数字技术为经济发展开辟了新道路。

随着数字经济成为学术界关注的焦点，数字技术能否为农村地区带来经济效益的问题也备受关注。已有研究结果表明数字技术在农村中的应用能够驱动农村的经济发展，且这一驱动作用是可持续的，但数字技术在农村经济中的应用程度因国家和地区而异（高红等，2020；徐兰和吴超林，2022；朱太辉等，2022；Xie 和 Zhang，2022；Wang 和 Shao，2023）。在一些发达国家，数字技术已被广泛应用于农村经济并取得较好成效，但在一些发展中国家，数字技术应用程度较低（赵黎，2020；胡滨和程雪军，2020）。中国大部分省份的数字发展水平处于起步阶段，区域发展水平不平衡问题显著，数字技术在农业农村中的应用程度也具有明显的空间异质性，呈现东—中—西的空间分布格局（张鸿等，2021）。从数字技术发展的农村经济效应来看，已有研究集中讨论数字技术对农业生产、农村生态、农民生活的影响。

（一）数字技术发展对农业生产的影响

数字技术的出现打破了农业生产主要依赖自然环境这一约束条件，相较于传统农业，数字技术应用于农业生产，降低了农民获取生产信息的门槛，极大促进了信息交流和扩散，解决了农户"种什么""何时种""哪里卖"等问题，数字化为农业生产带来巨大便利，借助数字技术发展，现代农业俨然已成为新的发展方向。周涛（2020）指出传统农业向现代农业跨越的鸿沟离不开数字农业的推进，数字农业在农村产业结构调整以及农产品市场竞争力的提升方面具有显著的作用。罗平（2021）指出创新技术这类生产要素对农业生产至关重要，互联网、大数据、云计算、人工智能等新兴技术在农业的生产、加工、流通、消费环节都有不同程度的运用空间。唐燕和罗胤晨（2021）用数据测度得出科技是农业生产的第一生产力，农业技术进步对全要素生产率的贡献率达到了 116.67%，且发展集约化、专业化和规模化农业关键也在于农业科技进步。国外的大量研究也表明数字技术对农业生产的影响广泛而深远。Schultz（1964）提出传统农业需要紧跟时代发展的步伐，新的生产要素是引领改革和发展的重要动力，对传统农业进行技术创新可以显著提高投资收益率。Hayami 和 Ruttan（1971）指出，发达国家农业技术的改善与制度的完善是实现生态可持续发展与经济协调发展的关键，其核心在于通过资源整合推动农业技术创新，进而促进农业生产。

部分学者从多个角度探讨了数字经济对农业生产的影响。在包容性增长方面，数字经济能够通过数字金融与数字技能等手段提升居民收入水平，特别是改善农村低收入群体的收入状况，从而实现包容性增长（张勋等，2019；牟天琦等，2021）。在创新效率方面，数字经济通过加速人力资本积累、推动金融发展与产业升级、提升区域创新效率、促进创新要素的流动、打破企业创新边界等路径提升企业创新效率（韩先锋等，2019；李雷和周端明，2021）。此外，数字经济通过作用于消费者与生产者行为、缓解信息不对称等机制，促进经济地理格局优化。在就业结构方面，数字经济在一定程度上可能带来结构性失业挑战（Acemoglu 和 Restrepo，2017；王文，2020；孟祺，2021）。然而，当高—中技能劳动替代弹性大于高—低技能劳动替代弹性时，数字经济有助于推动知识密集型和技术密集型岗位的增长，进而扩大就业市场容量，优化就业结构（Acemoglu 和 Restrepo，2018；Lordan 和 Neumark，2018；戚聿东等，2020；叶胥等，2021）。

自 20 世纪末以来，数字技术对农业生产管理进行全面监管与分析，大幅提高了农作物生产各环节的效率与精准性。江洪（2020）指出，以美国为代表的发达国家在农业现代化发展中取得的成功，在很大程度上归因于数字技术的推广与应用。相较之下，中国的数字化农业发展尚处于相对滞后的阶段，数字化进程的推进较为缓慢。自 2017 年起，农业农村部逐步开展数字农业试点建设，推动数字技术在农业生产中的广泛应用，推动农业生产向数字化、智能化与集约化方向逐步转型。严东伟（2019）指出，自 2018 年以来，中国数字农业技术快速发展，构建了网络化数字农业平台，完善了数字农业技术框架、应用体系和运行管理体系，对农业的信息化与现代化进程产生了显著推动作用。杨佩卿（2020）认为数字经济作为新型经济形态，深刻重塑传统经济生产组织模式，尤其在农业领域，显著推动生产与服务体系的数字化转型，实现农产品供应链全链条优化，开辟农业生产、经营、服务新路径，促进数字技术与农村生产深度融合。然而，许竹青（2020）指出，中国在动植物农业生产数据获取、信息调控及研究管理等关键领域与发达国家相比仍存在显著差距。中国自主研发的农业传感器在可靠性、稳定性以及性价比等方面均与发达国家产品存在较大差距，维护成本较高且性能有待提升。此外，涉农主体因数字技术认知不足、数字素养较低及创新能力不足，在掌握数字农业技术及应用过程中面临困难，难以熟练运用数字化生产管理技术，导致数字农业发展受阻（唐志远等，2022；胡莹，2022）。

（二）数字技术赋能产村融合激活农村闲置资源

数字技术对产村融合具有正向作用，能够拉近交易距离、规范市场运行、凸显闲置资源价值（胡巍巍等，2022）。徐旭初等（2023）聚焦乡村产业数字化，认为产业数字化动态能力和产业攀升能力是影响农业产业数字化转型的核心能力。数字化规模对农村三产融合具有正向促进效应，利用数字技术赋能产村融合整合和盘活闲置资源，让"沉睡"资产变成增收"活水"。

目前，已有诸多学者着手研究数字经济、数字技术对产村融合的影响研究，郝爱民（2022）从要素流通的角度，发现流通基础设施智慧化、流通渠道数字化、流通产业数字金融服务和流通数字化规模对农村三产融合具有正向促进效应。孟维福和任碧云（2023）论证了数字金融能显著促进乡村产业融合发展且存在空间溢出效应。陈卫洪和王莹（2022）认为制度环境供给、农业经营主体虚拟产业集群平台、农业社会化服务云平台能够实现数字技术与新型农业经营体系的融合发展。胡卫卫和申文静（2022）则认为乡村数字治理能够推动城乡融合发展。因此，数字技术的溢出，能够优化农村生产生活方式、生产结构，形成数字化产村融合新模式，促进农村经济社会可持续发展。

部分学者从数字技术赋能产村融合激活农村闲置资源的路径展开研究。向超（2021）从政府和市场两个角度构建农村经济数字化发展的制度路径。邱俊杰等（2023）认为乡村产业数字化转型升级内涵可分为数字化转型、价值链升级和第一产业、第二产业、第三产业融合三个层次，并基于新结构经济学从有为政府、有效市场和有力社会三个方面提出乡村产业数字化转型升级的实现路径。谢璐和韩文龙（2022）提出在社会再生产四个环节通过数字生产力助推城乡三大产业融合发展。

也有学者基于数字乡村建设实践案例,提出利用数字技术可实现传统农业生产、经营、交易的数字化转型,并通过农业智慧化、农村数字化和农村电子商务催生新业态推进乡村产业转型升级和第一产业、第二产业、第三产业的有机融合,总结出"农业+""数字+""生态+""文化+""旅游+""金融+""互联网+"等数字经济促进乡村振兴的发展模式与路径(郭朝先和苗雨菲,2023;郭俊华和卢京宇,2021;杨江华和刘亚辉,2022;施远涛,2022)。周锦(2021)认为创造性数字技术能促进乡村振兴文化融合,实现"文化+旅游+技术"的融合发展,利用数字技术推广乡村文化,发挥农村文化资源优势,有效激活农村闲置资源。上述研究从理论和实践角度探讨总结数字经济、数字技术赋能产村融合的可能路径,为数字化产村融合激活农村闲置资源提供借鉴。

数字化产村融合激活农村闲置资源也是多主体的决策行为。陈一明(2021)基于生命周期理论的视角,认为数字经济与乡村产业融合发展还处于初创期和成长期,需要外部环境和制度政策的大力支持。而新时代企业在全面脱贫和全面建成小康社会的伟大历史进程中发挥不可或缺的作用,农业企业家群体对农业数字技术的引进和应用持开放态度(李先军和黄速建,2019;韩旭东等,2023)。此外,农村资源大多为固定资产,农村资源低度资本化,推动资源变资产,发展新型农村集体经济促进农民农村共同富裕,要发挥农村集体经济的主体作用,对于乡村产业而言,农民作为从事乡村产业经济活动的最大群体,必然是乡村产业数字化转型的实践主体(李因果和陈学法,2014;肖华堂等,2022;龚云,2022;王瑞峰和李爽,2022)。但在传统的数字化产村融合激活农村闲置资源过程中,需考虑地方政府、涉农企业、农户等主体两方或三方的博弈关系,如对乡政府、企业和农民三方博弈分析产村融合的合作机制,对媒介自组织与村两委两方博弈分析数字社区公共领域的协同治理模式(牛耀红,2018;鲜军,2021)。

(三)数字技术发展对农村生态的影响

随着社会经济的发展,农村公共基础设施、社会保障体系已日趋完善,农民的生产生活水平日益提高,农村正逐渐向"美丽宜居"方向发展。当前,中国农村地区面临着数字技术带来的巨大机遇,大多数学者认为数字技术的创新发展能够有效降低企业的生产成本，间接保护生态环境。同时，数字技术与生态环境保护系统的结合，可以增强环境监管力度，提升管理效率，实现社会经济与生态环境保护的协同发展（钟真和刘育权，2021；白暴力和程艳敏，2022；张荣博和钟昌标，2022）。何寿奎（2019）指出，大数据在乡村环境治理中的应用，有助于提高环境监测的效率、厘清环境污染的传播路径，并明确环境治理的对象，从而提高环境治理决策的科学性。Zhou 等（2020）强调，数字技术在乡村环境治理中的应用，不仅有助于提高可持续性和生态活力，还能推动绿色生产、智能化环保和高效治理，促进数字生态建设，最终形成绿色低碳、可持续发展的生态环境。袁建雄和侯志娟（2022）指出，数字技术在促进农村生态宜居和环境污染治理方面起着重要作用，能提高生态治理决策的科学性，优化生态资源利用，从而推动生态文明建设。

但部分学者持相反观点，其认为数字化建设对生态环境可能产生不利的影响。王子敏和李婵娟（2016）研究发现，在利润最大化的驱动下，互联网虽然有助于降低人均能耗，但在技术设施的优化过程中，会消耗大量资源，从而增加能源的掠夺效应。李广昊和周小亮（2021）进一步指出，数字经济对环境的治理效用存在非对称性，主要表现为大城市中较强的创新能力有利于污染治理，而在经济较弱、基础设施滞后的地区，数字化建设的环境效益较为有限。基于中国的现实国情，李晓华（2019）认为，中国当前数字经济水平较低，基础设施和软环境存在较大的发展空间，数字化建设难以在生产领域实现能源效率的提高。虽然短期内数字化建设对中国经济的绿色化发展有积极作用，但从长远来看，可能会加剧能源消耗，产生能源的回弹效应（樊轶侠和徐昊，2021）。Strubell 等（2020）认为，在数字经济背景下，人工智能的广泛应用可能增加碳排放，给环境带来负担。综合来看，数字经济既有正向创造效应，也有对传统经济的替代与破坏效应，两者相互作用，形成了数字经济的"净创造效应"（杨虎涛，2020）。在数字乡村的建设过程中，如何实现农村传统产业的绿色化转型，减少对资源过度依赖的传统开发模式，实现产业生态化发展，仍是当前农村发展面临的重大难题。

总体来说，推进大数据、互联网与生态环境治理深度融合，打通生态环境横向与纵向的系统连接，对农村生态修复和维护、生态价值实现起着重要作用。一方面，通信技术的进步能够减少企业对物理空间的依赖，提升企业资源整合和生产效率，减少资源浪费和环境污染，推动农村环境绿色化、低碳化，改善生态环境的治理格局（许宪春等，2019；张三峰和魏下海，2019）。另一方面，互联网的普及能有效降低区域空气污染，提升能源利用效率（Ozcan和Apergis，2018）。同时，互联网能实现生态环境监管的精准化、智能化，构建立体式、多维度的生态环境全要素综合体系，助力物质文明和生态文明的双赢（韩晶等，2022）。在环境改善方面，数字经济通过优化能源结构和推动技术进步，能够有效减少碳排放（谢云飞，2022）。因此，构建农村生态环境数据系统，能够实现农村环境监管精准化，推进数字乡村环境标准化建设，从而促进农村生活环境治理工作的高效化、数字化、智慧化。

（四）数字技术发展对农民生活的影响

数字技术发展对农民的生活带来了巨大的便利，促进了农民增收，提高了基本公共服务水平，进而推动了农民消费结构升级，不断增强农民生活的获得感和幸福感。首先，数字技术改变了农产品的营销和销售方式，拓宽了农产品销售渠道，增加了农民的收入（王子凤和张桂文，2023）。其次，数字技术推动了农村普惠金融的发展，降低了提供或接受金融服务的边际成本，提高了金融服务的可得性，为农民提供更加便捷的融资渠道（张勋等，2019）。再次，数字技术在一定程度上能够消除城乡公共服务鸿沟，农村教育信息化、农村医疗信息化、便民服务信息化和网络扶贫等具体路径促进城乡公共服务均等化（秦秋霞等，2021）。最后，数字基础设施建设和数字工具普及能够促进低物质资本或低社会资本家庭的创业行为，带来创业机会的均等化，以便跨越数字鸿沟，实现共同富裕（孙继国和赵文燕，2023）。

从消费心理的角度来看，以电商平台为首的数字技术的应用，一方面拓宽农村农产品、文创产品等销售渠道，释放农村经济活力；另一方面有助于农村消费结构升级，提高农村生活品质（易行健和周利，2018；马玥，2021）。当前农村金融领域所涵盖的业务范围相当广泛，数字技术在降低预防性储蓄的同时满足农民的金融需求，提升消费者的抗风险能力，从而有效增加其人均消费支出；同时，由于农民抗风险能力的提高，其对未来的消费充满信心，自身消费需求不断提升，在满足生存类消费后，将更多转向发展类和享受类消费，促进消费结构的转变（何学松和孔荣，2019；邓瑜，2022）。因此，数字技术促进农村普惠金融发展，在一定程度上影响农民消费预期，促使农民消费水平、消费结构向上兼容，实现农民消费升级，使农民在获得经济效益的同时也获得较高生活效益，增强农民获得感和幸福感。

四 数字技术、产村融合与农村闲置资源的关系

2022年中央一号文件明确提出大力推进数字乡村建设，中央网信办等十部门印发的《数字乡村发展行动计划（2022—2025年）》[①] 提出"到2025年，数字乡村发展取得重要进展"。数字技术、产村融合和农村闲置资源之间存在紧密联系，数字技术赋能产村融合，数字化产村融合能够有效激活农村闲置资源。

当前，学术界对数字技术赋能产村融合的研究多从乡村产业振兴的角度出发。有学者认为数字技术应与乡村振兴所需的产业繁荣、精准扶贫和人才振兴紧密相连（Zhao等，2019）。数字经济与乡村产业的融合能够实现协同效应，充分发挥双方的多样功能，推动农村经济质的转型，成为乡村振兴的重要手段。同时，融合过程中的创新能够实现高效、智慧的融合（吴晓曦，2021；陈一明，2021）。Zhang（2020）认为，数字技术是推动乡村振兴的关键，通过灵活运用数字技术，可以促进农村经济的高质量发展，增强农村自治和凝聚力，为乡村振兴做出贡献。目前，关于数字技术对乡村振兴的研究主要有两种视角：一是从宏观角度分析数字技术对乡村振兴的影响；二是从产业兴旺、生态宜居、乡风文明、治理有效以及生活富裕五个维度来探究数字技术对乡村振兴的影响。

（1）从宏观角度看，肖若晨（2019）认为大数据是数字经济与传统农业融合的有效工具，有助于推进乡村振兴。秦秋霞等（2021）研

---

① 《数字乡村发展行动计划（2022—2025年）》，http://www.cac.gov.cn/rootimages/uploadimg/1644801128013209/1644801128013209.pdf。

究了数字技术如何推动农业现代化及其在农村产业、生态、文化、治理和服务方面的数字化应用，对乡村振兴的战略进程具有积极推动作用。王胜等（2021）提出，数字技术的应用可以推动农村生产、流通、治理和文化观念的现代化，提升乡村振兴水平。

（2）从产业兴旺、生态宜居、乡风文明、治理有效和生活富裕五个维度来探究数字技术对乡村振兴的影响。一是数字技术有助于实现产业兴旺。农村电商在互联网的推动下迅速发展，互联网的广泛信息传播能力帮助乡村产业获取商业信息，促进农产品生产、交换、分配和消费环节的高效流动，实现价值转换（Chen等，2021）。殷浩栋等（2020）认为数字化技术的应用促进了农村新业态的发展，带来了新的发展机遇，应加快农村数字化进程，让数字科技发展惠及农民。二是数字技术有利于实现生态宜居。钱立华等（2020）认为数字经济推动经济的环保升级，促进绿色、低碳和可持续发展。王军（2021）建议使用数字化信息技术改进生态管理，有助于保护和修复环境。三是数字技术有利于实现乡风文明。农村文化对农村发展具有重要作用，而数字化技术弥补了农村文化发展的技术差距，数字文化产业促进了其他农村产业的增长（吕宾和俞睿，2018；李翔和宗祖盼，2020）。四是数字技术有利于实现治理有效。数字治理可以为农民提供更好的服务，也是乡村振兴进程的关键动力，数字化技术的应用有助于构建更有效的乡村治理体系（曹冬英和王少泉，2019；刘俊祥和曾森，2020）。五是数字技术有利于实现生活富裕。华理维（2021）从技术进步与制度变迁两个维度探讨数字经济发展促进经济发展的传导机制；蔡知整与苏小东（2021）主张农业经济和数字经济的融合发展，认为抓住数字经济的发展契机，实现城乡间的资本、劳动力、技术、土地、管理等多种生产要素进行优化配置，对我国乡村振兴、全面建成小康社会具有重大而深远的意义。

五 文献述评

通过对相关文献的梳理与分析，可以发现国内外关于农村闲置资源、产村融合、数字技术发展下农村经济效应和数字技术、产村融合与农村闲置资源关系的相关研究均已取得了丰富的研究成果。这些成果有助于深化本书对相关领域的认识，也为本书进一步深入探讨提供了坚实的基础和有益的借鉴，但仍存在以下不足。

第一，大多数学者关于农村闲置资源的激活策略研究通常把完善相关制度、促进农村经济发展和推动乡村产业融合作为激活农村闲置资源的主要手段，较少从新技术经济范式转变角度研究农村闲置资源的激活。而技术经济范式转变将引发经济、金融、制度等一系列创造性毁灭，数字技术溢出也会引发乡村经济社会产生一系列变革，强大的赋能作用能够提升农业生产效率，优化产业结构，提高农村闲置资源的转换率，但农村数字基础设施落后、人才队伍建设不足也将导致数字技术赋能作用弱化，导致数字要素的闲置。此外，学者对数字技术赋能产村融合以激活农村闲置资源的研究也尚不充分，尚未揭示技术范式转换在产村融合共生过程中的作用以及激活农村闲置资源的过程，其内在逻辑有待进一步探讨。

第二，产村融合作为国内外较新的研究领域，当下研究仍处于起步和探索的阶段，导致当前国内外学者对相关领域的研究视角较为局限，深度也尚显不够。当前大多数针对产村融合领域的研究主要关注的是农村第一产业、第二产业、第三产业融合，且更多研究的是第一产业和第三产业的融合，但产村融合不仅是生产融合，更是生态融合和生活融合，缺乏产村融合的系统研究，需从乡村"三生"空间层面进一步拓展。此外，数字化产村融合研究也多从生产层面探讨数字经济、数字技术对乡村振兴的影响。因此，有必要从理论和实践两方面对产村融合及数字化产村融合进行深入的研究和分析，以期为数字乡村建设和乡村振兴提供有益的参考和借鉴。

第三，对于数字技术、产村融合和农村闲置资源三者关系的研究，大部分学者仅着眼对数字技术激活农村闲置资源、产村融合激活农村闲置资源、数字技术赋能产村融合或数字技术赋能乡村振兴等研究，对数字化产村融合激活农村闲置资源相关的理论研究和实践研究较少，且现有文献鲜少从地方政府、涉农企业、农村集体经济组织和农户四方博弈视角来研究数字化产村融合激活农村闲置资源的行为策略关系和演化趋势。这使数字化产村融合激活农村闲置资源尚未形成系统的框架体系，有待进一步完善。因此，需要从多维度和多层次来深入分析数字技术、产村融合和农村闲置资源三者之间的相互作用和影响机制，以期为数字化产村融合激活农村闲置资源提供理论支撑和实践指导。

本书基于现有研究成果，紧密结合中国数字化产村融合激活农村闲置资源的现实状况，自下而上构建数字化产村融合激活农村闲置资源的共生机制，从生产、生态、生活层面深入分析数字化产村融合激活农村闲置资源的共生路径，并依据数字化产村融合组织行为主体之间的利益关系提出相应的完善机制。

第二节 理论基础

一 技术溢出理论

技术溢出理论是一种分析技术创新对经济增长影响的理论，其认为技术创新不仅能提高创新主体的生产率和收益，还能通过各种渠道和形式向其他主体或社会扩散，产生正外部性效应，促进整体的技术进步和经济发展。MacDougall（1960）在研究外国直接投资的福利效应时，率先提出了技术溢出的概念。之后，许多经济学家对技术溢出理论进行了深入的研究和发展，探讨了技术溢出的形式、影响因素、效应差异、应对方法等问题（Pan et al.，2020；Ilkay et al.，2021）。技术溢出理论在国际贸易、国际投资、产业集群、区域发展等领域都有广泛的应用和实证分析（叶琴和曾刚，2019；刘秉镰等，2020；Li et al.，2021；Wang and Wang，2021）。

技术溢出可以是有意识或无意识的，也可以是直接或间接的。知识溢出是技术溢出的最常见方式，无论是企业主动学习和模仿先进技术企业，还是先进技术企业进入当地市场有意识地宣传自身产品和技术，都会有意识或无意识、直接或间接地进行知识扩散，从而促进技术溢出（刘和东和杨丽萍，2020）。而技术溢出的程度和效果受到多种因素的影响，如创新主体和受益主体的特征、市场环境和制度环境等（王旭和褚旭，2022）。创新主体和受益主体的特征包括其规模、成本、收益、动机、能力等，决定了其接受或进行技术创新和扩散的意愿和水平。而市场环境包括市场结构、竞争程度、需求状况等，将影响创新主体和受益主体的市场行为和策略选择；制度环境包括法律法规、政策措施、社会文化等，将影响创新主体和受益主体的权利保护和激励机制。

数字技术溢出对农业农村现代化发展具有正外部性效应。技术溢出使数字化产村融合的参与者获取先进的数字技术与应用,如大数据、物联网、5G、人工智能等,提高生产、生态、生活领域的数字化水平。此外,技术溢出促进数字化产村融合结构优化和升级,使创新主体和受益主体适应市场需要和消费升级,发展特色优势产业,延伸农业产业链,拓展农业功能,如发展休闲旅游、健康养老等产业,凸显农村闲置资源价值,推动农业"接二连三"。技术溢出促进数字化产村融合的社会进步和文明,促使数字化产村融合主体实现数字化、智能化、信息化转型,改善和优化乡村生态环境,把乡村生态红利转化为农民福利;保护和传承乡村文化遗产,提高乡村文化软实力;提升治理主体的协同性、过程决策的科学性、问题应对的有效性,提高乡村治理水平和服务效率。可见,数字技术溢出能够实现农业农村技术经济范式转换,是数字化产村融合的前提。

二 产业融合理论

产业融合(Industry Convergence)是指不同产业或同一产业中不同行业之间的相互渗透、相互交叉,逐步融合为新产业的动态发展过程。产业融合过程始于技术领域,Rosenberg(1963)在美国机械工具产业技术演变的研究中提出,产业融合不仅是简单的产业间合并,更涉及各种要素的重新组合,包括技术、人才、资本、市场等,使原本独立的产业或行业可以在创新、生产、营销等方面相互协同,形成更具创造力和竞争力的新型产业。Herot和Weinzapfel(1978)在此基础上对广播业、印刷业和计算机行业进行产业融合研究,用三个圆圈代表三个行业的技术边界,其认为三个圆圈交叉的部分是发展最有前景、成长最快速的领域。植草益(2001)认为,产业融合的核心动力来自技术创新和经济管制的放松。技术创新作为产业融合的内在驱动力,通过开发替代性或关联性的技术、工艺和产品,在不同产业间渗透与扩展,从而改变原产业的产品或服务的技术路线,降低生产成本,并为产业融合提供根本动力。同时,技术创新也推动了市场需求的变化,为原产业创造了新的市场机会,为产业融合提供了空间。而政府的经济管制往往是形成产业间的进入壁垒的主要原因,限制了其他相关产业的竞争,进而抑制了产业融合的发展。经济管制的放松能够降低不同产业之间的交易成本,提高不同产业之间的协作效率,促进不同产业之间的资源共享和知识交流,使其他相关产业的业务更容易加入该产业竞争,从而为产业融合提供了外部条件。

中国最早研究产业融合的学者周振华(2003)提出产业融合促使了新产品与新服务的涌现,促进了资源的整合,带来了就业增加和人力资本发展。产村融合是产业融合在"三农"领域的实践,更加注重将农村地区的不同产业、资源和优势相融合,促进农业与第二产业、第三产业相互渗透共同发展,形成产业、乡村、农民、资源的融合,提升农村地区的发展水平,实现区域协同增长。而数字经济与外部环境的相互作用,加速了不同产业之间的交互作用和融合,推动产业融合的不断深化和发展,从而使产业边界逐渐模糊化,有利于实现以农业为基础的产业链延伸、价值链增值,带动农民再就业和农村地区经济社会发展。

三 共生理论

共生(Symbiosis)是生物学概念,是指不同的动植物利用对方的优势和自己的特质共同生活彼此依靠生存的现象,形成一种互利互惠关系。共生一词最早于1879年由德国生物学家De Bary(1879)提出,其认为共生是一起生活的生物体的某种程度的永久性的物质联系,即不同种群围绕获取收益的不同关系为纽带生活在一起。Ehrlich和Raven(1964)认为"共生演化"是生物界的主流状态,违背了传统观念认为的"竞争生存"法则。Margulis和Fester(1991)进一步提出共生理论不再过分强调生物对自然环境的消极适应,而是更加突出生物体之间的有机联系及其对环境的主动改造,并明确指出融合共生现象不仅发生在生物有机体之间,还会进一步存在生物有机体与无机体之间,这进一步拓展了共生概念的范围。

中国学者袁纯清(1998)将共生理论引入经济学领域,系统解析了共生理论的经济学研究架构,并用其分析小型经济的治理问题,其认为"共生关系"与"竞争关系"同等重要,是促进创新发展的重要动力。此后,共生理论成为揭示生态系统内生物有机体之间及其与无机体之间互相联系、相互适应和动态协调关系的重要理论。共生理论认为共生包括共生单元、共生模式和共生环境三个要素,这三个要素构成了构建共生体的基本条件、环境背景和互动方式。

基于共生理论分析和解决农村问题已早有学者展开研究。Preston

(1975)研究了城乡与聚落互动，提出应关注人口、商品和资本的流动，以及社会交往和服务的提供，并指出农村资本和基础设施的严重缺乏造成城乡发展不平衡。石忆邵和顾萌菁（2001）总结了各地农业产业化与农村城市化实践得出五种共生模式，提出培植具有区域特色的企业群落和产业群落，确保可持续发展。李娟（2020）基于共生理论，以城市要素共生、城乡要素共生、要素共生增值为切入点，探索城乡要素共生促进乡村产业融合发展的内在逻辑关系。罗敏等（2021）提出以利益—责任—组织三者共生为基础，形成农户、市场与经营主体三者互惠共生的农村土地流转新模式。卢祥波和邓燕华（2021）研究乡村旅游推动农村发展表明价值共享、利益联结、分层运营及组织协调等机制促进了集体与个体之间互惠共生关系的形成。薛俊军等（2022）借助共生理论分析框架分析县域医共体医防协同的共生要素，以解决当前县域医疗卫生服务中资源配置不合理、医疗机构间缺乏分工与协作及"碎片化"等问题。在农村生态系统中，共生单元为政府、企业、农村集体经济组织和农户等多个利益主体，数字化产村融合共生使各方在合作互补过程中形成互利互惠协同发展的共生模式，有利于促进农村地区的可持续发展。

第三节 本章小结

本章从文献综述与理论基础两个角度出发，分析了数字化背景下激活农村闲置资源的主要依据。从文献综述的角度，通过梳理农村闲置资源、产村融合、数字技术发展的农村经济效应及数字技术、产村融合与农村闲置资源的关系等研究成果，构建了数字化产村融合共生的研究空间。从理论基础的角度，本章认为技术溢出理论、产业融合理论以及共生理论等为本书构建城乡产业融合机制提供了重要的理论参考。本章为后文理论框架的构建，以及数字化背景下激活农村闲置资源的共生路径的具体分析奠定了理论基础和经验借鉴。

第三章

农村闲置资源的现实情况、激活障碍与突破方向

本章通过数据库、实地调研、文献整理等方式搜集农村闲置资源与产村融合的相关数据与典型案例，对农村资源闲置的现实情况进行分析，挖掘农村闲置资源产生的深层次原因，进一步剖析农村闲置资源的激活障碍，在归纳不同区域有效激活农村闲置资源典型案例的基础上总结当前农村闲置资源的激活方式，并由此指出农村闲置资源激活利用的突破方向，力图为农村地区的发展提供新的思路和方向。

第一节 中国农村资源闲置的现状

尽管不同地区间农村资源闲置存在一定的相似之处，但受地区资源禀赋与经济发展程度等因素的影响，中国农村资源闲置在诸多方面仍表现出较强的区域异质性（赵敏和储佩佩，2023）。因此，本节将分析中国东、中、西三大地区农村闲置资源的现状，并总结中国东、中、西三大地区农村资源闲置的异同。

一 东部地区农村资源闲置的现状

中国东部地区的地形以平原、丘陵为主，经济相对发达，城镇化水平领先，城乡融合程度较高（武前波等，2022；刘秉镰和高子茗，2023）。《中华人民共和国2022年国民经济和社会发展统计公报》显示，2022年中国东部地区生产总值为622018亿元，占全国生产总值

的51.4%[1]，且根据东部地区各省份2022年国民经济和社会发展统计公报数据综合计算中国东部地区的城镇化水平高达71.8%，远高于中国中部地区与西部地区。在此背景下，相对发达的地区经济也使当地居民的精神文化需求日益扩大，文旅消费潜力巨大。同时，中国东部地区有着丰富的生态资源。以森林资源为例，东部地区有6个省份的森林覆盖率数据超过全国平均数据的22.96%，其中福建、浙江、海南和广东4省的森林覆盖率更是超过了50%，分别高达66.80%、59.43%、57.36%和53.52%[2]。

随着中国城镇化进程加速及周边发达城市虹吸效应的不断强化，中国东部地区大量的农村劳动力向城市转移。国家统计局相关数据显示，2010—2022年中国东部地区城镇人口总数从3.3575亿人上升至4.0614亿人，而农村人口总数从2.2797亿人下降至1.5957亿人。农村人口不断流向城镇，大量农村宅基地与房屋被闲置或废弃，"房屋空置人口流失"与"人口迁移土地闲置"的现象在中国东部地区日益加剧，已有部分学者研究表明中国东部地区农村宅基地的闲置率已高达13.5%（李婷婷等，2019）。以经济相对发达的苏南地区为例，苏南五市已有超过10%的农村宅基地处于空置或废弃状态（高金龙等，2021）。由此可见，农村宅基地资源大量闲置已成为中国东部地区的普遍现象。城镇化进程的加快，也导致中国东部地区城市用地需求不断扩张，而农村宅基地资源却被迫"沉睡"，二者供需不对等的矛盾成为中国东部地区土地资源利用的突出矛盾。与此同时，受限于粗放式的发展模式与环保意识的欠缺，在过去中国东部农村地区的众多生态景观往往因无人治理与保护而逐渐沉寂荒废，生态环境破坏严重，地区所特有的生态资源优势也难以得到有效发挥，生态价值转化率低。此外，由于东部地区农村空心化的不断加剧，许多富有特色的乡土文化逐渐式微、贫瘠，出现了精神贫血、民间工艺缺少传承人等文化病灶，中国东部地区潜在的乡土文化资源也难以得到有效的盘活利用。

---

[1] 《中华人民共和国2022年国民经济和社会发展统计公报》，https://www.gov.cn/xinwen/2023-02/28/content_5743623.htm。

[2] 《中国统计年鉴（2022）》，http://www.stats.gov.cn/sj/ndsj/2022/indexch.htm。

二 中部地区农村资源闲置的现状

中国中部地区地处内陆腹地，承东启西，连南接北，地形以低山、丘陵为主。2022年中国中部地区生产总值为266513亿元，占全国生产总值的22%[①]；参考中部6省2022年国民经济和社会发展统计公报数据，2022年中国中部地区人均GDP为7.30万元，经济发展程度与城镇化水平低于东部地区但高于西部地区；2022年中部地区农作物种植面积高达3493.52万公顷，占全国粮食种植总面积的29.52%，而中部地区占地面积仅为全国国土面积的10.7%[②]。由此可见，中国中部地区农业根基深厚，耕地面积较大，农业再开发基础牢固，农耕文化浓厚。

随着城乡收入差距不断扩大，基本农业收入已然无法满足农村劳动力的需求，中国中部农村地区劳动力大量流向周边城市与东部沿海发达地区，并由此导致了中部地区众多农村宅基地与房屋的闲置，劳动力异地非农化趋势不断强化（赵宁宁等，2021）。同时，中部农村地区人口的大量流失也造成了物流、资金流、信息流等空间转移，中部地区土地非农化、碎片化及荒地化，乡村空心化、边缘化及衰落化等问题日趋严峻，大量土地资源闲置。这也一定程度上破坏了原有的村落风貌，导致中部地区难以有效利用农村闲置资源开展绿色生态建设与特色经济建设，迫使人们不得不重新认知乡村资源并考虑乡村资源如何进行创新性利用（孙九霞等，2023）。

三 西部地区农村资源闲置的现状

中国西部地区地形以山地、高原为主，耕地资源稀缺且效益低下，生态环境脆弱，土地沙化严重，自然灾害频发。受上述因素的影响，中国西部地区呈现出地广人稀的状态，经济发展相对落后。2022年，中国西部地区生产总值为256985亿元，占全国生产总值的21.2%[③]；参考西部地区各省份2022年国民经济和社会发展统计公报数据，2022年

[①]《中华人民共和国2022年国民经济和社会发展统计公报》，https://www.gov.cn/xinwen/2023-02/28/content_5743623.htm。

[②]《中部崛起势头强劲再上新台阶》，https://www.gov.cn/xinwen/2020-10/30/content_5555934.htm。

[③]《中华人民共和国2022年国民经济和社会发展统计公报》，https://www.gov.cn/xinwen/2023-02/28/content_5743623.htm。

西部地区人均GDP为6.71万元，低于中国其他地区；同时，2022年中国西部地区常住人口总数为3.83亿人，占全国的27.1%，而西部地区占地面积高达683.93万平方千米，占全国总面积的71.3%，人口密度为56人/平方千米[①]，仅为东部地区的9.2%与中部地区的15.8%，这说明西部地区地广人稀的状态普遍存在，土地利用效率相对低下。同时，由于西部地区经济发展相对滞后，大量劳动力资源外流，耕地和牧区大量荒废闲置。

中国西部地区受独特自然环境与历史发展等因素的影响，少数民族人口众多且分布集中，多民族聚居现象普遍，拥有丰富多样的民俗风情。因此，西部地区的民俗文化融合了汉族和少数民族的传统民俗，民族文化底蕴深厚，形成了独特的人文资源，能够开发为特色产业。而旅游业作为富民产业，以高收入群体购买低收入群体所提供产品和服务为主要活动，能够实现财富由中高收入群体向中低收入群体的转移，促进农业产业化与农村资产盘活，推动城乡均衡发展与城乡要素双向流动、优势互补，为欠发达的西部农村地区提供就业岗位、经营利润和发展机会，成为中国西部农村地区有效激活闲置资源的重要途径（陆林和储小乐，2018）。

当前，东、中、西部乡村旅游发展水平的差距依然较大，这不仅体现在旅游收入差距显著上，更显著的表现是旅游发展能力的差距，尤其是西部旅游乡村的低发展能力与其高资源禀赋严重错配，乡村旅游资源开发跨地域的资源优势互补、客源市场共享、发展经验共享的效应不够深化，特色资源未得到充分利用（王明康和刘彦平，2019）。

四 东、中、西部地区农村资源闲置的异同

随着城镇化进程的推进和乡村人口非农化转移的加快，中国农村地区空心化现象越发严重。大量农村劳动力的流动迁移导致农村土地资源与房屋资源大量闲置，农村地区特有的生态资源与文化资源也因无人治理而被迫"沉睡"，农村资源闲置现象不断加剧，造成村庄人居环境恶化、基础设施配套困难的局面。而农村居住环境的恶化又在一定程度上阻碍了乡村基础设施与公共服务建设，城乡差距不断拉大，进而导致农

---

① 《中国统计年鉴（2022）》，http：//www.stats.gov.cn/sj/ndsj/2022/indexch.htm。

村劳动力的进一步流失，最终形成空心化加剧农村资源闲置，农村资源闲置又将反向加剧农村空心化程度，这成为当前中国不同地区农村资源闲置的共性。

然而，通过对比分析中国东中西部地区农村闲置资源的现状，发现不同地区农村资源的闲置现状也存在一定差异。

(一) 资源闲置类型不同

受地区资源禀赋与经济发展程度等众多因素的影响，中国农村资源闲置类型展现出了较强的区域异质性。东部地区闲置资源以土地资源与生态资源为主，中部地区闲置资源则以农耕资源为主，而西部地区闲置资源以景观资源与文化资源为主。

(二) 资源闲置程度不同

以农村土地资源闲置程度为例，根据已有学者的研究数据，2019年按照东部、中部、西部、东北部4大地区统计分析，农村宅基地的闲置率分别为13.5%、7.7%、11.4%和11.1%。此外，比较各区域内部样本村庄宅基地闲置率的差异情况，东部地区内各村庄宅基地闲置率标准差为10.0；中部地区内各村庄宅基地闲置率标准差为8.5，村庄宅基地闲置差异最小；而西部和东北部地区内各村庄宅基地闲置状况差异较大，尤其是西部地区，标准差高达15.4（李婷婷等，2019）。可见，不同地区在农村资源闲置程度方面存在较大差异。

(三) 资源闲置的原因存在差异性

中国东部地区经济发达，交通便捷，生态环境良好，农村资源的闲置主要由周边发达城市虹吸效应所致。随着周边发达城市虹吸效应的不断强化，东部农村地区人口不断流失并向城市转移，进而造成大量农村资源的闲置。中国中部地区经济发展水平仅次于东部地区，地形以低山丘陵、平原为主，耕地资源丰富，农业根基深厚，由于劳动力异地非农化趋势的不断强化，农业劳动力日益稀缺，以农业为主的发展模式遭受冲击，而中国中部地区首当其冲，中部地区农村资源闲置程度不断加深。西部地区经济发展相对落后，地形以山地、高原为主，耕地资源稀缺，生态环境脆弱，但自然景观资源与特色人文资源极为丰富，由于主体资源意识不足及资源整合方式、激活方式的欠缺，西部农村地区得天独厚的资源优势难以得到有效发挥，农村资源被迫闲置。

以土地资源为例，中国东、中、西三大地区的土地资源闲置成因存在明显的异质性（李婷婷等，2019）。城市虹吸效应已然成为中国东部地区土地资源闲置的主要成因。而中部地区劳动力异地非农化趋势导致的城镇有其他住宅是其土地资源闲置的主要成因，但不同的是中部地区因房屋损毁无法居住造成土地闲置比例高达27.4%。而西部地区生态环境的脆弱与乡村产业的缺乏导致家庭成员长期外出，这造成了西部地区土地资源大量闲置。

（四）资源激活模式存在明显差异

东部地区经济较为发达，创新能力强，创建多元化农村闲置资源激活模式，如"林下经济+绿色加工""传统古村+古韵相承"等模式，并借助数字技术构建数字平台，以实现农村闲置资源的精准激活和资源供给与需求的对接。然而，由于城乡要素流动受阻且市场竞争激烈，东部地区农村特色产业的培育与发展仍面临一定困难。中部地区坚持"破旧立新"，在清除破败建筑的同时，形成"慢生活"理念与庭院经济，试图通过构建绿色产业以提高闲置资源的转换率。但中部地区农村内部差异较大且缺乏针对性的闲置资源再利用措施，导致闲置资源利用的成效出现两极分化。西部地区则致力培育特色产业并加快农村第一产业、第二产业、第三产业融合，如"集体经济+产旅融合+虫草品牌""乡贤+党建+良种牦牛基地"等模式，从而激活生态、少数民族风俗文化等特色资源。但因区位限制，西部地区农文旅产业发展受限，特色资源有待进一步激活。

综上，近年来，东部地区立足地区农村资源闲置现状，借助新一代信息技术多样化促进闲置资源的转化；中部地区与西部地区的农村闲置资源激活模式相对单一，绝大多数农村虽已实现闲置资源的产业化，但仅实现了资源的低效转化，且转化模式同质化严重，未能深入挖掘资源内涵，尚未形成内外部资源的互融互通，多种资源共同转化的乘数效应未能实现，导致农村闲置资源的激活利用仍面临较大挑战。

第二节 典型村庄资源闲置情况的问卷调查

一 调查设计与过程

（一）问卷设计

本次调查问卷设计包括以下三个部分。

（1）了解农民的基本信息，明晰样本的基本结构。考查的变量有6个：调查对象的性别、年龄、工作情况、主要居住地、收入、受教育程度。

（2）了解各村数字化基础设施建设程度，主要考察变量有生活性基础设施、人文性基础设施、流通性基础设施。

（3）了解各村数字化赋能产村融合激活农村闲置资源的情况及存在的问题，主要考察变量有当地产业发展优势、政府扶持产业发展情况、数字化产村融合激活农村闲置资源的成效与主要面临的问题、外出务工人员返乡意愿等。

（二）调查过程

本次调查选取了中部地区几个典型的数字乡村示范点或乡村振兴示范村进行实地调研，调查方法以问卷调查和案例访谈为主，调查对象包括当地农民、合作社组织、产业基地人员、镇政府及村委会工作人员等。

团队成员首先前往武宁县县长水村参观自然生态景观，通过走访长水村九岭蜂蜜专业合作社、长水青年红豆杉培育专业合作社等地了解其运作模式，探索林下经济产业、休闲观光农业产业和生态养老养生业的产村融合和资源盘活情况，并到红豆杉养殖基地、蜜蜂养殖基地、有机茶基地、特色果业基地、毛竹低改基地进行实地调查，了解长水村产村融合激活农村闲置资源的现状，考察直播电商对村庄发展的长效促进作用；部分团队成员前往南昌市进贤县西湖村，参观西湖李家景区，走访了进贤县人民政府、西湖村扶贫办、西湖村乡村振兴实训基地、南昌半农生态园有限公司等地，深刻分析了其政企关系、民企关系，深度调研了该地区各村庄的经济发展、民生改善、生态可持续和产业结构等具体情况，了解各乡村产村融合助推乡村建设、激活闲置资源的情况；部分成员前往横峰县王家自然村进行随机问卷调查，同时发放网络问卷以了解该区域农村闲置资源利用现状。实地走访王家村龙门畈人民政府、紫灵葡萄养种合作社、百家村姚家乡好客王家农旅文化发展有限公司、姚家乡人民政府、姚家乡建作村及多个村委会，获取激活农村闲置资源的相关文件和数据，全面感知数字化对全村生产、生活、生态的影响。

（三）问卷样本基本情况

本次调研主要采用实地调研、网络问卷与访谈等形式，通过中部地区典型的数字乡村示范点或乡村振兴示范村各相关农户、村干部以及个体工商户等群体进行调研，实地调研共填写300份，网络问卷共发放600份，删除了回答时间过短和填写内容有误或自相矛盾的样本，最终得到有效问卷784份，有效回收率87.1%，达到了问卷数量和质量的基本要求。对所搜集的784份问卷进行整理与分析后，所得结果如表3-1所示。

表3-1　　　　　　　　　　调研结果分析

变量	指标	有效频数（份）	百分比（%）
性别	男	446	56.89
	女	338	43.11
年龄	20岁及以下	137	17.47
	21—35岁	114	14.54
	36—50岁	102	13.01
	51—65岁	166	21.17
	65岁以上	265	33.81
文化程度	小学及以下	231	29.46
	初中	149	19.01
	高中/中专	186	23.72
	大专及以上	218	27.81
职业	在校学生	173	22.07
	务农	264	33.67
	本地企业职工	118	15.05
	政府部门（事业单位）	32	4.08
	本地私营业主（个体）	49	6.25
	外出务工	148	18.88

续表

变量	指标	有效频数（份）	百分比（%）
收入情况	1000元及以下	28	3.57
	1000—3000元	489	62.37
	3000—5000元	175	22.33
	5000元以上	92	11.73

注：数据来源于实地调研（296份）与网络问卷（488份）。

表3-1显示：①性别分布：男性占56.89%，女性占43.11%，调研对象性别比例符合现状。②年龄分布：51岁及以上的农民人数最多，占样本总数的54.98%，这与农村人口以老年人为主、产业发展以中年人为主的现实基本吻合。③文化程度：各教育水平层级人数分布较为均衡，可从不同视角了解被调查者对乡村发展的评价。④职业分布：在当地务农与工作的人员较多，达到总样本的54.97%，表明样本能够较好地反映当地参与美丽乡村建设人员的实际感受。⑤收入情况：其中低于3000元的人数较多，占样本总数的65.94%，表明农民的生活有所改善，但人均可支配收入依旧较低，基本符合农村经济发展情况。由此可知，此问卷调查的样本具有一定的代表性。

此外，本团队还对村干部、乡村企业及农村集体经济组织、农户三个主体分别展开了深度访谈，从三个方面重点了解：村干部对闲置资源盘活利用的指导方法和政策宣传、乡村企业及农村集体经济组织对闲置资源的盘活利用作出的努力、农户对闲置资源盘活的意愿和受益程度。访谈详情见附录。

二 农村闲置资源调查情况分析

本书选取了几个典型的数字乡村示范点或乡村振兴示范村作为调查样本，在调查中发现，尽管部分村庄在激活农村闲置资源的实践中已经略见成效，但大部分农村地区仍存在资源利用效率低、潜在资源未被充分开发利用的情况。根据问卷结果分析，农村闲置资源主要是土地、宅基地和劳动力，拥有闲置土地的村庄有18个，占比达90%；拥有闲置宅基地的村庄有15个，占比75%；拥有闲置劳动力的村庄有13个，占比65%。对于本村闲置资源的盘活情况，从收集的784份有效问卷来看，有41%的人认为总体情况为较好及以上，37%的人认为一般，22%的人认为较差。在784位受访者中，有意愿盘活本村闲置资源的有756人，愿意通过村委会统一统筹盘活的占68%。想通过租赁或投资入股的方式将闲置的房屋或宅基地进行再利用的占86%。但进一步调查梳理发现，由于农民对政策的理解不透彻，参与盘活闲置资源的积极性不高。农村留守的妇女、老人对土地所有权、承包权、经营权、房产抵押权理解不够，对如何评估入股、如何计算股权收益，以及农民变股民以后的权利责任等不清楚，对资源盘活利用是否有保障有顾虑，目前大部分农民只是被动地在观望中参与。

三 激活农村闲置资源存在的问题分析

团队成员通过对典型的数字乡村示范点或乡村振兴示范村实地调研过程中发现，尽管各村激活农村闲置资源在实践过程中取得了一定的成效，但调查结果显示，农村资源仍有较大闲置比例，各地区房屋空置、农村空心化、土地荒芜随处可见，激活农村闲置资源依然面临诸多困境。通过收集有效问卷784份，对"激活农村闲置资源存在的问题"的反馈结果进行统计与分析，所得结果如图3-1所示。

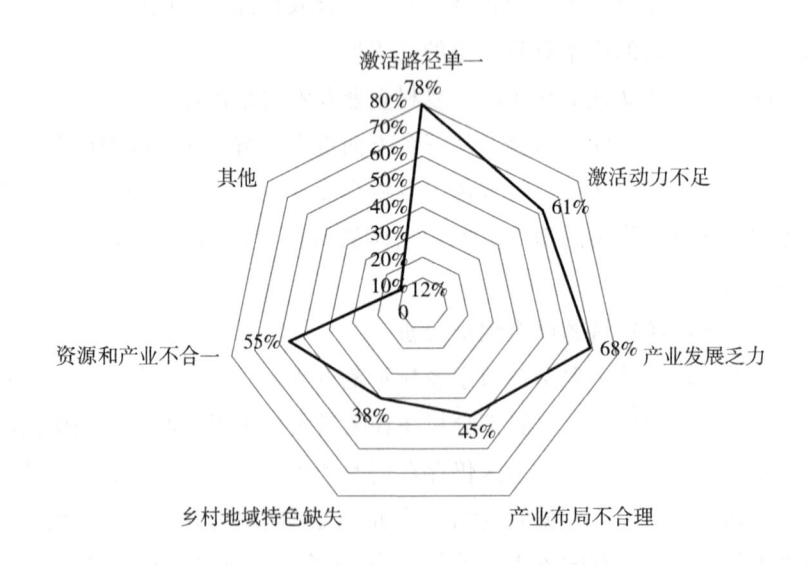

图3-1 激活农村闲置资源存在的问题调查结果

（一）产业稀缺，"资"产不合一

根据农村闲置资源存在的问题的问卷调查结果发现，55%的调查对象认为农村未能合理引入产业，村中产业缺失严重。进一步对"您认为当地资源与产业发展有哪些困境？"的反馈结果进行统计与分析，所得结果如图 3-2 所示。

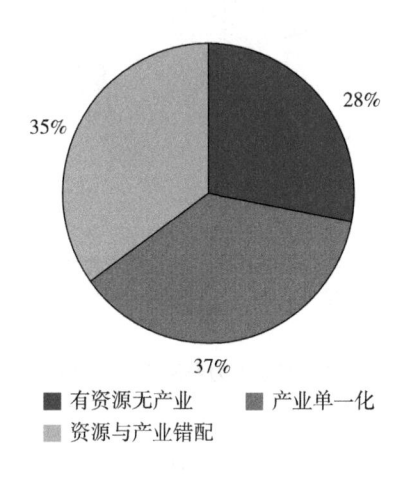

图 3-2　资源闲置与产业发展不足困境调查结果

调查结果显示：28%的调查对象认为农村未能引入合适的产业，未能提高当地的农村资源的利用率；37%的调查对象认为乡村产业发展单一化，资源转化为产业的承接能力弱，部分农村将产业发展与生态资源利用相割裂，导致农村优质资源无人利用、无处利用、无法利用甚至无心利用；35%的调查对象认为农村资源与产业发展不匹配，农村有山、有水、有人家，资源丰富但产业发展迟缓。

据此可知，农村资源和产业融合度低，主要体现在产业链质量、效率和竞争力不高；而且现代农业产业体系创新力、竞争力和全要素生产率不足，导致农村闲置资源的利用效率较低。

（二）产业乏力，激活动力不足

根据激活农村闲置资源存在的问题的问卷调查结果发现：68%的调查对象认为在激活农村闲置资源的过程中，产业发展乏力，缺乏可持续性、稳定性的动力来源，农民增收不明显，不能有效驱动农民自身动力。进一步对"您认为村庄产业乏力的影响因素有哪些?"的反馈结果进行统计与分析,所得结果如图3-3所示。

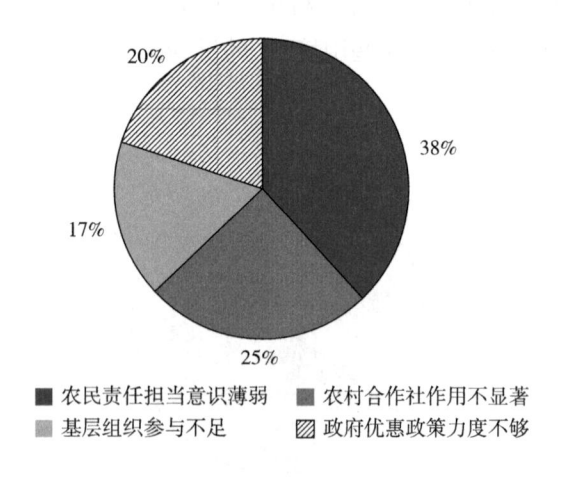

图 3-3 产业乏力影响因素调查结果

调查结果显示:38%的调查对象认为农村群众性自治组织责任担当意识薄弱,对农村发展积极性不高、执行力不强,导致激活农村闲置资源工作进度进展缓慢;25%的调查对象认为有些农村合作社的成立,未充分了解农村的发展困境,解决农村产业发展难的问题,没有在农村发展中真正发挥作用;20%的调查对象认为政府优惠政策力度不够,引导资金不足,致使企业进驻意愿不高,农民在乡村建设中受益程度不高,参与激活农村闲置资源的积极性也不高;17%的调查对象认为基层组织参与相对不足、自主性约束不强,实践成效不高、未实现预期目标。

据此可知,在激活农村闲置资源的过程中,参与主体一味追求自身利益、眼前利益,相互摩擦和牵制的现象依然存在,农民、企业和政府等相关利益主体未能形成合力,分配制度不合理,利益联结机制滞后,以致各方诉求难以协调,产业发展的激励动力不足,难以形成有效驱动力助推激活农村闲置资源,使其达到预期效果。

(三)路径单一,数字化程度低

激活农村闲置资源存在的问题的调查结果发现:78%的调查对象认

为激活闲置资源的路径单一，农村地域特色逐渐缺失，各地乡村风貌雷同，呈现出城市化、样板化的趋势。进一步对"您认为激活农村闲置资源的路径单一的主要因素是什么？"的反馈结果进行统计与分析，所得结果如图3-4所示。

- 政府规划不合理 47%
- 数字基础设施落后 35%
- 入驻企业规划不足 18%

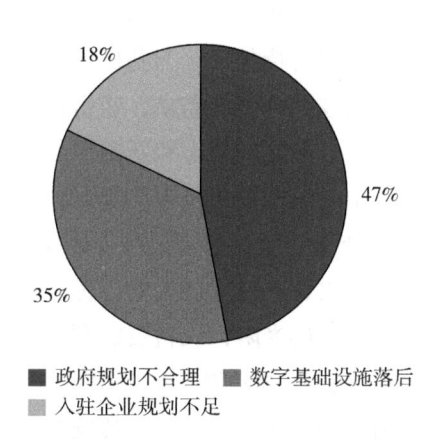

图3-4　激活农村闲置资源路径单一的因素调查结果

调查结果显示：47%的调查对象认为政府规划不合理，对产业入驻引导方向不重视，过于模仿一些明星村的风格；35%的调查对象认为数字基础设施落后，诸如交通、通信等不畅通，制约产业生产、运营和发展，乡村发展部分数字基础设施过于单调，产业发展同质化严重；18%的调查对象认为入驻企业自身规划不足，缺乏前瞻性。

据此可知，在农村建设发展过程中，首先，政府、企业和农民各方主体的规划前瞻性不足，忽略村庄的特色资源，盲目借鉴样板，导致激活农村闲置资源的路径单一，效果不明显。其次，数字基础设施欠完备也同样制约着农村闲置资源的盘活利用。因此，部分农村难以实现数字化赋能产村融合，进而激活农村闲置资源。

第三节　中国农村闲置资源形成的原因

一　资源意识不足

资源是农村发展的基础，相较于城市而言，中国农村地区具有独特的资源系统，这些资源共同构成了农村特有的财富，同时也成为农村人口生存和发展的重要保障（李玲燕等，2022）。随着乡村振兴战略的实施，"绿水青山就是金山银山"理念越来越深入人心，以农村旅游、休闲农业等为核心的现代农村产业呈多元化发展趋势，在一定程度上实现农村资源的价值增值，农村独特的资源逐渐成为乡村振兴和可持续发展的战略性资源。此外，以农村特色资源为基础的绿色、低碳、环保、健康的多元化农村产业越来越贴合市场需求，吸引各类市场要素不断向农村集聚，成为农村经济社会发展新动力和新引擎。

但值得关注的是，由于农民资源意识的不足，中国农村地区的众多资源往往被忽视，被迫处于"沉睡"状态，农村所特有的资源优势也难以得到有效的发挥。过去，农村发展主要以传统农业为核心，在传统小农观念的影响下，信息传递受阻，农村资源利用开发有限，发展模式相对单一且同质化严重（杨江华和刘亚辉，2022）。这一传统观念也导致农民对农村资源价值认知不足，尤其是非传统的隐性资源，如当地特有的乡土文化与生态资源。同时，随着中国经济稳定增长和改革的持续深化，许多新兴产业和市场需求不断涌现，这也使农村的潜在资源优势越发凸显。然而，由于农民的信息获取渠道相对有限，缺乏对市场需求变化的敏锐感知，农民难以认识到农村地区拥有的特有资源优势，且部分农村基层干部缺乏魄力和远见，无法领导农民有序开展资源产业化，进而阻碍了农村特有资源的开发与特色产业的构建。另外，由于中国农村地区的资源往往呈碎片化分布，且农村地区居民相对缺乏对资源整合和创新的认知，这就使农民往往只能固守原有的传统产业或资源利用方式，而无法积极寻求更加高效的资源利用途径，进而难以形成资源开发的规模化经营或与其他资源进行有效整合。

综上所述，资源意识的不足导致身为资源主体的农村集体经济组织或农民缺乏对农村资源进行利用与开发的内生动力，资源主体的意识不足是使中国农村闲置资源形成的一大重要原因。

二 城市化的虹吸效应

改革开放后，由于区域规划与政策导向的倾斜，城市逐渐成为区域经济发展的增长极。通过集聚周边地区的生产要素成为地区经济中心后，城市又通过医疗卫生、教育、就业和社会公共服务等资源的集聚，进一步吸引周边地区的人口向城市集聚，并由此形成了城市化的虹吸效应，而这也成为农村闲置资源形成的一大重要原因（田成诗和陈雨，2022）。

虹吸效应原本指物理中液态分子在引力与位能差能作用下由压力大的一边流向压力小的一边，而区域经济发展中的虹吸效应是指经济发展条件较好的地区吸引和集聚条件较差地区的要素和资源（范子英等，2018）。随着城市化进程的加快，城市对周边农村地区的虹吸效应也不断加强，城乡间要素流动逐渐成为乡村流向城市的单向不平等流动。尽管这一效应加速了城市化发展进程，促进了城市的经济增长，但也同样抑制了周边农村地区的经济发展，导致城乡间要素的非均衡配置现象不断加剧，城乡收入差距不断扩大，农村劳动力进一步流失，农村空心化现象越发普遍，最终导致了中国农村大量资源的闲置。

具体而言，一方面，城市虹吸效应导致农村地区的劳动力资源大量流向城市，这加剧了农村地区的劳动力短缺和人口老龄化，大量土地、宅基地等资源因无人治理被迫闲置或废弃，农村所特有的绿水青山也因无人开发或无能力开发而难以转化为金山银山，农村资源难以实现有效转化，进而导致城乡收入差距较大，并由此造成农村进一步的人口流失。这不仅削弱了农村的发展潜力和经济活力，也给乡村治理带来了难题。另一方面，在城市虹吸效应的作用下，医疗卫生、教育、就业和社会公共服务等资源往往集聚于城市地区，农村地区的基础设施建设因资金、技术、人才等生产要素的匮乏而步履维艰，进而影响农民生活水平的提高与农村产业的建设，导致农村空心化的进一步加剧，最终造成农村资源的大量闲置。

综上所述，在城市化的虹吸效应影响下，城市成为区域发展的中心，广大农村地区被迫处于边缘地位，延续数十年的城乡二元结构不断固化与强化导致城乡差距不断拉大，并由此造成了农村闲置资源的大量出现。

三 乡村产业缺乏

农业是中国的立国之本，使中国农业基础相较于其他国家更为坚实。但改革开放后，随着城市化进程的加快，城乡二元经济结构逐步形成并固化，过于牢固的传统农业经济反而成为乡村产业缺乏的一大重要原因，并最终造成了农村大量资源闲置。

产业兴旺是解决农村问题的前提，乡村振兴关键是产业要振兴。但在中国广大农村地区，乡村产业发展失衡、产业体系发展滞后的问题越发凸显，乡村产业缺乏已然成为阻碍农村地区实现产业兴旺的巨大障碍。一方面，乡村产业缺乏广度。过于牢固的传统农业经济导致农业在中国农村地区占据绝对地位，而第二产业、第三产业相对匮乏，同一地区内的乡村产业同质化严重，乡村产业相对单一且缺乏合理的产业结构（李豫新和许新娜，2023）。另一方面，乡村产业缺乏深度。单一的传统农业经济缺乏与第二产业、第三产业交流与融合，不同产业间缺乏有效的要素互动与融合，乡村产业难以跨越产业边界进而实现产业升级，导致乡村产业链在农产品上下游的延伸较为有限，农产品附加值低，农业生产要素回报率低。在农村产业缺乏广度与深度的影响下，农村独有的资源禀赋难以有效整合转化为特色产业，更难以转化为资本，产业发展要素难以得到进一步提升，大量农村资源无人开发利用，被迫闲置。同时，乡村产业的缺乏也使农村出现产业空心化，而产业空心化所带来的岗位匮乏，以及较低的工资性收入和财产性收入又将迫使农村劳动力流入城市地区，造成农村人口空心化。而人口空心化又将进一步加剧农村村落荒废和要素流失，导致乡村产业缺乏的问题日益严重，由此形成农村空心化的恶性循环，引发农村地域经济、社会功能的整体退化和日益萧条，农村资源闲置程度的不断加剧（宋伟等，2013）。

四 要素流动无序

党的二十大报告提出，"坚持农业农村优先发展，坚持城乡融合发展，畅通城乡要素流动"[①]。而农村优先发展体现在城乡要素的自由流动，尤其是各类优质生产要素向农村地区的有序流动和要素增值在城乡之间的公平分配，这既是乡村振兴的内在过程，也是城乡融合发展的根本途径（宁志中和张琦，2020）。然而，受传统的重工业优先发展战略与城乡二元制度等制约，农村大量的劳动力、资本、土地等要素单向流入城市，城乡间要素难以实现跨区域的流动和合作，这制约了非农部

[①] 《高举中国特色社会主义伟大旗帜 为全面建设社会主义现代化国家而团结奋斗——中国共产党第二十次全国代表大会报告》，https://www.gov.cn/xinwen/2022-10/24/content_5721225 0.htm。

门的发展及农业全要素生产率的提高，造成农村地区严重"失血""贫血"，严重阻碍了城乡融合发展（王颂吉和白永秀，2013；刘明辉和卢飞，2019；武宵旭和任保平，2022）。作为乡村发展的重要动力，要素的有序流动能够整合农村资源，从而盘活农村闲置资源。但当下要素流动无序的问题依然十分严峻，并导致了农村大量闲置资源的出现。

中国城乡要素市场呈显著的二元性，农村地区拥有土地、劳动力、农村产权等要素，而城镇是拥有资本、信息、技术、城市产权等要素的主体（曾小溪和汪三贵，2015），随着工业化与城镇化发展带来的要素集聚效应，以及以国内生产总值为导向的政绩考核体制导致农村要素几乎呈"净流出"的状态，因而造成城乡要素不能合理流动和优化组合，难以实现要素边际收益均等化。

具体而言，要素流动无序主要体现在两方面。一方面，要素从农村流向城市的集聚效应明显，农村生产要素易流失。当前传统农业产业链延伸不足、附加值较低的问题越发突出，传统农业为农民带来的经济效益也不断削弱，城乡收入差距不断扩大，导致农村劳动力大量流入城市，劳动力要素由此大量集聚于城市。另一方面，要素从城市流向农村的涓滴和辐射效应较弱，农村稀缺要素难流入。由于农村经济规模较小、回报周期长，投资农村项目的风险较高，诸多投资者对农村经济持观望态度，资本、技术等生产资源难以进入农村。资本要素流动的不畅与无序，使农村创新创业项目难以获得资金支持，限制了农村资源的有效利用和乡村产业的发展。同时，受限于地理位置，农村各资源主体往往存在信息孤岛，"碎片交流"成为传统农民信息获取以及与外界交流的主要途径（唐文浩，2022），这就导致城市地区所拥有的信息要素与技术要素难以有效流入广大农村地区。乡村要素流出过多和城市要素流入不足导致乡村要素匮乏，城市要素流向乡村存在较高的风险和成本，进一步加剧城乡要素的单向流动，造成要素流动无序的恶性循环（郭素芳，2018）。而要素流动无序又限制了城乡融合发展，阻碍了乡村振兴的有序推进，并最终导致了农村闲置资源的大量出现。

第四节　激活农村闲置资源的现实障碍

中国存在大量的农村闲置资源，而农村闲置资源与农村地区社会经济发展水平息息相关，影响农民收入水平和生活水平。因此，政府多措并举推进农村闲置资源的盘活利用，但在实践过程中，农村闲置资源的激活存在诸多障碍，如观念障碍、区位障碍及制度障碍。

一　观念障碍

在激活农村闲置资源的政策贯彻实施过程中，农村地区固有的传统思维、风俗习惯等观念将影响农村资源主体对政策的理解和接受程度，进而造成了政策推行实施落地难，使农村获得的政策红利有限。而这种观念障碍主要表现在心理层面、文化层面和认知层面三方面。

第一，在心理层面上。农村社会的传统思想对农民的观念产生深远影响，其主要源于传统小农思想。传统小农思想是指在传统农业社会中形成并根深蒂固的一种观念体系，包括农民在经济社会活动中表现出的重视土地所有权、自给自足和个体自我保护等观念。具体而言，传统小农思想主要表现在：一是过度重视土地所有权。由于土地被视为农民的立身之本，因此土地所有权被农民视为非常重要的财产保障，对土地十分珍惜，难以将土地用于其他经济活动。二是自给自足的思想。农民认为自给自足是最理想的生活方式，不愿意将自有资源与他人共享，难以形成资源共享和合作。三是重眼前利益。农民往往只考虑眼前利益，而忽视长远利益。这使多数农民缺乏创新思维，难以利用新型农业技术实现资源生产效率的提升和生产方式的优化，限制农民对农村闲置资源的认识和探索，导致大量土地、生态等资源闲置。

第二，在文化层面上。国家统计局和教育部数据显示，2022年城乡居民人均可支配收入分别为49283元和20133元，相差近两倍半；城乡义务教育阶段每生年均公用经费支出分别为10800元和4200元[①]，相差近两倍半，这可能导致城乡教育失衡，使农民文化水平相对不高，许

---

① 《2022年居民收入和消费支出情况》，http://www.stats.gov.cn/sj/zxfb/202302/t20230203_1901715.html；《教育部　国家统计局　财政部关于2022年全国教育经费执行情况统计公告》（教财〔2023〕8号），https://www.gov.cn/zhengce/zhengceku/202312/content_6918276.htm。

多青壮年农民没有接受过正规的职业教育或高等教育，缺乏对现代经济走势及种养业相关高新技术知识的了解，农村资源利用率较低（李逸飞，2021）。同时，农民易受"乡土情结"或"攀比心态"等心理因素的影响，返乡盖"豪宅"成为当前农村新趋势，一方面，房屋构建成本一般高于父母一辈的储蓄水平，多为子代出资甚至可能产生家庭负债，使资产固化；另一方面，农民建房多追求"大""气派"，但实际居住率较低，这在一定程度上也造成了闲置宅基地资源的堆积。此外，乡土文化面临村户间道德情感流失、农民思想文化程度低等现状，呈现出一种冷漠化的特征（石宏伟和郭余豪，2023）。这将在一定程度上加大相关乡村发展政策推进及落地的难度，延缓乡村发展进程。

第三，在认知层面上。相较于经济发展较好省份，经济欠发达省份的农村基层管理者的理念较落后，缺乏科学有效的合理规划，使得农村闲置资源的激活面临着一定的困难。农村基层领导干部推动经济社会发展的能力有待进一步提高。一方面，部分基层管理干部缺乏现代管理理念和科学规划方法，导致前瞻性不够，缺乏对乡村产业发展及农村可持续发展的认识，农村发展以资源和环境损耗为代价，存在大量资源利用效率不高、村庄规划不合理、村庄空心化等现象。另一方面，农村基层管理干部的素质、能力水平、发展观念等存在差异，难以形成区域发展合力，导致农村经济社会发展的不协调和不平衡。同时，部分农村基层管理干部对新兴产业和新兴技术的认知程度较低，对于农村发展的多元化和多层次发展理念缺乏系统思考，"随大流"成为农村发展的趋势，农村特有资源利用率低、闲置现象明显。

二 区位障碍

区位障碍是指地理位置或地形等自然因素对区域经济发展和社会进步的制约作用。农村地区的区位障碍主要包括地理条件、自然环境和基础设施建设等方面，这将影响农村地区的发展速度、水平和质量，使乡村产业发展困难，阻碍农村闲置资源的利用和开发。

中国农村发展的一个显著"瓶颈"是农村地理条件、自然环境复杂，主要包括位置偏远、地形复杂、开发成本高等方面，这对农村经济发展、社会建设和生态环境保护等方面都带来了重大的影响（罗雨等，2020）。首先，位置偏远是农村地理条件欠佳的症结所在，也是农村闲置资源难以激活的重要原因。中国许多农村远离城市和交通枢纽，导致农村交通不便、人员流动性较弱，不仅影响了农村的日常出行和信息流通，也影响了农村经济发展。由于位置偏远，一方面农产品交通运输不便，农产品运输成本的增加，使农产品销售成本过高、农民的经营性收入相对减少；另一方面导致农村开发成本较高，对外部资源的吸引力小，优质的生产要素难以流入农村。同时，农村地区地理位置偏远还将影响农村教育、医疗等公共服务的覆盖率和质量，从而影响农民的获得感和幸福感。其次，中国农村地形复杂，许多农村位于山区、丘陵、高原地带，地形崎岖，地势复杂，这些地形条件和自然环境也一定程度上限制农村的产业发展，影响农产品生产、运输和销售等。此外，农村地形复杂使得农村更易遭受自然灾害的威胁，如山体滑坡、泥石流、洪水、干旱等，这不仅会威胁农民生命财产安全，还将破坏农村人居环境和生态环境，限制了乡村发展。

农村区位因素也导致中国农村地区基础设施建设不均衡，也阻碍了农村闲置资源的激活。基础设施建设是农村发展的重要基础，但由于历史原因，农村基础设施建设滞后，农村地区的交通、水利、电力、通信等基础设施建设不完备，严重制约着农村经济发展和农民生活水平的提高（杜志雄，2021）。首先，农村基础设施建设的滞后主要表现在通信设施方面。随着数字技术的拓展，农村的宽带建设和5G基站建设虽已取得一定成就，截至2022年底，全国农村宽带用户总数达1.76亿户，全年净增1862万户，比上年增长11.8%，增速较城市宽带用户高出2.5个百分点。但农村互联网普及率为61.9%，而全国互联网普及率为75.6%[①]，城乡之间的数字基础设施和互联网使用上仍有一定差距，城乡个人数字素养和数字应用上也存在一定差距，导致城乡出现数字接入鸿沟和数字应用鸿沟，这将造成新的城乡差异，阻碍城乡融合及优质农资的流入（胡莹，2022）。其次，农村公路的互联互通程度不高，农村地区与城市之间的联系不畅，影响了农村地区的对外经济贸易和信息交流，阻碍资源的有序流动。最后，在水利、电力等方面，偏远农村地区

[①] 《中华人民共和国2022年国民经济和社会发展统计公报》，https：//www.gov.cn/xinwen/2023-02/28/content_5743623.htm？eqid=b401a0880029eefe00000003645926e7。

缺乏可靠的供水、供电设施，影响农村生产和农民的生活，导致农村劳动力的外流。因此，农村基础设施建设的滞后造成资源流动无序、农村闲置资源难以有效盘活，从而阻碍农村经济社会发展。

三 制度障碍

自1982年全国实行家庭联产承包责任制以来，中国经过了漫长的以家庭为单位的生产模式，解决了农民的温饱问题，并且逐渐强化了农民的家庭意识和个人利益观，提高农村生产率，使农村取得了巨大成效。但随着农业机械化的普及并向数字化转型和城镇化推进，农村出现产权主体不明确、分散经营效率低下等问题，导致很多地方农村集体经济组织"虚化"，农村集体经济被忽视，农村集体资产被悄无声息地落荒或弃用，大量集体资源闲置（杜志雄，2021）。

农村集体资金、资产、资源是农村发展的重要物质基础，也是农民持续关注的热点、焦点。目前，农村集体"三资"制度不完善、运作不规范、监管不到位、交易不公开、收入不记账等问题损害了群众利益，个别村组甚至引发了干群矛盾，影响了农村经济社会发展和农村社会的和谐稳定（高鸣和芦千文，2019；胡斌，2021；曹前满，2023）。同时，在监督管理实践过程中，农村基层管理干部的主要精力用于区域经济发展和促进农民增收，这使农村集体"三资"监管机构履职尽责流于形式且农民监督委员会的监督作用不明显，农村集体"三资"出现了"不好管、无法管"的现象。一方面农村经济体制改革后，原镇农经站由县农业农村局下属事业单位农经站直管，农村人、财、物都由镇政府管理，县级农经站作为监督管理部门，体制上的不顺造成"不好管"。另一方面对农村集体资金的使用、资产和资源的处置公示不到位，农民群众没有真正享有知情权、参与权、决定权和监督权，造成了"无法管"。由于制度管理的不到位，农村集体经济组织为共同利益所进行的集体行动陷入困境，农村集体资源监督、管理成本较高，管理机制难以落到实处，大量农村集体资源闲置。

农村土地制度和农村宅基地制度改革远滞后于实践需要，导致大量农村建设用地闲置（陆铭，2021）。主要有以下几个原因：一是农村闲置资源的权属和权利涉及国家、集体和个人三方利益，导致权属不清、权利不明（丁关良，2020）。而目前缺乏统一的法律规范和政策指导，闲置资源的登记、核实、流转等环节存在困难和风险。二是农村闲置资源的激活涉及土地管理、财税金融、社会保障等多个领域，需要多部门协同配合，但目前相关制度和政策还不够完善和协调，不能有效激励和约束各方行为，存在管理缺位。三是农村闲置资源的激活需配备公开透明的交易平台和完善的市场机制，但目前农村土地市场还不发达，缺乏规范的交易流程和监管措施，存在信息不对称、价格扭曲、权益受损等问题。

第五节　农村闲置资源的激活方式与突破方向

随着城镇化进程的快速推进，科技和社会的持续变革，城市拥有更多的商业机会和用工机会，大量农村人口向城市转移，同时城市响应乡村振兴战略的需要将大量资金、技术、人才等资源流入农村，但尚未发挥资源的最优配置，这都导致农村地区大量资源闲置。而农村闲置资源蕴藏巨大的发展潜力，农村闲置资源的开发利用是乡村振兴的关键，如何有效地激活农村闲置资源成为中国乡村发展亟待解决的问题。通过实地调研和案例总结发现，中国许多农村就激活农村闲置资源采取多种路径和方法，并取得了一定成效。因此，本节将分析中国农村闲置资源的演化趋势，并进一步探索当前激活农村闲置资源的一般路径。

一　农村闲置资源的激活方式

近年来，党中央、国务院及相关部门围绕如何激活农村闲置资源这一问题出台了一系列政策，积极稳妥推进农村闲置资源的盘活，而中国农村地区激活农村闲置资源也经历了不同的阶段，从传统方式逐渐演化为更具创新性和多元化的方式激活农村闲置资源。

（一）传统方式激活农村闲置资源

大多数偏远农村地区激活农村闲置资源的方式主要依靠基础农业生产和传统农村手工业两种形式。一方面，农村地区通常以种植农作物和养殖家禽家畜等基础农业生产来维持生计，倾向自给自足和获得部分经营性收入，但农村资源被局限于单一的农业生产，且生产效率有限，农村资源配置存在帕累托改进，难以满足现代社会多样化的需求。另一方面，传统农村手工业是农民利用手工技艺进行生产制造的方式，如编织、陶艺、木工、泥工等，通常在农闲季节进行，可以为农民带来额外的收入来源，但也受到生产规模和市场需求的限制，难以实现规模经济。虽然这在一定程度上满足了农村基本生产生活需求，但资源的单一利用限制了农村地区的产业多样性，未能实现资源的高效配置和综合利用，生产效率的受限也阻碍了经济收益的增长。

（二）产业化激活农村闲置资源

随着乡村振兴战略的不断推进，农村地区逐渐意识到产业振兴是乡村发展的关键。农村地区进一步深化对闲置的土地、设施和劳动力等资源的开发和利用，将其转化为更具经济价值的产业项目，核心目标是将闲置资源从单一的、传统的农业生产中释放出来，使之成为农民创收和农村价值创造的新源泉。具体而言，农村地区深入发展各类农产品加工业，对农产品进行深加工，延长产业链，并制成具有一定特色和品牌价值的产品，这不仅增强了农产品的附加值，也拓展了农产品销售渠道，加快农村闲置资源的盘活。

而作为幸福产业之首，旅游业能够兼顾人民对物质增长和精神富足的双重需要，能够挖掘乡村的自然风光、文化特色等资源，并打造为乡村特色景观，加快农文旅产业融合，强化产业支撑力和发展效能，并以旅游带来的要素循环流动，为闲置资源产业化创造新窗口，从而为农民创造更多的收入和就业机会，促进中国东—中—西部、城市—乡村共享发展成果。如湖南秧田村立足地区深厚的农业基础，基于自身独有的浓厚"耕读"文化，将"耕读"文化作为主要驱动因素，突出活态传承、活化利用的理念，深入挖掘"耕读"文化内涵，以"勤耕重读，耕读传家"为村庄主要特色，以"生态农业+研学旅行相结合"为发展思路，集农业、生态、休闲旅游于一体，实现产业链融合发展；借助数字技术促进特色文化符号化，形成具有品牌效应的产品体系；强化"耕读"文化资源化，并与乡村的社会、经济、生态等资源交互整合形成资源集成谱系，秧田村也借此成为中部地区激活农村闲置资源的典范。秧田村共有40户农户将闲置民房改建为民宿，可满足超1200人的食宿需求，并由公司统一管理，且仅2023年上半年，就已接待5万名学生研学，累计接待研学旅游团队12万余人次、亲子游团队

8000余人次、其他旅游团队10000余人次[①]。因此，农村资源产业化趋势使农村的产业结构逐渐多样化，不仅有助于提升农村经济的活力，也为农民带来了更多的经济收益和就业机会，从而促进农村地区的可持续发展（见图3-5）。

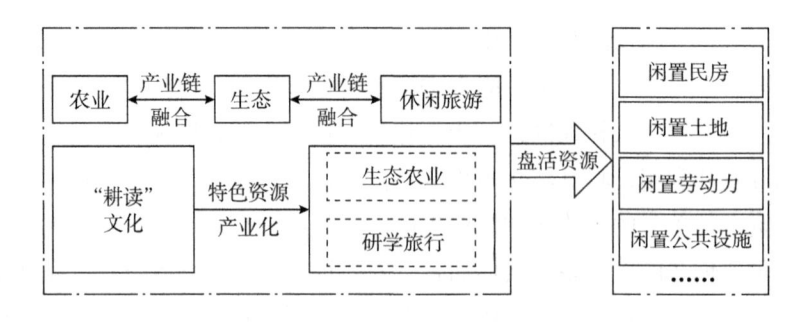

图3-5 秧田村特色资源产业化

（三）生态化激活农村闲置资源

环境保护和可持续发展的重要性日益凸显，绿色发展也使农村地区引发了生态化激活农村闲置资源的新趋势。生态化激活农村闲置资源以农村生态承载力为依据，实现资源生态价值和经济价值的有机融合。

在生态修复的基础上，农村地区通过对闲置土地、村庄等资源进行科学规划和合理利用，建立起生态农业园区和生态旅游景点，为农村经济发展带来可持续的经济和生态效益。同时，通过湿地保护、林地修复、水资源合理利用等措施，农村地区实现了生态环境的改善，也为未来的农村经济发展奠定了基础。如青海门源县东旭村，其力图通过旅游开发的方式唤醒当地沉睡已久的自然景观资源，依靠当地独特的山水交融、群山环抱的自然景观资源，东旭村协调整合各类资金2400余万元着力打造了"高原桃花源"乡村旅游示范基地，并大力改善当地基础设施与旅游配套服务设施。2012—2019年，东旭村共接待旅游5.45万

---

① 《湖南"博士村"勤耕重读"带火"文旅新消费》，http://www.chinanews.com.cn/sh/2023/08-03/10055028.shtml。

人次，旅游综合收入累计达到600余万元①，实现生态资源的高效转化。同时，东旭村还进一步挖掘自身深厚的人文底蕴，开发出"华热"婚俗体验、田园采摘、围墙彩绘、藏族手工体验坊等一批特色乡村旅游项目，独特的民俗文化融入旅游活动，让游客获得了更加真实、更具深度的旅游体验，东旭村由此逐步形成了集创意、加工、展示、销售于一体的文化产业链条。这种方式对农村地区的发展具有长远的战略意义，能够在保护生态的前提下，实现农村经济的可持续增长（见图3-6）。

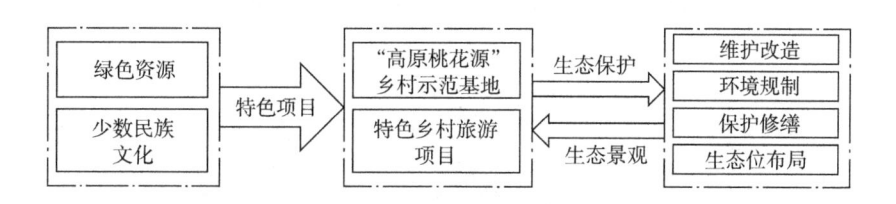

图3-6 东旭村生态化激活农村闲置资源

（四）数字化激活农村闲置资源

随着物联网、大数据、人工智能等信息技术的快速发展，数字技术成为激活农村闲置资源的重要手段，数字技术在农业农村的广泛应用，加快数字农业和智能农村等数字乡村建设进程，实现农村资源的高效利用和价值增值。

科技为发展赋能，在乡村产业发展中运用数字技术，能够破解宅基地、农房等资源在运营管理中存在的难题，促进资源的盘活和利用。如德清县通过"宅富通"农村宅基地数字化管理应用，建立闲置房屋数据库，实现了闲置宅基地和农房的盘活和流转。同时，德清县引入物联网、大数据和人工智能等技术，实现了渔业养殖过程的实时监测和智能化管理，加快渔业设施的升级，提高了养殖效率和产量，并建立了产品全链条数字化监管体系，实现了农产品生产、产销对接、快速配送等环节的数字化管理，提高农产品质量和安全的同时加强了农

---

① 《百城千县万村调研行│青海东旭村，走进桃花源里的小康生活》，https://cn.chinadaily.com.cn/a/202011/24/WS5fbcbc71a3101e7ce9731626.html；《门源县珠固乡东旭村："世外桃源"不再"世外"》，http://www.menyuan.gov.cn/html/1881/294835.html。

产品的市场推广和销售。这种数字化管理模式不仅提高了宅基地和房屋等资源的利用效率，也为农村集体经济和农户增加了固定资产和财产性收入。

此外，结合5G、虚拟现实技术、人工智能、大数据等数字技术赋能农业发展，可以实现资源大融合，打造语音双向、视频交互与无线互联的数字化多媒体终端，让农民、游客等通过多种虚拟平台感受高端绿色全加工产业链所带来的沉浸式体验，加快绿色种养模式的推广和智能农业的发展，以此实现农业农村智慧化升级（见图3-7）。

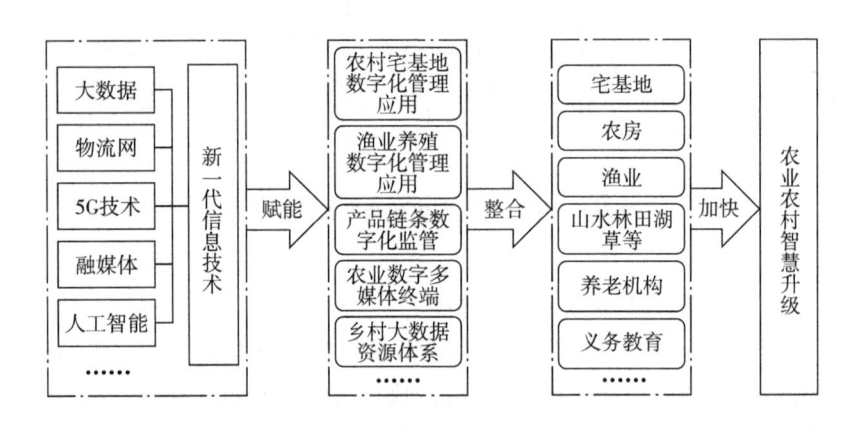

图3-7 德清县数字化激活农村闲置资源

综上所述，激活农村闲置资源的方式呈现从传统方式向产业化、生态化、数字化等多元化方式演变的趋势，而在实际农村闲置资源激活过程中往往是多种激活方式相互交织，为农村地区的可持续发展提供多种可能性。

二 农村闲置资源的突破方向

在前文激活农村闲置资源演化趋势分析的基础上，本部分将从数字技术与产村融合的"链接"与"融合"角度，对生产融合增添产村融合动力、生态融合发挥产村融合推力、生活融合凝聚产村融合合力三个方面展开具体分析，进一步探索农村闲置资源激活路径的基本趋势，如图3-8所示。

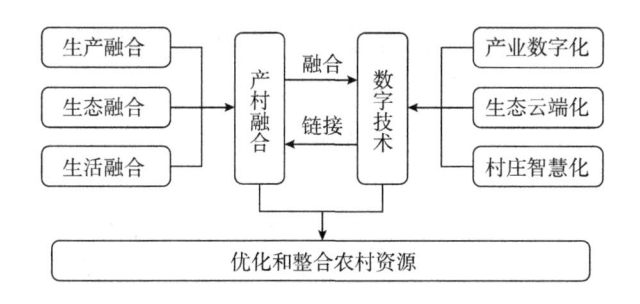

图 3-8　农村闲置资源激活路径的基本趋势

（一）生产融合增添产村融合动力

数字化产村融合为产业融合增添了新动力。借助数字技术，农业农村能够更好利用各类资源，实现不同产业要素的有机融合，实现从农产品生产、加工、销售和服务等各个环节的高效衔接，提高农产品的质量和市场竞争力。

1. 闲置资源的数字化识别和整合

数字化产村融合为农村闲置资源的识别和整合提供了新的途径。一方面，利用精准农业技术，实现对农村空闲土地、闲置设施等资源进行精确识别和定位。采用无人机、卫星影像等数字技术手段收集高精度数据，能够实时监测土地的利用情况，准确发现低效利用或完全闲置的资源。精准农业技术的引入，有效保障了农作物的生长需求与农业生产要素投入的时效性、定位性和平衡性，进而构建了资源节约和环境友好的生产模式（刘海启，2019）。另一方面，通过数字平台，不同地域的农村特色资源与要素可以进行精准定位、分析和匹配，促使城乡要素与资源得以自由流动和便捷交换，农村要素在不同地区、不同生产环节之间的流动也更加活跃，将分散的闲置资源整合在一起，增强要素协同作用，从而有效降低要素错配水平，最大限度地释放农村闲置资源的潜力，避免资源浪费和滥用，实现资源配置的优化，从而形成更大规模的生产单元，提升资源利用效率并实现规模经济效应，推动乡村产业融合发展和农村经济的可持续发展。

2. 农村电商平台的推广与利用

数字化产村融合可以通过对农村电商平台的推广和利用，加快农产品、乡村文旅产品等商品的流通速度，将闲置资源转化为经济价值。一方面，农村电商平台的普及使农民能够将自营的农产品直接投入市场中，绕过传统的中间商环节，从而避免了资源在流通过程中的浪费现象（许玉韫和张龙耀，2020）。这不仅有利于降低农民销售成本使其获得更为丰厚的经营性收入，也能够在一定程度上改善农村集体经济组织和农民在市场竞争中的弱势地位，并能够第一时间了解市场偏好及时调整农业生产和优化产品结构，提升农村集体经济组织和农民的市场竞争力。另一方面，农村电商平台也为农村企业与农村集体经济组织提供了一个展示及销售产品的新媒介，使农产品、农村特色产品等商品能够通过网络向更多的潜在消费者进行推广，吸引更多消费者的关注，从而扩大农村市场辐射范围，拓宽产品知名度与市场竞争力，完善农村产业链，提升农产品附加值，并进一步推动乡村产业的融合发展。

3. 数据驱动决策与智能农业

数字化产村融合鼓励农村采取数据驱动的决策方法，实现智能农业管理（赵丙奇和章合杰，2021）。通过搜集和分析农业农村生产、生态、生活大数据，农村社区能够实现智能、高效的农业管理和资源配置，从而推动农村发展的可持续性和创新性。一方面，数据驱动型决策使农村能够更好地洞察市场需求和趋势，通过对市场数据的深入分析，农民得以精准了解消费者偏好、购买力以及市场需求的动态变化。另一方面，农业农村生产、生态、生活大数据分析也有助于优化资源配置和农业生产流程，分析监测土壤状况、气象变化等数据，农民可制定更理性的生产决策，如选择合适的时机进行灌溉、施肥等，从而提升农作物的产量和质量。这不仅能为农村生产决策者提供有力的引导，使其能够较快调整农产品的种植、生产、销售策略以适应市场变化，提供更具吸引力的产品，从而增加销售收入和提升盈利能力，提高农民可支配收入水平，也有助于减少资源的浪费，提高农村资源配置效率，推动农业农村朝可持续的方向发展。

综上所述，数字化产村融合以农村资源为基础，采用多种手段和途径促进不同产业要素的融合，实现资源与产业的有机协调，为产业融合增添新动力。此外，数字化产村融合以数字技术为手段，通过数字技术的运用，为农村闲置资源的识别和整合开辟了新途径，从精准农业技术到资源整合平台，将闲置资源有效转变为生产要素。同时，推广农村电商平台为乡村振兴赋能，吸引直播和新媒体等数字经济产业入驻，将闲置资源转变为经济效益，实现价值链延伸和价值实现效率的提升。此外，通过采用数据驱动的决策方法，农村能够更加精准地洞察市场需求和趋势，优化资源配置和农业生产流程，实现农业智能化管理，强化农村产业的协同发展，加快农业农村现代化发展进程。

（二）生态融合发挥产村融合推力

长期以来，中国农业发展以"高投入、高消耗、高污染"的粗放式经营模式为主（李欠男等，2022），资源集约化利用程度不高，农业生态产业规模小、成本高、竞争力不强，未能较好实现经济、生态和社会效益有机统一。为此，应加快生态产业化、产业生态化发展，改善农业生态系统，增强可持续发展能力，并明确保护生态环境的底线要求，粗放式发展方式向可持续发展方式转变，最大限度地减少资源消耗，恢复和提升农村生态环境。同时，通过环保监督、生态恢复、生态产品标识认证等公共服务，对生态产品和生产生态化全过程实施有效管理，改造提升农村传统产业，从而提高生态化水平，深度发掘和拓展农业在生态保护方面的多功能属性，充分释放农村农业的生态价值。

1. 生态农业的数字化支持

数字技术为生态农业提供了强大的支持（杨文凤和林卿，2022）。一方面，农村地区的闲置土地可以通过生态农业方式进行开发。利用无人机、卫星遥感等技术对农村地区的闲置土地进行精准勘测和分析，从而确定最恰当的有机农业和生态种植方式。这有助于充分发挥土地资源的潜力，实现土地的高效利用和农作物的品质提升。另一方面，数字技术为农作物的种植过程提供了精细化的农业管理手段。通过监测土壤质量、气候条件和植物生长状态等信息，农民可实时获取农作物的生长数据，并高效调整灌溉、施肥等管理措施以满足农作物生长需求。同时，智能灌溉系统的应用可以确保农田得到适量的水源供应，避免了水资源的浪费，并提高农作物的水资源利用效率。因此，农业发展应借助数字技术走生态发展之路，加快农业数字化转型，将生态理念和数字技术嵌入农业生产及农产品加工全产业链过程中，实现产业与生态的共生协调，从而实现产业生态化发展，促进农业农村可持续发展。

2. 生态产业的数字化拓展

生态资源转化为生态经济是乡村振兴的重要抓手之一，数字化产村融合能够推动农村生态产业的发展（李国英，2019）。一方面，生态产业指将生态资源转化为可增值的产品，实现生态资源价值增值，范畴涵盖生态旅游、环保产品制造等领域（李星林等，2020）。借助数字技术，农村地区能够更加多元化地将丰富的生态资源转化为具有吸引力的旅游资源，运用数字平台推介农村旅游景点，如"云游"平台提供乡村景观的实时信息，并进行交流互动，从而为游客提供独特的农村旅游体验，吸引更多游客前来参观、体验农村生态之美。另一方面，通过数字技术，农村可以开发出更具创新性和差异化的生态产品和服务，为农村生态产业创新开辟新窗口。如利用虚拟现实技术，农村可以推出虚拟农场体验，让消费者在虚拟环境中体验农业生产的乐趣，从而扩展农村生态产业的受众群体。此外，数字平台也可以促进农民的创业和创新意识，鼓励其开发出更多适应市场需求的生态产品和服务，从而丰富农村经济的多样性。

3. 数据驱动的生态保护

数字化产村融合可以建立数据驱动的生态保护模式（张腾等，2021）。一方面，数字化产村融合在生态修复和恢复方面发挥了重要作用。通过数据分析，农村可以识别受损的生态系统，并制订恢复计划。如在退化的土地上进行植被恢复，通过数字技术监测植被生长情况，调整水源和养分供应，促进生态系统的恢复。此外，数字化手段还可以实现生态补偿，通过数据分析评估生态系统所提供的生态服务价值，为农村提供相应的经济激励，推动生态保护的持续性。另一方面，数字化产村融合能够提高农民的参与度和协同治理的主动性。通过数字平台，农民可以即时提交关于生态环境问题的数据和信息，如水源污染、土地退化等即时数据，并且这些数据可以与专业机构共享，形成政府、企业、农村集体经济组织与农户共同参与的环境监测体系，提高农民参与生态保护的积极性。同时，数字技术可以为企业、农村集体经济组织、农民等拓宽建言献策渠道，将政府、企业、农村集体经济组织与农民等各方意志凝聚一致共同制定环境保护策略，推动资源的合理利用和生态系统的保护。

综上所述，中国长期以来的粗放式农业发展模式导致农村资源利用率低或处于闲置状态，生态产业规模小且竞争力不强，难以实现经济、生态和社会效益的有机统一。而随着数字技术在农业农村的应用逐渐增加，数字技术赋能乡村发展，使数字化产村融合成为激活农村闲置资源、实现生态保护和产业协同发展的关键手段。生态农业提高数字技术应用水平，能够提升农业生产和资源利用效率，同时数字平台也能够促进生态产业的拓展与创新。而数据驱动的生态保护模式也使农村能够实时监测生态环境变化，及时采取生态保障措施，从而实现生态系统的修复与保护。这不仅有利于农村实现资源的可持续利用、环境的改善和经济的发展，也凸显了数字化产村融合在农村发展中的重要作用。未来，随着数字技术的不断创新，数字化产村融合模式将进一步优化，为农村的生态、经济和社会可持续发展带来更多机遇和可能性。

（三）生活融合凝聚产村融合合力

随着城镇化的快速发展，城市化进程中存在空间剥夺、隔离、空间排斥等"空间非正义"现象（Lefebvre，2012），不仅表现在城乡基本公共服务存在一定差异性，还表现在城乡物理—心理断层。为此，加快数字技术在乡村生活中的应用，有助于城乡公共服务均等化、均衡化的实现，不仅仅能够盘活农村闲置资源，而且能够吸引高素质农民返乡，增强农村发展的内在动力，进而凝聚为乡村发展的合力。

1. 数字化生活方式提高乡村吸引力

数字化产村融合可以提高乡村的生活质量和吸引力（李媛和阮连杰，2023）。一方面，数字技术的应用使乡村生活更为便捷和智能化。如智能家居系统能够通过远程控制设备，实现对家居设施的智能管理，尤其是乡村"留守"儿童、老人居多，智能化管理能大幅提升农民生活的便利性、舒适度和安全感；AI医生、智慧村医等远程问诊服务的普及也能够改善农村医疗环境，提升基层防病治病能力，保障群众生命健康安全。2022年，中国农村地区在线教育和互联网医疗用户占农村网民规模比例为31.8%和21.5%，较上年分别增长2.7个和4.1个百分点[①]，互联网医疗、在线教育等数字化服务供给的持续加大，有力促进了乡村地区数字化服务的提质增效，为提升农村公共服务基础设施质量

[①] 第52次《中国互联网络发展状况统计报告》，https：//www.cnnic.net.cn。

提供了充足动力。这不仅能够提升农民生活水平和拉近城乡距离，还能够吸引农民"回流"返乡就近就业或创业。另一方面，数字技术为乡村文化发展和创新提供了新的途径。通过数字化平台，传统乡村文化可以被数字技术更好地呈现出来，使农民的乡土情怀更深入人心，激发"农转非"居民的"乡愁"情绪并且吸引更多青少年了解乡土文化并参与其中。同时，数字技术也为乡村文化创意产业的发展提供了支持，鼓励农民将传统文化与现代科技相融合，创造出更多具有地方特色的文化景观和产品。这有助于激发农村创新活力，促进文化的多元发展。

2. 数字化社区建设促进社会凝聚力

数字化产村融合可以推动农村社区的数字化建设，促进社会凝聚力的提升（王善良，2010）。建立数字化社区平台，企业、农村集体经济组织、农民等数字化产村融合行为主体可以便捷地进行信息交流、资源共享和互助合作。一方面，数字化社区平台为农村集体经济组织和农民提供了便捷的信息交流和资源共享途径，其可以通过平台获取村庄内部的资源利用情况，进而更好地规划和利用闲置资源。例如，农民可以通过平台了解哪些农田可供租赁或合作种植，进而实现资源的优化配置和有效利用。另一方面，数字化社区建设扩展了农民的社交网络。通过数字化社区平台，农民能够和更多的专家学者建立联系，与邻居、同乡等进行在线互动，分享生活经验和交流农业种养殖技术。这不仅缩小了农民间的距离，增强农民间的信任感和认同感，也有助于加强农村凝聚力，形成更为紧密的社会关系网络。

3. 教育培训促进人才培养

数字化产村融合为农村教育培训提供了新的途径，有助于培养更多与产村融合需求相适配的人才（彭影，2022）。一方面，"互联网+教育"等远程教育平台为农村青壮年提供更多技能培训和创新创业培训渠道。通过在线学习，农村能获得与城市差不多的教育资源，提升农民素养及知识储备，同时能够吸引一部分人才参与产村融合返乡创新创业，实现事业与家乡建设的双赢。另一方面，数字化教育培训为农民提供了多样化的职业培训选择。农民可以根据自身的兴趣和需求，选择不同领域的培训课程，培养多元化的技能和知识。如农民可以通过互联网学习农林牧副渔种养殖、网络销售、产品宣发等知识，为其参与农村多元化产业创新发展提供支持。这种个性化的培训方式有助于提高农民的就业竞争力，推动产村融合的人才培养。

综上所述，在当前城镇化背景下，城乡要素流动不均衡、宅基地闲置和城市虹吸效应等问题使农村活力受限，通过数字技术与农村生活方式融合，可以解决城乡要素流动不均衡的难题。随着数字技术在农村地区的加速普及，城乡信息基础设施差距正在不断缩小，农村信息基础设施建设得到了有效改善，缩小了城乡基础设施差距，并逐渐建立起数字化基本公共服务新机制，在增强乡农民生福祉方面发挥着重要作用，并为农村闲置资源盘活注入全新活力。因此，数字化产村融合加快生活融合进程，从而提高农民的积极性，释放农村活力，加大乡村建设发展合力。

第六节　本章小结

本章为现实状况的分析，基于典型数字乡村示范点或乡村振兴示范村各相关农民、村干部及个体工商户等群体的调查问卷，主要在剖析农村闲置资源的现状、形成的原因，激活的现实障碍基础上，进一步分析农村闲置资源激活方式的转变及其效果，以及激活农村闲置资源演化路径的基本趋势。主要采用案例研究法对东、中、西部地区农村闲置资源激活过程进行分析和总结，发现数字技术与农业农村的跨界融合将为乡村产村融合共生提供新的路径和动力，提高农村闲置资源的优化配置效率，使农村焕发强劲的生机和潜力。运用问卷调查法，通过对784份有效问卷的分析发现，农村各方主体对激活农村闲置资源的积极性很高。但是，也存在城乡产业融合的要素可得性不畅、乡村价值转化和产业协同需要进一步提升，多方参与主体的利益协调性不够等问题，部分农民对资源盘活利用是否有保障存在顾虑，目前只是被动地参与其中。本章为后续章节提供了现实支撑。

第四章

数字化背景下激活农村闲置资源的路径探索典型案例

本章通过搜集案例，对东、中、西部地区数字化背景下激活农村资源闲置的典型案例进行调研，进一步进行典型案例分析，并介绍这些区域数字化背景下激活农村闲置资源的基本情况，总结其成功经验，为中国数字化产村融合激活农村闲置资源提供经验借鉴。

第一节 东部地区激活农村闲置资源的路径探索典型案例

一 福建省龙岩市上杭县："山区资源+特色村寨"

（一）基本情况

福建省上杭县地处闽西南山区，是著名的革命老区、原中央苏区，也是典型的山区县，20世纪90年代初还是国家级贫困县。进入21世纪，上杭县大抓招商、大抓产业、大抓项目，从国家贫困县进入福建省经济实力十强县，并逐渐上升到福建省十强县第七位，再到如今上榜全国百强县，成为老区苏区振兴发展的县域典范。

（二）主要做法

上杭县在产业发展升级方面充分利用山区资源和区位优势，实现资源产业化并拓展产业链，形成三大主导产业：金铜、新材料、建筑。上杭县在生态保护和绿色发展方面秉持"绿水青山就是金山银山"的理念，强调生态保护，在产业开发中推动绿色、可持续发展，以实现产业的生态化。上杭县政府致力打造绿色循环经济产业，依托金铜冶炼业，发展锂电新材料、半导体新材料产业，实现园区内废水废气废渣的资源化利用，持续完善产业链一体化布局。同时，吸引高新技术企业入驻，通过设立扶持基金推进科研和技术改造，形成特色鲜明的绿色循环经济产业链。此外，上杭县还大力推进特色村寨建设，发展旅游产业，建设"畲族文化休闲小镇"和"畲族文化公园"，集中展示畲族文化，有力传承和弘扬了中华优秀传统文化。上杭县在数字化建设方面构建了金铜产业数字供应链平台，引入了国内首个大宗商品（铜产品）现货交易平台"国港汇"，为铜产业企业提供交易服务。同时，县政府积极推动食品安全追溯体系建设，逐步建立"一品一码"大数据平台，整合市场企业数据，将数字化技术融入美丽乡村建设。

（三）主要成效

上杭县的资源产业化推动了垂直分工，鼓励了企业专业化发展，培育了20家省级以上专精特新企业和5家国家级"小巨人"企业。这种产业链条和集群发展助推上杭县实现了区域生产总值首次突破500亿元，财政总收入首次突破50亿元，连续7年跻身福建省"县域经济实力十强县"，并首次入选"2022年全国综合竞争力百强县（市）"。同时，上杭县的产业生态化促使紫金铜业有限公司成为首批国家级"绿色工厂"，实现低碳、清洁、绿色、智能升级改造，综合能耗和碳排放强度分别下降1.1%和3%，从而提升了经济和环保效益，推动当地有色金属产业发展迈上新台阶。此外，上杭县特色村寨的打造发展了当地旅游产业，改善了村庄的环境面貌，实现了生态村景化，同时也提高了群众的生活品质。上杭县构建的金铜产业数字供应链平台，为铜产业企业提供了交易服务，辐射多个省份，形成了内循环产业体系。同时，搭建的数字化平台整合了市场企业数据，实现了信息协同治理。

（四）经验总结

上杭县的"山区资源+特色村寨"的模式，将山区资源与区位优势有效利用起来，通过综合的发展战略，包括产业升级、生态保护、特色村寨旅游发展和数字化服务，成功实现了地方振兴和经济增长。这些经验可以为其他山区地区的数字化背景下激活农村闲置资源的产村融合共生提供有益的启示。

二 江苏省宿迁市沭阳县："生态资源+电商直播"

（一）基本情况

江苏省宿迁市沭阳县位于江苏北部，地处长江三角洲地区，因位于沭水之阳而得名。其文化底蕴深厚，是吴楚文化和齐鲁文化的汇合点。同时沭阳县以改革创新精神闻名全国，创造了令人瞩目的"沭阳速度"和沭阳经验。在"2023全国县域高质量发展百强"榜单中，沭阳县新增高质量发展、科技创新、数字乡村等7个"全国百强县"荣誉称号。

（二）主要做法

在多元产业发展方面，沭阳县充分利用丰富的生态资源，特别是花木资源，采取政策鼓励、典型示范、党员干部结对帮扶、实施人才战略等系列举措，实现资源产业化。如今沭阳县已建立苗木、盆景、鲜花和干花四个花木产业基地，发展成为农业支柱产业，并培育了知名花卉品牌。

在绿色发展和生态治理方面，沭阳县坚持以"绿水青山就是金山银山"理念指导绿色发展。生态为先，助"丽"乡村。沭阳县强调生态优先，进行生态治理，淘汰燃煤锅炉，并投资2.4亿元建设天然气分布式能源项目。同时，沭阳县致力高质量农业发展，推动绿色防控示范区建设，通过综合运用绿色防控技术，减少农药使用。

在美丽自然景区与全域改善方面，沭阳县依托花木资源，创建了美丽自然景区，实现了"人在产中、产在村中、村在景中"的生态村景化。在数字化公共服务方面，沭阳县通过"新村干"公益直播基地，创新"支部+电商"模式，促进在线花木销售。同时，建立花木农业物联网示范应用基地和"数字堰下"项目，提供实时的温度和土壤湿度等信息。

（三）主要成效

沭阳县的资源产业化拓展了产业链，培养了新业态，促进了第一产业、第二产业、第三产业的融合发展。沭阳县的产业生态化促进了经济健康发展，改善了生态环境。同时，沭阳县获评"全国'两山'发展百强县""国家级生态示范区"。沭阳县的数字化建设整合了多维度数据，为花农提供实时的温度和土壤湿度等信息，提高了生产管理效率15%、效益8%。数字化大数据服务全村各个环节。

（四）经验总结

沭阳县的"生态资源+电商直播"的模式，充分利用生态资源实现多元产业发展，帮助地方实现经济多元化和提高贫困地区的产业结构。同时用电商直播带动当地花木销售，为其他生态资源丰富型地区数字化背景下激活农村闲置资源的产村融合共生提供了经验启示。

三　山东省淄博市源泉镇北崮山村："红色文化+绿色生态"

（一）基本情况

北崮山村位于山东省中部，隶属淄博市博山区源泉镇，是县委书记榜样焦裕禄的故乡，这里红色文化厚重，民风民俗淳朴。北崮山村充分利用当地红色资源，发挥焦裕禄故乡的优势，以红色文化带动第二产业、第三产业、特色产业的发展。形成打造乡村振兴齐鲁样板的强大合力，在乡村振兴道路上步履铿锵。

（二）主要做法

北崮山村充分发挥好红色资源，深入打造文旅、农旅项目，以"红色"带动"绿色"助力乡村振兴。依托焦裕禄故居、焦裕禄干部教育学院、焦裕禄纪念馆等红色资源和岳阳山、崮山等绿色生态资源，逐步拓展"红色+绿色"旅游业。同时，利用主要参观路线道路两侧闲置农房，展示北崮山村传统榨油、豆腐、煎饼和龙门峪特色农产品等，让乡村技艺带动村庄产业振兴发展。北崮山村还积极与外界合作，充分利用外界资源。与宏济堂制药合作，建立优质中药材种苗繁育基地和中药材标准化种植基地；利用中央媒体牵线搭桥，吸引更多游客参观打卡。

北崮山村在实现资源产业化的过程中，始终坚持生态、绿色发展，确保绿色低碳化，保持生物多样性。结合山体特色和自然资源优势，对岳阳山、崮山进行开发利用，修建登山慢道、凉亭、观景平台，实现生态旅游；根据本村土壤、气候、水分等自然条件，因地制宜和规模化种植高品位丹参、桔梗、连翘等药材，在保证生态环境的同时实现产业增收。为还原传统村落风貌，体现传统自然的乡村特色和乡村振兴齐鲁样板风貌特征，实现生态村景化，北崮山对主要街面村容村貌、焦裕禄故居周边、洪崮路沿线、村庄周围整体环境进行提升改造，如统一墙面配色设计，重点对村内四条大街设计打造；对洪崮路沿进行立面改造，统一色调、统一牌匾，对绿化进行提档升级；在北崮山两个主要出入口设置"焦裕禄故乡"主题视觉标识，设置村落大门，牌楼按照传统样式设计，体现文化传承。

北崮山村将数字技术融入村庄建设。联合建行山东省分行打造"数字乡村"综合服务平台，创新推出数字乡村"1+3+N"的平台建设模式，即搭建1个数字乡村平台、布局3项功能（基层治理、普惠服务、产业提效）。在基层治理板块，布放数字党建、政务服务、村务管理等模块，推动管理上"云"，实现服务到"端"。如在数字党建模块，搭建焦裕禄纪念馆、焦裕禄干部学院等数字VR；建设掌上党课堂，实现党史学习教育、党员考试等功能；在普惠服务板块，依托建行互联网医院、智慧缴费，与运营商合作，为农民提供普惠服务。如在线上诊疗模块，依托"裕农通"服务点，实现农民远程线上医疗问诊。在产业提效板块，打造"互联网+红色旅游"的智慧生态圈，助力培育焦裕禄精神主题的"研学游"品牌，针对不同产业群体，提供个性化信贷产品服务。

（三）主要成效

以"红色+绿色"旅游业主导，带动多元化产业发展，北崮山村实现了经济振兴，增加了农民收入，推动了产业升级；在产业发展的过程中，以绿色、生态为主的发展理念为北崮山村提供了可持续发展空间；村景改造还原了传统村落风貌，体现本村特色，村庄内充满焦裕禄精神元素，为红色文化的传承提供了阵地；数字技术的融入，实现服务渠道、应用场景、系统搭建的全方位突破，农民、村委、商户的全方位赋能，为乡村提供智能化、综合化、便利化服务，也为红色文化传承提供了强有力的数字支撑。2022年，北崮山村被评为山东省第二批乡村振兴"十百千"工程示范创建村，"最喜爱的乡村齐鲁样板"。

（四）经验总结

北崮山立足本村特定红色资源、绿色生态，并将二者相互融合，打造了"红色+绿色"旅游业，点亮了村庄特定招牌，吸引了大众眼球。在产业发展的过程中，坚持生态和绿色发展，在保护生态环境的同时实现经济增收，将生态价值转化为经济价值。在村景布局中，还原了传统村落风貌，将焦裕禄精神元素贯穿其中，不仅突出了本村特定红色文化资源，而且起到了文化传播作用。在发展旅游业的同时，带动第二产业、第三产业、特色产业的发展，实现农民增收，推动乡村振兴。将数字化技术融入村景建设中，提高基层治理和服务水平，促进了乡村的全面发展。这些做法合力支持了乡村振兴，使北崮山村成为乡村振兴的成功典范，其"红色文化+绿色生态"的数字化产村融合激活农村闲置资源的经验做法成为周边村庄学习借鉴的"样板"。

四 浙江省温州市山福镇驿头驿阳村："多元文化+全方位数智"

（一）基本情况

驿头驿阳村位于温州市鹿城区山福镇中心区域，三面环山，一面临江，不仅风景优美，而且人杰地灵，文化底蕴深厚。过去，由于资金投入短缺、土地资源荒废、产业发展受限等乡村发展的共性难题，驿头驿阳村古村面临重重困难，其中资金成为当时最迫切的需求。随着"千万工程"实施，驿头驿阳村开启蝶变之路。如今，驿头驿阳村已被打造成古韵遗风与历史文化底蕴兼具、极具浙南民居特色的美丽乡村，成为鹿城区的美丽后花园。

（二）主要做法

驿头驿阳村充分利用多文化优势，将理学、儒家、"二程文化""中非文化"与生态农耕、华侨乡贤、红色革命等资源"串联"在一起，打造了驿头特色文化旅游路线，推出"一线三馆"理学和儒学特色研学体验路线，吸引游客前来体验打卡。依托国家级侨文化交流基地，吸引36名山福侨领担任鹿城首批"海外传播官"，积极发挥"海外传播大使"名人带动效应。联合温州市海外传播中心摄制全球视频节目《"勤力"助共富》，引入瓯智侨国际中文教育"全球村"项目，建成青少年海外传播基地，精耕农文旅研学市场，打造有"国际范儿"的未来乡村。

驿头驿阳村着力打造山福中部主导产业驿头文化谷，形成总投资超20.6亿元的"五谷丰登"三产融合共富项目带，以飞地抱团、流转管护、入股分红等多种共富机制带动绿色经济发展。围绕农文旅产业开发，引进第三方运营商与村集体成立合资公司农业产业，打造"万象驿头"特色IP，推进农文旅三产有机融合。打造千亩"瓯柑杨梅基地"、千亩"富硒粮蔬基地"、千亩"订单农业"有机农场，构建产销一体化模式，系统开发乡村观光基地、农文创产品展销、研学亲子活动等业态，全面提升"万象福地+千年文化+农文旅"品牌效应。驿头驿阳村还建设无公害的蔬菜"共享菜园"，不仅是网红打卡点，也是与百珍堂食品有限公司达成农业订单合作项目，开启从菜地直达校园的直通车，以稳固的无公害农产品销售渠道为未来乡村建设注入新动能。

驿头驿阳村在环境提升上狠下功夫，开展山水林田湖草沙全要素综合整治和生态修复。建成了智慧垃圾分类屋站点10个，打造了绿色低碳公园和"绿色驿站"等系列举措探索打造未来低碳场景，助力"引客入村，留客住村"。以垃圾分类为例，该村和再生资源回收龙头骨干企业合作，创建智慧垃圾示范点，通过撤旧桶、配清运车、配专员，每天定时定点开展生活垃圾清运工作，将垃圾分类落到实处。驿头驿阳村对村里空闲的民屋统一规划，用来打造大众化民宿、餐饮店。村内建立了邻里食堂，为60周岁以上老人和低收入群体提供帮助。

驿头驿阳村通过全方位数智来实现村景智慧化。村口大型导游全景图上用手机扫一扫二维码就可显示介绍中加友谊馆、让平祖居、二程书院等景点；"万象驿头"小程序，将旅游攻略、驿阳文化、民宿预订等旅游功能尽数融入；未来乡村智慧馆，通过大数据智慧平台，建设打造10大未来场景内容；"云上山福"数字化平台的试点，打造智慧中控体系，实现了村域全境数据互联；"乡村一张图"实现灾害预警、智慧安防、应急防控、智慧医疗等功能，通过智慧场景实现民生服务"一图尽显、一掌通享、一指触达"；5G健康"云"诊室，以"互联网+医疗"为载体，引入"微问诊"电子处方，智慧解决群众医疗需求；智能电子手表通过实时监测、自动定位、一键报警等功能，实现智慧养老。

（三）主要成效

以多元文化为主题打造特色文化旅游路线，吸引了众多游客前来体验当地特色文化，驿头驿阳村实现了生态旅游效益及文化传播；共富机制、特色IP打造、农产品产销一体化及农村观光等举措，为驿头驿阳村未来乡村建设注入新动能；环境治理和生态修复助力驿头驿阳村"引客入村，留客住村"；"万象驿头"、未来乡村智慧馆、"云上山福""乡村一张图"，以及5G健康"云"诊室等数字技术的融入为驿头驿阳村全方位数智进而实现村景智慧化提供了技术支撑，在让更多的群众在感受乡村文化的同时，也享受到数字技术带来的红利。2022年驿头驿阳村入选浙江首批未来乡村。

（四）经验总结

驿头驿阳村立足本村多元文化特色发展特色旅游业，实现旅游效益，同时积极借助外部资源，提升村庄传播力和影响力。通过开展环境整治和生态修复，提高了乡村的环境质量，也为旅游业的发展蓄力。通过打造绿色经济实现农民致富增收，提高了乡村经济效益。将数字技术融入村庄建设，提高了村庄的管理和服务水平，提升了农民幸福指数。驿头驿阳村展示了文化融合、生态保护、绿色经济、数字化发展等多方面的成功做法，为周边村庄提供了有益的参考和借鉴，其"多元文化+全方位数智"的数字化产村融合激活农村闲置资源的经验做法成为周边村庄学习借鉴的"样板"。

五　浙江省温州市永嘉县珠岸村："永嘉书院+民宿餐饮"

（一）基本情况

永嘉县沙头镇珠岸村，地处41省道南复线与坦五线交叉处，生态资源丰富，景色宜人。曾经的珠岸村是一个经济薄弱村，农村集体经济几乎为零。2014年后，随着永嘉书院项目的开发，珠岸村依托"永嘉书院"景区项目，深化村企合作模式，大力发展生态旅游，多元化特色发展促集体经济破茧成蝶，实现了乡村风貌提升与美丽经济齐头并进。曾经的"空壳村"蜕变为"美丽村社"，一幅"望得见山、看得见水、记得住乡愁"的乡村新图景徐徐展开，珠岸村的蜕变也为周边村庄提供了学习借鉴的"样板"。

（二）主要做法

珠岸村与永嘉书院旅游发展公司形成战略协议，村集体以3200多亩土地山林入股"永嘉书院"村企合作项目，每年景区门票收入的10%作为分红纳入村集体经济；以40多亩边角地入股，与永嘉书院共建停车场和21家店面，占股70%。通过门票分红、停车场收费及店铺出租，珠岸村实现了农村集体经济收入从无到有的突破。依托永嘉书院的辐射带动作用，珠岸村农民利用闲置民房开办农家乐、民宿，2022年仅餐饮、住宿就为当地农民创收600多万元。同时，餐饮业的发展为本地农产品提供了销路，实现了本地农产品产销一体化。

珠岸村在发展旅游业的同时，始终坚持"绿水青山就是金山银山"发展理念，大力推进环境整治，拆除违建乱搭建筑，清运各类垃圾，平整低洼水塘，修筑江边游步道，拓宽村道，清理河道，整治中心湖，将村内最脏乱的地方建成了休闲小广场。珠岸村将"生态村景化"理念融入村庄建设中，修建游步道、村内特色长廊、文化礼堂，展现村庄特色；打造农家小院"绿化角""庭院花圃"，屋前屋后种植各种果树鲜花，形成浓厚的庭院经济文化。在生态村景化的建设中，珠岸村还致力于打造村景智慧化。建设未来乡村儿童之家与老年疗养中心，打造包括邻里、教育、健康、文化、低碳、生产、建筑、交通、智慧、治理十大应用场景，利用数字化手段提升乡村治理水平，增强农民幸福感。永嘉书院售票口附近用于农产品销售的新农村建设展示厅与5G云诊室进一步提升了村庄品位和档次，珠岸村的时尚感和科技感正在逐渐增强。

（三）主要成效

珠岸村立足本村区位优势，以村企合作模式发展乡村旅游业，通过入股合作，实现村集体经济增收由0—200多万元的突破。同时，农民充分利用旅游业发展民宿、农家乐等产业，不仅解决了农民就业问题，而且实现了农民致富增收。村内目前有13家农家乐、15家民宿，可提供500—600个就业岗位，农家乐的发展也带动本村农产品实现产销一体化。在产业发展过程中，珠岸村坚持"绿水青山就是金山银山"理念，加强生态环境保护，美丽村庄的建设，留住了绿水青山，同时也反哺旅游业，实现良性循环。生态村景化的建设则进一步展现了珠岸村的特色，有利于进一步吸引游客。数字技术的融入助力旅游业发展，也进一步提升村庄治理水平和服务能力，提升农民幸福感，增强村庄时尚感、科技感，2021年，珠岸村试点创建首批未来乡村。

（四）经验总结

珠岸村因地制宜发展乡村旅游业，以闲置资源入股实现村集体经济增收，同时充分发挥旅游业的辐射带动作用，发展民宿、农家乐等，解决农民就业、农产品销售问题，实现多方面共赢。在发展的同时坚持生态理念，实现发展的良性循环。数字技术的融入，助力村庄旅游业发展，提升村庄治理水平和服务能力，同时也让农民更好享受到数字技术发展带来的红利。珠岸村数字化产村融合激活农村闲置资源的成功经验，为周边村庄的发展提供了"样板"。

六 河北省隆化县西道村："多种经营方式+特色产业主导"

（一）基本情况

西道村位于河北省隆化县七家镇，距离隆化县城55千米，距离承德市区70千米。该村下辖8个农民小组，共有378户，人口总数为1276人。该地生态环境优美，森林覆盖率达到70%以上。位于京承出游黄金线路上，靠近茅荆坝国家森林公园、七家森林温泉休闲旅游区的西道村，依托自身独特的生态环境、自然风光和人文底蕴，充分展示了燕山腹地、皇家夏都的"这么近，那么美"。此外，西道村也被称为"草莓公社"，是中国北方地区单体最大的四季草莓种植基地。虽然西道村曾经是一个人均纯收入不足3000元的穷乡僻壤，但现在几乎家家户户都拥有了自己的致富产业，而这源于"草莓公社"的横空出世。

（二）主要做法

西道村的草莓产业得到了承德百瑞农业科技有限公司的支持。承德百瑞农业科技有限公司成立于2013年，立足乡村农业特色资源，并与美国拉森峡谷公司联合经营，在西道村打造了"拾莓有稻"农旅产业园。

"拾莓有稻"农旅产业园以草莓生产技术为核心竞争力，围绕"草莓IP"进行文旅战略布局，夯实基础支撑，结合民俗文化，强化创意设计，加强营销推广，建成了集"拾莓有稻""皇家五彩草莓村""服务区中途驿站""草莓公社"等于一体的草莓全年生产基地，实现整个园区文化价值提升，成为以产业融合发展助推转型升级的一次创举。同时，草莓谷以草莓为元素，创造了拟人化的"莓西"吉祥物，在草莓公社的各个角落、场景植入，加深了游客对"草莓公社"的主题印象，拉近了游客与园区的距离。同时，园区为了提升草莓品牌的影响力，延伸产业链，通过地推、新媒体、代理、合作四大营销策略助推"草莓公社"品牌推广，塑造品牌形象，真正实现了草莓品牌走出去。此外，在推动农旅产业高质量发展的过程中，承德百瑞农业科技有限公司采取

"龙头企业+基地+合作农户"的经营模式，通过签订产销合同等形式，实行采摘后产品统一包装、配送，以确保草莓当天即可配送到京津各地，实现了企业与农户的"双赢"。

隆化县把四季草莓与休闲观光旅游产业结合起来，在西道村围绕"草莓文化"打造集生态农业、温泉养生、草莓采摘、特色餐饮、田园风光、草莓音乐广场、小型驿站等于一体的农旅融合形式，带动农民增收致富。此外，为了吸引客流，隆化县政府通过协调，在G45大广高速茅荆坝服务区到基地之间架起了一座"草莓天阶"连接通道，成为园区引流游客的主要通道。自2018年以来，已累计接待游客50多万人次，营业收入2000多万元，预计到2025年年均接待游客将达到100万人次，营业收入超3000万元，逐渐走出一条农业与生态旅游融合发展的道路。

（三）主要成效

草莓已成为西道村农旅支柱产业。通过规划团队打造后的"草莓IP"系列项目，种植面积占村子的一半以上，达到1100亩。截至2023年7月，"拾莓有稻"农旅产业园年产草莓果2400吨，草莓苗2000多万株，各种蔬菜水果1500吨，产值6000多万元。与此同时，从"一粒种子"到"一瓶草莓汁"，园区建立了完整的产业链，成为百姓增收致富的"甜蜜产业"，彻底改变了过去"种大田、靠天收"的传统农业结构，提高了产业层级。仅草莓种植一项，就安置当地150余人，增收375万元；通过土地流转、租地打工、规模种植、四季采摘，为村集体增收近500万元。"拾莓有稻"农旅产业园助力了当地的产业与生活焕然一新并不断迭代升级，西道村也被评为国家级美丽休闲乡村。

（四）经验总结

西道村以草莓产业为依托，整合四季草莓、森林温泉、田园风光、特色餐饮、民俗展演等优势资源，实行"公司+基地+农户"经营方式，集中发展休闲农业、创意农业、草莓香草等特色产业，实现"美丽乡村+扶贫攻坚+乡村旅游+产业发展+农村特色文化开发+农村电商+沟域经济+城乡统筹"八合一融合发展。西道村不断整合资源优势，扩展草莓基地规模，增强品牌意识，走有机绿色道路，打造和延伸草莓产业链，培育更多的草莓品种，发展研学、民宿、田园综合体等新兴业态，助农增收，助力乡村振兴，这为其他乡村提供了一个可借鉴的成功模式。

七 广东省佛山市紫南村："环境整治+共生文旅"

（一）基本情况

紫南村是一个位于广东省佛山市禅城区南庄镇内的行政村，有15个自然村，20个农民小组，有本地户籍人口6900多人，外来务工人员7200多人。这个村曾经面临环境污染、产业落后、人才流失等问题，但通过实施乡村振兴战略，紫南村实现了从"散乱污"到"绿水青山"的转变，从"小康村"到"文明村"的提升，从"传统农业"到"文旅产业"的转型。

紫南村的数字乡村始建于2016年，是在广东省委、省政府和佛山市委、市政府的大力支持下，由禅城区委、区政府和南庄镇党委、政府牵头推进的一项重点工程。紫南村的数字乡村建设以乡村建设"塑形"，以文旅融合"扬帆"，以乡村产业"壮骨"，以乡风文明"铸魂"，以实现乡村振兴和共同富裕为愿景。

（二）主要做法

紫南村的数字乡村建设主要包括以下几个方面。

第一，以乡村建设"塑形"，投入3.8亿元用于污水管网、电网、路网、学校等基础设施建设和公共服务配套建设，改善了人居环境和营商环境。紫南村还利用数字化手段，如智慧照明、智慧安防、智慧停车等，提升了城市管理水平和服务质量。

第二，以乡村产业"壮骨"，关停搬迁了22家高污染、低产出的企业和小作坊，吸引了56家优质企业落户，形成了"四个专业市场和一个饮食产业链"的绿色环保产业格局。紫南村还利用数字化手段，如电子商务、物联网、大数据等，提升了产业创新能力和竞争力。

第三，以乡风文明"铸魂"，建立了一系列公共文化设施，如仁善三馆、核心价值观主题公园、中华优秀传统文化长廊等，传承和弘扬了岭南文化和广府家训。紫南村还利用数字化手段，如智慧图书馆、智慧广场舞、智慧社区服务等，提升了政府文化服务水平和人民满意度。

第四，以文旅融合"扬帆"，打造了国内第一个没有围墙的、游客与农民能共生共荣的、在村庄上的 AAAA 级景区，探索出"一带一环三区，22 个旅游项目"的旅游品牌。紫南村还利用数字化手段，如智慧导览、智慧民宿、智慧支付等，提升了旅游体验和效率。

（三）主要成效

紫南村的数字乡村建设取得了显著的成效，不仅提高了经济效益和社会效益，也增强了生态效益和文化效益。

第一，经济效益：紫南村的经济总量和人均可支配收入在近几年都有大幅度的增长，体现了农民的生活水平和财富水平的提升；紫南村的旅游收入也有快速的增长，体现了村庄的吸引力和竞争力。

第二，社会效益：紫南村的就业人数和外来游客在近几年都有显著的增加，体现了农民的就业机会和收入来源的多样化；紫南村的社会治安指数也有明显的提高，体现了农民的安全感和幸福感。

第三，生态效益：紫南村的绿化覆盖率和水质达标率近年来都有大幅度的提高，体现了农村的生态环境和自然资源的保护和改善；紫南村的空气质量指数也有显著的降低，体现了村庄空气质量和健康水平的提升。

第四，文化效益：紫南村的文化活动场次和参与人数近年来都有稳步的增长，体现了农民的文化需求和文化参与度的提高；紫南村的文化活动满意度也有较高的保持，体现了农民对文化服务质量和文化产品创新度的认可。

（四）经验总结

紫南村的数字乡村建设是一个关于数字化激活农村闲置资源的成功范例，其经验总结如下。

第一，坚持以乡村振兴为目标，以共同富裕为愿景，以数字化为手段，以创新为动力，以改革为突破口，以服务为导向，以需求为导引，以实效为评价标准。

第二，坚持以问题为导向，以需求为基础，以资源为依托，以市场为导向，以产业为支撑，以文化为灵魂，以生态为底线，以民生为根本。

第三，坚持以党建为引领，以政府为主导，以企业为主体，以社会组织为纽带，以群众为主体，形成了党政企社群多方合力、多方共赢、多方共建、多方共享、多方共管、多方共荣的良好局面。

第二节　中部地区激活农村闲置资源的路径探索典型案例

一　江西省九江市长水村："林下经济+绿色加工"

（一）基本情况

长水村是一个典型的深山村，位于武宁县罗坪镇，地理位置较为偏远。长水村有着优美的自然风光和丰富的生物资源，被誉为"江西小九寨沟"，是国家级景区。长水村的主要农作物有水稻、玉米、红豆、花生等，主要经济作物有红豆杉、茶叶、中药材等。该村的主要产业有生态旅游、红豆杉种植培育、温控大棚育秧等。长水村在坚持生态优先、绿色发展的理念下，通过实施小流域治理、水土保持、乡村旅游等项目，有效地保护了当地的生态环境，提升了农民的生活质量和经济收入水平，成为全国乡村振兴的典范。

（二）主要做法

长水村在实现生态发展的过程中，采取了以下几个方面的主要做法。

第一，加强组织领导和规划指导。长水村成立了以党支部书记为组长的乡村振兴工作领导小组，负责统筹协调各项工作。同时，长水村制定了《长水村乡村振兴规划》，确立了发展目标、重点项目和保障措施，为生态发展提供了科学的规划和指导。

第二，实施小流域治理和水土保持工程。长水村利用国家和省市县的资金支持，启动了"长水生态清洁小流域国家水土保持示范工程"，对沿溪两岸进行了综合治理和景观改造，改善了河道环境和水质，增强了防洪能力，并打造了一条集观光、休闲、娱乐于一体的生态走廊。

第三，发展生态旅游和乡村文化。长水村依托其得天独厚的自然资源和人文底蕴，打造了一批具有特色和吸引力的旅游景点和文化活动，如红豆杉文化园、红豆杉博物馆、令牌峡漂流、罗坪山歌节等，吸引了众多游客前来观光体验。同时，长水村还注重保护和传承当地的民俗风情和传统手艺，如编织竹器、制作腊肉等，丰富了乡村文化的内涵。

第四，培育特色产业和增加农民收入。长水村充分发挥其生态优势，培育了一批特色产业，如红豆杉种植培育、茶叶加工、中药材种植等，形成了以红豆杉种植培育专业合作社为龙头的产业链，带动了全村的经济发展。同时，长水村还建设了温控大棚集中育秧中心，采用先进数字技术进行恒温育秧，提高了种植效率和节约了资源，为周边农户提供了优质的稻苗。通过这些措施，长水村的农民收入显著提高，消费水平和生活质量明显改善。

（三）主要成效

长水村在实现生态发展的过程中，取得了以下几个方面的主要成效。

第一，生态环境得到了有效保护和改善。长水村的河道水质达到了国家优良标准，空气质量达到国家一级标准，森林覆盖率也达到了相当高的水平，生物多样性得到了有效的保护和恢复。长水村先后被评为国家生态文明建设示范村、国家绿化模范村、国家森林旅游示范区等荣誉称号。

第二，乡村旅游业得到了快速发展和壮大。长水村的旅游景点和文化活动吸引了大量的游客前来观光体验，形成了以红豆杉文化园为核心的旅游产业集群，带动了周边的餐饮、住宿、交通等相关产业的发展，农村的旅游业收入呈现快速增长的趋势。

第三，特色产业得到了稳步发展和提升。长水村的特色产业如红豆杉种植培育、茶叶加工、中药材种植等，已形成了一定的规模和品牌效应，提高了产品质量和附加值，拓展了市场渠道和销售网络，农村的特色产业收入呈现稳定增长的趋势。

第四，农民生活得到了显著改善和提高。长水村的农民通过参与生态旅游、特色产业、温控大棚育秧等项目，增加了收入来源和稳定性，提升了收入水平和消费能力。同时，长水村还加强了基础设施建设和公共服务提供，改善了农民的居住条件和生活环境，增强了农民的获得感和幸福感。

（四）经验总结

长水村在实现生态发展的过程中，形成了以下几点值得借鉴和推广的经验。

第一，坚持生态优先、绿色发展的理念。长水村充分认识到生态环境是乡村发展的基础和保障，把生态保护作为第一要务，把绿色发展作为长远目标。长水村在规划和实施各项工程时，都将生态效益置于首位，确保了生态环境的可持续性。

第二，科学规划和综合治理。长水村在小流域治理和水土保持工程中，采用了科学的方法和技术，实现了河道环境和水质的综合改善。通过景观建设和防洪措施，提升了农村的整体形象和功能。

第三，发挥本地资源优势，发展特色产业。长水村依托其独特的自然资源和文化遗产，培育了红豆杉种植、茶叶加工等特色产业，增强了特色产业的竞争力和市场占有率。

第四，注重乡村文化的保护与传承。长水村不仅重视经济发展，也注重文化传承。通过举办各种文化活动和节庆，活跃了乡村社会生活，增强了农民的文化自信。

第五，提高农民参与度和收益共享。长水村通过建立合作社、引入新技术等方式，提高了农民对乡村振兴项目的参与度。这不仅增加了农民的收入，也提升了他们对农村生态保护的认识和责任感。

长水村在生态发展方面取得的成效是多方面的，不仅包括生态环境的改善、经济产业的发展、文化传承的活跃，还有农民生活质量的提升。这些成果的取得离不开坚持绿色发展理念、科学规划治理、发挥本地资源优势、注重文化传承，以及提高农民参与度等多方面因素的共同作用。

二 江西省上饶市枫林村："红色旧居+文旅相融"

（一）基本情况

枫林村是一个具有深厚红色历史底蕴的农村，位于上饶市横峰县，距离县城较近，全村有几个自然村，总人口不多，其中农业人口占大多数。枫林村是中共闽浙赣省委、省政府、省军区的革命旧址所在地。方志敏、黄道等革命先辈在此领导了叱咤风云的革命斗争，留下了许多珍贵的革命文物和纪念碑。枫林村有着优美的自然风光和丰富的生物资源，被誉为"江西小九寨沟"，是国家级景区。枫林村的主要农作物有水稻、玉米、红豆、花生等，主要经济作物有红豆杉、茶叶、中药材等。枫林村的主要产业有红色文旅、红豆杉种植培育、温控大棚育秧等。枫林村在坚持生态优先、绿色发展的理念下，通过实施小流域治理、水土保持等项目，有效保护了当地的生态环境，提升了农民的生活质量和收入水平，成为全国乡村振兴的典范。

（二）主要做法

枫林村在实现红色文旅与生态发展相结合的过程中，主要采取了以下几个方面的做法。

第一，挖掘红色资源，打造文旅品牌。枫林村以"红色省会"旧址为旅游核心，秉承"以旧维旧"保护性开发模式，与传承红色文化、乡村文化结合，与爱国主义教育结合，把革命遗址保护利用、爱国主义教育基地与红色旅游发展有机统一起来，打造了200平方米的"可爱的中国"展示馆，重新修建红军广场，美化了重点旅游景点，制定了特色旅游路线，吸引了众多游客前来观光体验。同时，枫林村通过开展红色主题活动，如红色故事讲述、革命歌曲演唱等，举办"红色文化节"，增强文旅品牌的吸引力。

第二，发展生态农业，培育特色产业。枫林村充分发挥其生态优势，培育了一批特色产业，如红豆杉种植培育、茶叶加工、中药材种植等，形成了以红豆杉种植培育专业合作社为龙头的产业链，带动了全村的经济发展。同时，枫林村还建设了温控大棚集中育秧中心，采用新技术恒温育秧，提高了种植效率，节约了资源，为周边农户提供了优质的稻苗。通过这些措施，枫林村的农民收入显著提高，消费水平和生活质量明显改善。

第三，改善基础设施，提升游客体验。枫林村大力改善村内基础设施建设，修建从县城直达枫林村的红色旅游专线道路和大型的生态停车场，设立了游客服务中心，为游客提供一站式服务，包含旅游咨询、地图、纪念品销售等，完善公共服务设施和景区接待能力。枫林村通过优化交通网络和建设民宿、餐饮等配套设施，如发展"红色印记"和"乡村田园"特色民宿，积极引入智慧旅游系统，通过安装电子指示牌和信息查询系统，游客可以在村内快速查找到景区景点的分布、村内的餐饮和住宿设施，以及各类服务点的位置，提升游客的整体旅游体验。

第四章 数字化背景下激活农村闲置资源的路径探索典型案例

（三）主要成效

枫林村在实现红色文旅与生态发展相结合的过程中，主要取得了以下几个方面的成效。

第一，经济收入显著提升。通过红色文旅与生态旅游的融合发展，带动了民宿、农家乐、文创产品等乡村旅游相关产业的发展，农民通过参与旅游服务、农业生产和文化创意等多元化经济活动，收入水平得到显著提高，枫林村的经济收入大幅增加。

第二，实现红色文化传播与传承。枫林村通过修缮革命遗址、建设纪念馆和开展红色教育活动，吸引了大量党员、学生和游客前来参观学习，加深了对革命历史的认识和理解。红色文旅项目不仅让当地的历史文化得到了延续和弘扬，还成为青少年爱国主义教育的重要基地，推动了红色文化的代代相传。

第三，乡村面貌焕然一新。枫林村的游客服务设施、景观美化工程、乡村道路建设等基础设施得到了显著改善，村容村貌得到极大改观，农民的居住条件不断改善，生活环境更加整洁、美观，整个村庄焕发出新的活力。

第四，农村品牌效应增强。通过打造红色文化旅游与生态旅游相结合的品牌，枫林村的知名度大幅提升。枫林村已经成为江西省内外知名的红色教育基地和乡村生态旅游示范点，吸引了更多的游客前来体验。这不仅扩大了枫林村的影响力，也为未来的发展打下了坚实的基础。

（四）经验总结

枫林村在实现红色文旅与生态发展的过程中，形成了以下几点值得借鉴和推广的经验。

第一，红色文化与生态资源深度融合。枫林村充分挖掘和利用当地的红色历史文化资源，结合优美的生态环境，实现了文化和自然的深度融合。通过红色文化教育和生态旅游体验相结合的方式，枫林村既传播了革命精神，又保护和利用了生态资源。

第二，差异化定位，打造特色旅游品牌。枫林村通过充分发挥其独特的红色文化和生态资源优势，走出了差异化发展路径。与普通的乡村旅游不同，枫林村将红色教育与生态体验相结合，形成了独具特色的旅游品牌。

第三，持续优化基础设施，提升旅游品质。枫林村不断优化基础设施，如修建旅游专线道路、建设游客服务中心、升级民宿和餐饮等配套设施，提升了整体旅游服务的质量。枫林村注重以游客需求为导向，改善旅游体验，提升了游客满意度和回头率。

第四，智慧旅游与信息化手段的应用。枫林村引入了智慧旅游系统，如信息查询平台、电子导览等现代化技术，提升了游客的游览便利性和信息获取效率。这不仅提高了游客的满意度，还提升了枫林村的管理效率。

三 江西省万安县田北村："农民画村+村在画中"

（一）基本情况

万安县田北村有着600多年的悠久历史，该村至今仍保留着传统的书法和国画艺术。田北村自然环境优美，古树与三大景观湖交相辉映，错落有致地分布在全村。村后的田北岭是避暑纳凉和国画写生的好去处。然而，受地理位置、生产条件和思想观念等不利因素影响，田北村曾是一个人口外流严重、房屋闲置问题突出的普通村落，"田北难寻青壮年，二层小楼变空宅"一度成为该村的真实写照。在自身资源极度匮乏的现实背景下，该村"无中生有"地以"农民画"为契机，创新性地打造出一条集写生创作、民宿体验、休闲观光于一体的美村之路。

（二）主要做法

曾经的田北村是一个普通的小村庄，在偶然的机会下，一幅农民画作品得到消费者、游客的广泛关注。于是，在村委大力引导与农民积极配合下，该村深耕当地自然环境和深厚的文化底蕴优势，努力推动以农民画为特色元素的文旅产业。不仅如此，村委还积极搭建农民画创作、交易作品平台、完善基础设施、修建游客中心。以此为契机，村党委制定各种优惠政策大力引导当地农民返乡创业、打造"农民画"特色民宿，实现农民致富增收。为进一步提高万安农民画的知名度，推动文化旅游深度融合，万安县举办了四届全国农民画创作展，在加快"农民画"的产业化、品牌化、规模化的发展步伐时也让传统文化焕发出新的光彩。

田北村为守护好美丽家园，新建保护古樟树围栏，加大村内绿化建设，村内植物配置与景观小品设计合理、布置得当。田北村还对自然景观、水、植被等方面进行了创意创新开发利用。该村还成立了志愿者服务队、村环境保护服务队，积极开展环境保护典型评比活动等。田北村村内建筑采用色调一致的白墙灰瓦，屋顶高低错落，村内随处可见充满乡情的绘画作品，人们将农村、农业、农民作为绘画主要题材，创作出反映乡村生活风俗和地方风土人情的独特画作，最终呈现出一幅"画在村中、村在画中"的美丽景象。

田北村积极将数字化建设融入乡村建设中，建设中国农民画精品展示馆，陈列着上千幅来自全国各地的"农民画"，吸引来自各地的游客驻足欣赏，成为乡村旅游的一张名片。同时，田北村依托万安电信打造的"平安乡村""万村码上通"5G+长效管护平台等数字乡村应用，提升乡村治理信息化水平。数字媒体的传播，也让田北村被越来越多的人熟知，这里的"农民画"走出农村，走向国际大舞台。

（三）主要成效

田北村深耕自然资源和文化底蕴，以农民画为契机发展旅游业，提高"农民画"的知名度，推动文化旅游的深度融合，吸引更多的游客和艺术爱好者前来参观和购买农民画作品。村委会积极搭建农民画创作和交易平台，助力农村转变为文化创意产业的中心，通过实施各种优惠政策鼓励当地农民返乡创业，打造农民画特色民宿，帮助农民增加收入，促进当地经济的发展和农民的致富。对于生态环境的保护，也给田北村旅游业可持续发展提供动力。数字技术的融入，助力田北村扩大知名度和影响力。田北村也被评为国家 AAAA 景区、江西省 AAAAA 乡村旅游点。

（四）经验总结

总的来说，田北村充分挖掘本地文化资源，以"农民画"为契机发展旅游业并基于此延伸一系列相关产业，集聚产业链，不断擦亮"农民画"这张名片。在产业发展的过程中坚持保护生态环境，为农村经济的可持续发展注入动力，同时引入数字化建设，为农村治理、农村发展提供数字技术支撑。田北村的做法对农村振兴和文旅产业的发展具有重要的借鉴意义。

四 江西省石城县大畲村："文旅产业+农业"

（一）基本情况

大畲村位于江西省赣州市石城县琴江镇东南部，主导产业为水稻与白莲。石城县大畲村曾是一个经济发展迟缓、青壮年劳动力外流、房屋空壳化严重、危房随处可见的偏远农村，但该村具有大量的亭阁楼宇等唐宋古建筑群，古色文化资源丰厚。如今大畲村依托其丰富的文化资源，已打造成宜居、宜业、宜游的魅力乡村。

（二）主要做法

在资源产业化方面，石城县大畲村依托当地丰富的古色文化与民俗文化资源，大力发展"文旅产业+农业"的美丽乡村建设之路。其立足自身丰富的古色文化资源，大力修葺古建筑群、恢复唐宋古戏台等建筑原貌；以《爱莲说》中亭亭玉立的白莲为抓手、以倡导"莲"文化为契机，大量修建具有古色风韵的景观亭、莲文化馆、百亩荷花观赏园等；以自身丰富的山水资源为依托，大力宣传生态旅游文化，成功打造出"春赏杜鹃，夏看荷花，秋尝莲宴，冬泡温泉"的四季型全域旅游格局。

在产业生态化方面，石城县大畲村坚定不移地走"绿水青山就是金山银山"的绿色发展之路，坚持"精致县城、秀美乡村、特色景区、集群产业"四位一体推进旅游强县建设，知名度和美誉度迅速提升。大畲村历来重视生态文明建设，良好的生态环境、奇特的丹霞景观和便利的交通因素赋予这一农村先天的旅游开发潜质。

在生态村景化方面，大畲村本着"统一规划、统一安排、统一指挥"的工作思路，紧扣"乡土风情、山村风格、生态风貌"这一主题，大力推进文明村镇建设，努力打造好"环境整洁优美、基础设施齐全、公共服务配套、思想道德良好、人与自然和谐、品质村庄"的社会主义新农村。

在秀美乡村示范点建设中，大畲村采取"五统两分"模式进行建设，"五统"即统一理念，统一规划，统一户型，统一外墙立面装修，统一进度；"两分"即分期分批安置，分户自主建设。同时，加快完善乡村配套服务，合理优化布局生产生活配套设施，提升乡村服务功能，打造城区15分钟生活圈，持续提升乡村功能品质。

在数字化建设方面，石城县大畲村以"产业数字化、数字产业化、治理数字化"为目标，加快数字经济顶层设计，推动数字经济项目建设。大畲村对政府网站进行了重新改版升级，完成了政府网站集约化建设，进一步完善政务服务网功能，为办事群众提供更为便捷的一站式服务。大畲村全面开展文化信息资源共享惠民工程，完成数字图书馆与数字文化馆建设。大畲村旅游信息化进一步发展，建设了智慧通天寨旅游平台，提高了大畲村旅游景点的知名度和美誉度。同时，大畲村以全国电子商务进农村综合示范"升级版"工作为抓手，以"电商服务产业，产业带动电商"为宗旨，大力推进新零售经济发展。大畲村举办了石城特色农品汇网络销售暨赣企电商赣品网销直播活动，短短几个小时直播，共吸引24余万名观众在线观看，累计带动特色农产品销售70余万元。

（三）主要成效

大畲村的资源产业化使劳动力回流明显，农民收入陡增，村容村貌日渐美丽，并于2015年荣获"中国乡村旅游创客示范基地"的美誉。在产业生态化方面，大畲村通过生态文明建设，不断发挥本村优势，争先创优，先后被评为"全国特色景观旅游名村""中国乡村旅游创客示范基地""全国美丽宜居村庄""省级AAAA乡村旅游示范点""全省十大秀美乡村""赣州市第九届文明村镇""2021年江西省文明村镇""2021年江西省森林村庄"等。同时，大畲村文明村创建工作使得村容村貌焕然一新，打造了一个"山上有林、林中有村、村中有景、环境优美、生态协调、田园风光、文明和谐"的新农村。此外，大畲村的数字化建设，为办事群众提供更为便捷的一站式服务，简化了群众办事流程，提升了政务效率。大畲村开展的文化信息资源共享惠民工程，丰富了农民的文化生活。大畲村的电商直播建设也大力推进了新零售经济发展。

（四）经验总结

石城县大畲村采用"文旅产业+农业"模式，充分挖掘当地独特的建筑风格与"古村文化"特色，以此为依托，将农村打造成集生态旅游、文化体验、田园休闲、康体养生等功能于一体的综合型文化生态旅游胜地，实现美丽资源产业化。同时，对古村进行生态布局，将特色民族文化生态融入村中、汇入景中。此外通过建立数字档案馆、数字博物馆，使古村落文化得到有效保护与传承，进而更好地实现村、产、景、人的融合发展。这种模式对其他文化资源丰富的地区数字化背景下激活农村闲置资源的产村融合共生具有借鉴意义。

五 湖南省益阳市南县："优质农业资源+电商销售"

（一）基本情况

南县是湖南省益阳市下辖县，地处湘北边陲，洞庭湖区腹地，是全国唯一人工围筑而成的湖区纯平原县，总面积1321平方千米，其中耕地面积93.11万亩。南县土壤肥沃、水源充沛、水质优良，是著名的"鱼米之乡"。近年来，南县依托得天独厚的水土资源，借助数字化技术，以深化农业供给侧结构性改革为主线，大力发展稻虾产业，打造了集科研示范、苗种繁育、生态种养、加工出口、健康餐饮、冷链物流、精深加工于一体的完整稻虾产业链。

（二）主要做法

为培育筛选"南县稻虾米"高档优质水稻专用品种，南县人民政府联合湖南省农业科学院、益阳市农科所和湖南南洲农业发展有限公司成立了"南县稻虾米产业研究院"，主要开展"南县稻虾米"专用优质品种培育和配套栽培技术等研究，从全国引进285个优质稻品种进行试种、选育、品鉴。南县坚持以工业化思维发展农业，出台一揽子产业扶持政策，推广"龙头企业+基地+合作社+农户"经营模式，打造产业联合体，形成政企合力，通过政策鼓励、企业牵头等方式，结合市场需求，拓宽南县种养殖规模和体量，引导规模化养殖，形成"南县稻虾米""南县小龙虾"等品牌效应；积极引进、培育、壮大农业龙头企业、合作社、家庭农场等新型经营主体；持续深化"南县稻虾米""南县小龙虾"精深加工，探索开发粥米、胚芽米、富硒米等功能大米、虾青素、甲壳素及其衍生品，提高产品竞争力和附加值。

南县整合现有仓房，购置设备设施，打造稻虾产业公共服务产业园。借助大数据技术，在县经济开发区建立粮油质检中心，逐步建立大米质量大数据中心，构建稻虾米全程质量可溯源体系，让粮油产品做到品质可靠、可追踪溯源，大力开展粮油品质测报，及时对主要粮油品种品质和安全状况进行全面测评、排序。并通过政府平台、新闻媒体及时发布权威信息，进一步完善了质量安全检验检测体系。同时，围绕提升南县稻虾米知名度、影响力，南县通过建立电子商务公共服务平台、布局线下联络点的 O2O 模式，重点培育雨后电商、淘实惠、供销 e 家等电商平台经销优质粮食，建成优质粮食产品 O2O 展示厅 2 个，发展乡村电商网点 87 个。每年组织稻虾企业参加各类大型农副产品展示展销活动 20 多场，同时建立了南县稻虾米官网，在天猫等电商平台上开设了官方旗舰店，在长沙建立了南县稻虾米品牌运营中心。此外，一些领导干部走进直播间进行助农直播，帮助农民和本土企业销售产品、宣传地方旅游资源等。助农直播以政府的信誉为保障，增强了消费者的购买意愿，促进了农产品的生产和销售，帮助农户减轻了生鲜积压、贱卖的压力，形成了产销一体的新业态。南县还利用传统媒体和互联网媒体平台，在湖南卫视，微信公众号，高铁、机场户外立柱，高铁、航班头枕巾投放商业广告，并借助湖南卫视"稻花香里说丰年"国庆晚会推介南县稻虾米，实现线上销售量 400% 的增长。

（三）主要成效

南县利用数字化技术助力稻虾产业发展，在政府的信誉背书下提高知名度，并利用电商平台扩大销售途径。稻虾产值、带动发展第二产业、第三产业产值、综合产值达到 150 亿元，全县稻虾种养亩平产值可达 4500 元以上、纯利 3500 元以上，在创造新就业岗位的同时养殖户收入也得到提高。2021 年南县已对接省市 34 家单位供应南县稻虾米约 25 万公斤。"南县稻虾米"获评国家地理标志集体商标，成功申报"南县稻虾米"中国地理标志证明商标，获得巴拿马太平洋万国博览会特等金奖。

（四）经验总结

南县充分发挥自身水土资源的优势，结合数字化溯源等技术，实现了农业产业的升级。通过培育"南县稻虾米"高档水稻品种，引入数字化质量管理，提高了产量和产品品质，使得农产品具备更高的市场竞争力。同时，南县有效运用电子商务和大数据技术，拓宽了销售渠道，提高了产品知名度，让消费者能够更方便地购买优质农产品。领导干部走进直播间，增加了政府信誉对农产品销售的支持，帮助农民和贫困企业提高了产品的销售。南县的成功经验表明，乡村产业升级需要政府、农民、科研机构、企业等多方合作，充分发挥数字化技术的优势，不仅提高了农产品质量，也创造了更多的就业机会，推动了农村经济的可持续增长。这一经验对其他农村地区借助农产品实现增收提供了有利的借鉴。

六 湖南省浏阳市秧田村："博士 IP+特色研学"

（一）基本情况

秧田村隶属湖南省浏阳市沙市镇，因村庄孕育了 28 名博士、170 余名硕士而声名远扬，被省市新闻媒体誉为"博士村"。秧田村有近 700 多年的历史，其罗氏宗族自古以来就勤耕重读。秧田村以此为契机，通过文化来促进产业发展，形成了生态农业和研学旅行相结合的共建模式，为周边农村提供了借鉴样板。

（二）主要做法

秧田村在浏阳市文旅部门的支持下，结合教育系统的学生研学教育要求，深挖深厚的耕读文化底蕴，形成了耕读文化研学基地，吸引众多学校带学生来体验耕读实践。并修建了文体活动中心，有村级室内篮球场、室内高尔夫训练馆、室内健身房等场所，建设的秧田文化广场和传统文化教育的道德讲堂，让农民得到全面发展和提高。同时，为打造美丽乡村，秧田村聘请了浏阳市规划设计院为其进行专业的村落规划设计，以"勤耕重读，耕读传家"为农村主要特色，集农业、生态、休闲旅游于一体，以此加强博士村的品牌价值，并创造了更多的市场经济效益。

秧田村向外发展的同时，更在于向内看，重视内生力之源，以博士的家族家庭来整理村志发现每家每户的"家风美德"，在全村户户倡导，此举让农村自治、德治的文化软实力凸显，并持续加深博士村的内涵。有了产业活力向外发展，也有了"勤耕重教"文化软实力的内核，秧田村重点在抖音、微视、快手等新媒体平台宣传，打造"博士村"IP，集农业、生态、休闲旅游于一体，培育 IP 产业链。利用互联网开展网络营销，与网店和网络旅游服务平台开展合作，网上销售特色研学纪念品、农产品等，在 vlog 中植入广告，消费者点击广告就可跳转至购买页面，方便了消费者的购买。同时，在网上宣传与销售村庄的研学体验项目、研学路线、日程安排、餐饮服务、住宿环境、交通路线等内容，发布特色研学的相关精彩视频等。

（三）主要成效

如今，秧田村利用旅游吸引了许多游客来研学，三年多来，研学的游客已超过 12 万人次，不仅打造出"耕读文化"的闪亮名片，还带动了村里民宿、餐饮等发展，村中有 50 多户人家开起了民宿，可容纳超 2000 余人，走出了一条文旅产业发展之路，成为区别于红色记忆游、历史文化体验游、非遗文化游等研学旅游的一种特色研学主题，避免了"千村一面"的现象。秧田村的发展对周边村落起到了一定的示范作用，杨柳村、焦桥村等纷纷借鉴"勤耕重教"的发展内涵，利用耕读文化作为乡村振兴的文化资源打造村落景观，形成了远近闻名的博士村群。2018 年，秧田村被评为"全国耕读文化示范村"，2019 年，挂牌为长沙首个"廉洁文化示范点"。2021 年，入选为第八批"全国民主法治示范村"名单。

（四）经验总结

秧田村注重内生文化力量的挖掘，通过整理村志和倡导"家风美德"，在内涵上加强了"博士村"的文化软实力，推动了文化传承和乡村自治；充分利用互联网和新媒体平台进行宣传，打造"博士村"IP，培育产业链。吸引更多游客，提高乡村的知名度；同时，聘请专业规划设计机构进行规划设计，将"勤耕重读，耕读传家"作为主要特色，结合农业、生态、休闲旅游等元素，强化了农村的品牌价值和市场效益，将"文化优势"转化为"经济优势"。

七　湖南省浏阳市周洛村："山水资源+民宿经济"

（一）基本情况

周洛村位于湖南省长沙市浏阳市社港镇东北部，是一个群山环抱、树林密集、具有天然景点、旅游资源丰富的山区。周洛村内捞刀河源头大峡谷常年溪水清澈，瀑布众多，拥有中南地区最大的瀑布群和华夏最大的野生桂花林。周洛村依托山水资源发展民宿经济，激活了农村闲置宅基地，为同类型村庄的发展提供了参考。

（二）主要做法

周洛村依托村内优渥的自然资源，自力振兴启动旅游产业，挖掘周洛大峡谷瀑布群之美，启动周洛大峡谷景点建设。并积极对外招商引资，开发出连片水蜜桃园，全村农民出人出资合力打造了双溪印塔、桂溢峡谷、飞瀑漂流、龙潭桃会等周洛八景。村集体经济组织投入50万元打造土特产购物长廊和网红打卡许家娱乐场，实现了旅客旅游项目多元化。农村现已形成了由专业的旅游开发企业经营景区，农民着重发展周边产业的乡村发展模式。

周洛村积极与自然资源部门协调，打通部门信息壁垒，对全村闲置的宅基地和土坯房摸底登记造册，建立大数据信息库，发展民宿经济。由村级对闲置房屋进行统一流转管理，统一对外招租，采取"村级+农户+运营商"的运作模式，租金的20%归村集体，80%归农户。引进各地投资方改造了"溪畔山房""枕溪民宿""塔森民宿"等14处民宿。现已初步建成"农村宅基地综合管理系统"，实现农村宅基地信息查询、申请、审批、管理等一网办理，形成宅基地基础信息"一张图"、业务管理"一条链"、监测监管"一张网"的管理格局。

周洛村借助数字文旅平台，制作乡村全域数字文旅地图，开发自助导览系统，涵盖区域内乡村文旅景点、相关地理信息、相关配套公共设施等，具体涉及餐饮摊点、旅游商品销售点、导游语音讲解、景区热点消息等，还包括旅游线路、起止时间、相关站点、交通示意图、相关咨询服务中心等内容的数字乡村文旅产品的观光巴士信息。设立智能服务平台，动态展示景区客流量、交通状态、停车位、酒店床位等游客最关心的情况，让游客避开人流量过于集中的景点和时间段，减少等待时间，使"智能化、方便化、快捷化"贯穿消费前、中、后全过程。

（三）主要成效

连续三年，周洛村集体经济收入实现30%以上的增长，疫情下的2021年都有66万元以上的进账。这个前期靠自立振兴走出来的旅游强村，自身造血功能日益提升，村集体经济增收进入良性发展轨道。随着乡村的发展，一部分青年开始选择返乡和留村发展，至今全村的返乡青年人数占比率已提升了20%，还有部分人选择了旅游旺季返乡，闲时进城发展的两种生活状态。周洛村的集体经济收入连续增长，实现了良性发展，为乡村提供了更多的资源用于发展。成功的发展吸引了一部分青年选择返乡或在村庄发展，提升了乡村的人才储备和发展动力。

（四）经验总结

周洛村充分挖掘本村优势，将村级产业与资源整合，启动了旅游产业，打造了周洛八景，推动了农村的旅游业。通过积极招商引资，农村开发了水蜜桃园等项目，农民出资合力打造景点，多元化旅游项目，增加了收入来源。周洛村建立大数据信息库，发展了民宿经济，通过村级统一流转管理，实现了宅基地信息查询和管理，吸引了投资者改造民宿，通过数字文旅平台和智能服务平台，提供便捷的信息和服务，增加游客满意度，提高了农民收入。实现了乡村振兴和经济增长，为其他地区数字化背景下激活农村闲置资源的产村融合共生提供了参考。

第三节 西部地区激活农村闲置资源的路径探索典型案例

一 贵州省遵义市余庆县："产权改革+智慧治理"

（一）基本情况

贵州省遵义市余庆县是国家数字乡村试点县之一，该县积极利用数字化手段，盘活农村闲置资源，激活农村发展新动能。该县的农村闲置资源主要包括闲置民房、闲置农田和闲置资产，通过创新的方式，余庆县将这些资源有效转化为乡村振兴的动力。本节将详细介绍该县的农村闲置资源情况，以及该县如何通过利用数字化技术，实现农村闲置资源的有效利用和价值提升。

（二）主要做法

余庆县农村产权改革有效盘活了闲置资源，包括集体资产、土地、山林等，同时其采取多种措施如示范带动、公司投资、农民返乡创业，重启闲置资产，推动资源再利用和再开发。余庆县探索"闲置耕地+N"模式，引进合作社和企业，整合土地，振兴农业，提高产量和农民收入。同时，鼓励农村集体经济组织充分利用宅基地，协调乡村振兴与城市建设，创建农家乐、农村旅游、家庭工场等，有效利用资源。采用立体式土地开发模式，兴建多层工业厂房，解决工业用地不足，引入租赁和供地模式，增加租金收入。

余庆县始终坚持"生态建设产业化、产业建设生态化"，推进经济发展方式绿色转型，把"良好生态效应"转化为强劲的"经济效应"，让优良的生态福利惠及广大人民群众。该县构建了经开区、白泥产业园、龙溪工业园、松烟创业园、构皮滩清洁能源产业园的"一区四园"产业发展格局，形成以茶叶精深加工和酱香白酒生产为主的绿色食品工业、新型建材、新型烟花为主导的"一绿两新"产业分区分园发展态势。

余庆县利用自然资源优势，发展特色农业和乡村旅游，打造了一批绿色生态示范基地和旅游景区。该县围绕做大做强生猪、茶叶、果蔬、花椒、生态水产五大主导产业和林下经济等特色产业，采取市场导向、因地制宜的方式，打造余庆"干净·产业""干净·产品"品牌。该县还通过直播带货等数字化手段，拓宽农产品销售渠道，提高农产品附加值和市场竞争力。

余庆县以数字乡村建设为契机，基于"三农"信息服务和资源整合，旨在打造"数字余庆、智慧余庆"，实现乡村数字经济、数字治理、可持续发展的目标。余庆县借助大数据技术，创建数字图书馆，并与贵州省图书馆合作，为农民提供免费的电子书籍、音视频资源和在线课程，丰富了农民的文化生活的同时也提供了职业培训、技能提升和创业指导等服务。余庆县推广"黔农智慧门牌"，在每户农民家门口安装带有二维码的智慧门牌，实现农户信息的采集和管理，同时通过触摸屏和语音识别系统提供智能政务和信息服务。余庆县以大数据为支撑，搭建"乡村振兴码"平台，通过把政务服务、金融服务和便民服务集成到乡村振兴码管理系统，以二维码为入口，实现政务服务"码"上看、金融服务"码"上办、惠民服务"码"上联、利民服务"码"上知。

（三）主要成效

余庆县通过农村产权改革和多元化创新策略，成功盘活了闲置资源，重启了集体资产、土地、山林等，同时推动了农业振兴和乡村发展。坚持"生态建设产业化、产业建设生态化"理念，构建了产业发展新格局，注重数字化发展和农村智能化治理。这些举措不仅提高了农民收入和生活质量，还将优良的生态资源转化为强劲的经济效益，为其他地区提供了成功的经验和可行的发展模式。

二 贵州省贵阳市息烽县："市场化改革+生物净化"

（一）基本情况

息烽县是贵州省贵阳市下辖的一个县，位于贵阳市东北部。息烽县农村资源闲置的问题一直是制约乡村振兴的重要因素。为了盘活农村闲置资源，息烽县采取了一系列的改革措施和创新举措，包括推进农村宅基地制度改革，探索宅基地资格权异地建房，引导城市要素资源盘活农村闲置农房和闲置宅基地，引进企业流转农民闲置土地发展产业等。这些举措不仅有效解决了农村资源闲置的问题，也为乡村振兴注入了新动能。

（二）主要做法

为应对当地农村人口外流、农房闲置、宅基地浪费等问题，息烽县采取了以下几个方面的措施。

第一，改革宅基地制度，实现"三权"分置，让农民转让使用权，盘活闲置宅基地，增加收入。同时，登记和规范宅基地使用权的流转和交易。

第二，探索宅基地产权化、市场化和金融化，评估和定价闲置资源，建立交易平台，提供金融服务，释放市场活力。

第三，引进"622+1"利益联结机制，吸引城市资源盘活闲置农房和宅基地，打造"南山北水"系列乡村民宿，提供诗意生活新空间，带动农业产业和文化产业发展。

此外，息烽县积极开展农业废弃物综合利用，利用有机废弃物，如秸秆、畜禽粪便和餐厨垃圾等，转化为肥料、饲料、能源和建材，实现农业资源循环利用和增值。息烽县还开展了秸秆还田、畜禽粪便沼气化、餐厨垃圾处理等项目，推动农业循环发展。磷废渣是湿法磷酸生产的固体废弃物，如果不处理，就会浪费土地和污染环境。贵州省实施"以渣定产"的政策，鼓励磷化工企业提高磷废渣的资源化利用率。息烽县引入了多个项目，以磷废渣生产新型建材，如无纸面石膏板、轻质抹灰石膏和玻化微珠等，将工业废渣转化为绿色建筑材料，实现了工业转型升级。

为推进美丽乡村建设，息烽县采用生物净化利用方法，集中处理农村污水，实现无害资源化。具体方法是，在净化池上种植植物，通过"化粪池、TQ池、TSC池、清水池"的工艺，去除污水中的有害物质，达到排放或再利用标准。这种方法具有以下优势：一是能节省能源和成本，不需要借助外部动力或电力；二是能提高土地利用效率和肥力，处理后的污水可以用于灌溉或肥田；三是能美化环境，净化池上的水生植物和花草增加了环境美感和生物多样性。息烽县农村污水生物净化利用方法展示了美丽乡村建设的创新性和实际效益。

息烽县还积极建设智慧农业、交通、教育、医疗、党建、政务、社会治理和电商，借助物联网和5G技术，实现对农村各领域的数字化管理和服务，提高农产品质量和安全性，增加农民收入和就业创业技能，强化党员管理和服务，打通政务服务的"最后一公里"，加强村务公开和社会治安防控，推广特色农副产品。

（三）主要成效

息烽县对于宅基地的综合措施产生了显著的成效，成功盘活了农村宅基地和闲置农房，提高了农民收入，创造了农村民宿和旅游产业，为乡村振兴注入了新活力。农业废弃物的综合利用改善了农产品质量，维护了农村生态，增加了农民收入，推动了农业的可持续发展。同时，废渣资源化利用降低了固体废物排放，促进了工业的可持续发展。

此外，息烽县实施了数字化管理和服务的智慧农业、交通、教育、医疗、党建、政务、社会治理和电商等举措，通过物联网和5G技术提高了农产品质量和安全性，增加了农民收入，强化了党员管理和服务，提供了便捷的政务服务，推动了特色农副产品的推广和农村现代化建设。这些数字化举措为息烽县的村景提供了有效支持，推动了乡村现代化建设。

（四）经验总结

息烽县通过改革宅基地制度实现"三权"分置，推动宅基地的盘活和增收；探索宅基地产权化、市场化和金融化，建立交易平台，释放市场潜力；引入"622+1"利益联结机制，打造农村民宿，带动产业和文化发展。这些举措有效解决了农村人口外流、农房闲置和宅基地浪费等问题。此外，农业废弃物综合利用、磷废渣资源化利用及农村污水生物净化利用等环保举措提高了农产品质量、农村生态环境，促进了农民收入和乡村振兴。同时，智慧农业和数字化管理服务的推广增强了乡村现代化建设。这些综合措施为息烽县的农村发展提供了有利的经验，充分展示了环保与资源综合利用、数字化服务和乡村现代化的创新性和实际成效。

三 云南省保山市新寨村:"咖啡庄园+线上文旅"

(一) 基本情况

保山新寨村以咖啡产业为主,近年来,该村通过产业融合发展,促使人居环境提升,获得了"中国咖啡第一村"的美誉。该村地处潞江镇北边,属半山区,海拔980米,气候温暖湿润,适宜种植咖啡、龙眼、甘蔗等农作物。然而,该村也面临一些资源闲置的问题,如土地退化、房屋空置、人力浪费等。为了解决这些问题,该村采取了一系列的措施,如种植绿肥作物、改造老房子、开展咖啡培训等,以盘活闲置资源,提高资源利用效率和价值。

(二) 主要做法

新寨村充分利用闲置的老村委会,改建成咖啡庄园,建设集咖啡加工体验、咖啡文化展示、咖啡旅游观光、咖啡产品销售、旅游餐饮和住宿服务于一体的咖啡体验馆,为游客提供"一站式"体验服务。新寨村积极争取实施"四位一体"项目,投入155万元,该项目包括一号、二号、三号和乎壳庄园,每个庄园都有独特的特色和功能,如咖啡博物馆、咖啡图书艺术馆、咖啡冲煮大赛、咖啡品鉴和咖啡烘焙等。在这里,游客能深入了解咖啡的历史、文化和制作过程,品味各种咖啡,感受咖啡的香气和魅力。该项目还提供多种住宿选择,如房车营地、帐篷酒店和木屋民宿,为游客提供舒适的居住环境,切身享受大自然美景。该项目还开展了各种其他旅游活动,如咖啡旅游文化节、咖啡园主题乐跑、自行车越野赛、虫宴、哈尼蘸水鸡、梯田鱼等,为游客带来不同的乐趣和风味。

新寨村采用"党总支+联合党支部+企业+合作社+基地+农户"的协同合作模式,建立利益共享机制,推动农业产业结构转变,确保农民增收。该村稳定推广高质量咖啡品种,开展咖啡品种选育和种苗培育,提高咖啡质量和产量。该村遵循绿色生产标准和要求,推广水肥一体化和智慧农业种植技术,采用订单式收购、分级定价和精细加工等方式,实现咖啡产业与生态环境的和谐共生。该村利用5G网络和物联网技术,提高咖啡生产和加工水平,拓宽咖啡电商和直播销售模式,建立多个电商平台直播基地,推广"咖啡树有偿认养"模式,为消费者提供可追溯的咖啡定制服务。这一综合战略为新寨村的可持续发展和生态保护注入了新活力，为农村的未来带来了更多机会。

该村还利用窄带物联网技术，监测咖啡树的生长环境，通过手机端了解和调整种植管理措施，提高咖啡产量和品质，为消费者提供透明和可追溯的咖啡产品。该村建立多个电商平台直播基地，利用抖音、淘宝等平台，推广旅游服务和咖啡产品，向消费者展示咖啡文化的魅力和新寨村的热情，介绍咖啡庄园、房车营地、帐篷酒店等旅游项目，吸引消费者前来体验和消费。

（三）主要成效

咖啡庄园旅游项目不仅展示了新寨村咖啡产业的成果和文化，还为当地农民提供了就业和增收的机会，同时吸引了更多游客和投资者前来，促进了当地乡村振兴和发展。新寨村咖啡庄园是一个生态与文化共融的瑰宝，为游客带来了丰富的体验，也为当地的繁荣作出了贡献。新寨村建立的利益共享机制，推动了农业产业结构转变，确保了农民增收，增强了农民的主动性和参与感，激发了他们的创新精神和创业热情。

（四）经验总结

新寨村充分利用闲置的村委会旧址，改建成咖啡庄园，建设集咖啡加工体验、咖啡文化展示、咖啡旅游观光、咖啡产品销售、旅游餐饮和住宿服务于一体的咖啡体验馆，提供游客"一站式"体验服务。通过积极争取项目资金，新寨村建立了多个咖啡庄园，推动咖啡产业发展，增加农民收入。借助5G网络和物联网技术，提高咖啡生产和销售水平，拓宽咖啡电商和直播销售模式，为消费者提供可追溯的咖啡定制服务。新寨村咖啡庄园项目不仅丰富了游客的体验，也为当地农民提供了就业和增收机会，同时吸引了更多游客和投资者，促进了乡村振兴和发展。通过数字化手段，新寨村将咖啡产业与文化共融，为游客提供全面而独特的咖啡体验，展示了乡村振兴和数字化管理的创新和成果。

四　云南省楚雄市东瓜镇蔡家湾村："数字平台+全面整合"

（一）基本情况

蔡家湾村是一个位于云南省楚雄市东瓜镇庄甸社区的美丽乡村，拥有丰富的自然资源和文化资源。作为彝族文化的发源地之一，这里保留了许多传统的彝族建筑和风俗，展现了彝族人民的智慧和创造力。同时，这里也是一个数字乡村的典范，该村引入了先进的信息技术和大数据平台，实现了智慧农业、智慧治理、智慧服务等功能，提升了乡村人居环境和生活质量。此外，这里还充分利用了自身的优势，发展了特色产业和乡村旅游，增加了农民收入和乡村经济。

（二）主要做法

蔡家湾村是一个有着悠久历史和丰富文化的彝族村落，种植烤烟、油菜籽、棕片、花椒等农作物，但人均收入水平不高。为了改变这一现状，该村启动了"庄甸小管家"程序，利用5G网络和智能设备，将闲置资源进行产业化整合。该程序实现了智慧治理、积分银行、视频墙等功能，提高了农民的参与度和获得感。该程序鼓励农民种植瓜果蔬菜、美化庭院、垃圾分类等，上传图片到积分商城，获得积分，可以兑换生活用品或现金。该程序推广村里的特色产品，拓展电商销售渠道，增加农民收入。该项目增强了农民的获得感和幸福感，促进了村里的经济发展和文化传承。蔡家湾村还建设了生活垃圾分类回收点、污水处理设施、公共厕所等基础设施，改善了农民的生活条件，提升了村容村貌。该村鼓励农民参与志愿活动、美丽庭院随手拍、事项上报等方式获取积分，通过积分兑换日用品，激发了农民主动参与治理的积极性，培养了农民的环保意识和文明习惯。

蔡家湾村是一个以农业为主的村庄，拥有丰富的土地资源和水资源，适合发展多种农作物和畜牧业。为了推行产业绿色生态化发展，该村积极发展特色农业产业，种植烤烟、油菜籽、棕片、花椒、油桐籽、桑叶、蔬菜等经济作物，饲养生猪、羊、牛、家禽等畜牧业，增加农民收入，促进农村经济发展。除了种植经济作物，该村还发展了畜牧业，饲养生猪、羊、牛、家禽等动物，为农民提供了肉类、奶类、蛋类等食品和收入来源。

（三）主要成效

蔡家湾村利用5G网络和智能设备，建立"庄甸小管家"程序，实现乡村治理、农业生产、环境保护等方面的智能化管理。该程序通过安装各种设备，实时监测和控制村庄的安全、服务、信息、事件、农作物、畜牧业、环境质量、旅游资源等，实现畜牧业的智能化养殖、管理和销售，提高了畜牧业的生产效率和质量，提高了农民的安全感、满意度、收益和凝聚力，提升了乡村治理效率和农业生产效益，同时打造了美丽和谐的人居环境。该村的特色农业产业已经成为当地的一张亮丽的名片，吸引了众多游客前来观光体验，进一步带动了乡村旅游业的发展。

（四）经验总结

蔡家湾村采用"庄甸小管家"程序，借助5G网络和智能设备，成功实现智慧治理、积分银行、视频墙等功能，提升农民的参与感和满意度。通过激励农民采取多种积分获取行为，如种植瓜果蔬菜、美化庭院、垃圾分类等，将图片上传至积分商城，以获得积分并用于兑换生活用品或现金。该计划还促进了村里的特色产品，推广电商销售渠道，增加了农民的收入。这个项目增强了农民的获得感和幸福感，同时推动了村庄的经济发展和文化传承，为数字智慧乡村建设提供了一个成功的案例。

五　陕西省富平县三河村："村党支部+集体经济+贫困户"

（一）基本情况

陕西省富平县三河村位于陕西省中部，是关中平原和陕北高原的过渡地带。其拥有丰富的物产资源和悠久的历史文化传统，是关中村落的典型代表，也是陕西人民记得住乡愁的精神家园之一。三河村依托苏陕扶贫资金和县政府的支持，大力发展柿子产业，现已发展成为当地群众脱贫致富增收的支柱产业。三河村先后入选第二批"国家森林乡村"和"富平县美丽村庄"。

（二）主要做法

在产业发展升级方面，三河村通过村党支部牵头，成立村集体。整合旧庄基地及闲散建设用地80余亩，建立三河村中小企业孵化园，通过土地长期出租形式招商引资，先后引进三家企业入驻，一家养生酒生产企业正在办理入驻手续。创新实施"村党支部+集体经济+贫困户"的发展模式，建立的村级农业产业园和中小企业孵化园支撑起村集体经济发展框架。同时，三河村利用渭北高原的地域优势，大力发展柿子产业，进一步带动了农民增收。

在绿色生态发展方面，三河村自党的十八大以来，在积极推进经济发展的同时，坚持践行"绿水青山就是金山银山"的理念，在乡村振兴、工业发展和改善生态人居环境过程中，始终以绿色发展理念为指导，努力探索脱贫攻坚与绿色发展的协调之路，在西部县域地区发展中颇具典型意义。三河村建设的富平庄里低碳经济试点工业园区，将低碳循环作为招商引资第一要求。此外，其着力建设"有颜值、有诗意、有温度、有底蕴、有活力"的中国北方最美县城，让农村环境宜居宜业、农民生活富裕富足。山河村在富平庄里试验区充分利用农村"大喇叭"加大农村人居环境行动方案宣传力度，印发农村人居环境倡议书10000余份，并利用"大美庄里"公众号、宣传栏、LED屏等载体进行宣传，做到人人知晓、户户参与。

在数字化建设方面，庄里试验区搭建三河村数字乡村项目平台，项目以实施乡村振兴和数字乡村战略为统领，统筹协调各部门的数字技术资源，推进乡村信息基础设施建设和数字技术与农村生产生活深度融合，全面助力乡村振兴。

（三）主要成效

三河村的"村党支部+集体经济+贫困户"的发展模式推动了村集体经济发展壮大，群众收入持续增加。柿子产业为作为柿子种植优生区的三河村提供了乡村振兴的良机，柿子产业也已发展成为当地居民脱贫致富和持续增收的支柱产业。与此同时，山河村的绿色生态建设使其入选第二批国家森林乡村名单，进一步凸显了该村在生态保护和可持续发展方面的成就。此外，三河村搭建的数字乡村项目这一平台，为全村"人、事、财、物、组织"建立数据中心，如村"两委"人员数据库、农村党员信息库、集体资产电子清单、低保户、五保户档案等，方便对各项数据进行统计、分析、汇总。平台真正地实现了"互联网+政务"功能，有效提升了安全应急和社会综合治理能力。

（四）经验总结

三河村创新实施"村党支部+集体经济+贫困户"的发展模式，推动了村集体经济发展壮大。同时，通过多领域努力，包括产业发展、生态保护和数字化建设，取得了显著的成效，为村庄的繁荣和乡村振兴作出了积极的贡献。这些做法对其他地区在数字化背景下激活农村闲置资源的产村融合共生具有借鉴意义。

六 四川省蒲江县明月村："文创激活+农旅融合"

（一）基本情况

明月村位于四川省成都市蒲江县甘溪镇，地处大五面山浅丘地带，距离成都市区90千米，为蒲江、邛崃、雅安交界地，同时也是四川高岭土储藏量最大的区域之一。在这一自然环境的影响下，明月村陶艺文化底蕴深厚，自唐宋以来就是民用陶瓷（邛窑）的重要生产区。在2009年前，明月村一直是一个远近闻名的市级贫困村。但近年来，明月村依托当地的茶山、竹海、松林等生态资源，以及邛窑历史文化资源，通过"农旅融合+文创激活"的模式，积极探索并走出了一条以"文创赋能休闲农业、产村融合发展"的乡村振兴之路，实现了生态保护、文化传承、产业发展与农民增收的全面进步，绘制出了一个美丽乡村的"诗与远方"。

（二）主要做法

第一，明月村以文创为撬动点，通过激活当地特有的邛窑历史文化资源，大力推动"文创兴村"。具体而言，明月村围绕"以陶艺手工艺为主的文化创意聚落与文化创客集群"发展定位，引进100余名艺术家和文化创客成为新农民，吸引本村人才返乡就业、创业，为"文创兴村"之路打下了坚实的人才基础。在此基础上，明月村孵化出"音乐种子计划""明月文舍"等文化创意项目，培育出明月之花歌舞队、明月古琴社、明月诗社、守望者乐队等特色文艺队伍6支200余人，创作《明月甘溪》《明月集》等原创歌曲和原创诗集，创设"明月书馆""陶艺博物馆"等公共文化空间，每年开展的产业、文化方面的培训高达1.5万人次。同时，明月村还引进蜀山窑陶瓷艺术博物馆等文创项目51个，引导文创项目聚落和文化创客集群助推农商文创融合发展。以节会为载体，组织开展陶艺节、端午古琴诗会等特色文旅活动。定期举办推出农事体验、自然教育、制陶和草木染体验等项目。着力打造"明月村"文化品牌，连续举办9届春笋艺术节、5届"月是故乡明"中秋诗歌音乐会等特色文化活动。

第二，明月村坚持农旅结合，助推产业融合发展。当地依照"竹海茶山明月窑"的发展思路，依托3000余亩有机茶叶基地、8000余亩雷竹园区以及已有300多年历史的明月窑，成立了明月村乡村休闲旅游合作社，以"茶山·竹海·明月窑"为名片，推出农事体验、自然教育、制陶和草木染体验等项目，打造了蜀山窑、呆住堂艺术酒店等文创项目50余个，开发明月笋、明月染、明月陶等系列文创产品10余种。

在此过程中，明月村充分发挥数字技术的赋能作用，通过互联网积极宣传"明月村"文创农创相结合的品牌与销售特色文创产品，力图打造集家庭农场、林盘民宿、农事体验、研学课堂于一体的旅游新业态。

第三，明月村以生态为本，积极推动美丽新村建设。当地将"绿水青山就是金山银山"的发展理念践行于具体实践中，注重茶山、竹海、松林等生态本底的保护与发展，实施院落改造和林盘整治项目，强化茶山、竹海、松林生态本底保护，不断巩固"茶山竹海"生态优势。在保护生态本色的同时，当地还统筹推进"七改七化"（改水、改厨、改厕、改圈、改院、改线、改习惯，硬化、绿化、美化、亮化、净化、文化、保洁员专职化），积极开展绿道建设、风貌整治、院落美化和川西林盘修复，不断改善乡村宜居宜业宜游发展环境。

（三）主要成效

近年来，通过"文创激活+农旅融合"的发展模式，明月村先后获评为中国"十大最美乡村"、"全国乡村产业高质量发展十大典型案例"、全国文明村、2018中国最美乡村、全国百佳乡村旅游目的地、国家食物营养教育示范基地、中国乡村旅游创客示范基地等一系列国字号招牌，当地实现了生产、生活、生态的巨大变化。在生产方面，2021年，明月村接待游客26万人，实现旅游收入超过3600万元，文创产品年产值超过1亿元，明月村旅游合作社实现营收100万元，茶叶基地、雷竹园区实现年均产值8000余万元，农民每年可从闲置院落租赁中获得2500—10000元房屋租金收入，文创项目员工每月可获得2000—4000元的薪酬，明月村农民人均可支配收入近3万元，较2012年增长约200%。在生活与生态方面，当地改造整治林盘院落30余个，建设旅游环线8.8千米、绿道7.7千米、通公路21.2千米、步行道6.7千米，构成"快进·慢游"的四级路网体系。同时，当地自来水覆盖率、天然气入户率均达95%以上，生活垃圾无害化处理达99.3%、生活污水达标排放达90%。现在的明月村，已然摘去了贫困落后的帽子，呈现"业兴、家富、人和、村美"的新景象。

（四）经验总结

明月村以当地闲置资源为基础，通过有效激活生态资源与文化资源，以文创为撬动点，坚持以生态为本，将闲置的传统文化资源与现代数字技术有机结合起来，不断推进产业融合发展，走出了一条以"文创赋能休闲农业、推动产村融合发展"的发展道路，不仅实现了农民增收、村景改善与产业振兴，更为西部地区数字化产村融合激活农村闲置资源提供了鲜活案例与有益启示。

七 陕西省咸阳市袁家村："民俗为基+文化赋能"

（一）基本情况

袁家村位于陕西省咸阳市，坐落在关中平原腹地礼泉县烟霞镇北面的九嵕山下，处在西咸半小时经济圈内，距离西安70千米。从20世纪70年代起，袁家村先后经历了造田治穷、工业致富、旅游强村三次变革转型。自2007年以来，村子发挥历史上形成的积淀特色和独特优势，以关中民俗文化为底色打造农村旅游综合体，在推进农旅融合、产旅融合、文旅融合、治旅融合等方面积极探索，创造了新时代乡村振兴的"袁家村解决方案"。

（二）主要做法

相较于其他农村而言，袁家村不具备独特的自然山水景观，亦未出产特色农产品。为突破当地发展面临的瓶颈，袁家村采取了创新性的方法，将乡村传统习俗和农民的日常生活视为一种潜在资源。以农民为主体，以农村为载体，袁家村积极进行关中地区民俗的恢复和活化。村庄将这一民俗文化赋予农村旅游产业，重新塑造和还原了农村生活，其最大的创新之处在于不再建造人工景区，而是将整个农村视作景区，将居民家宅视作景点。农村与景区相融合，把真实的农村生活直接呈现给游客，并以此产生与城市进行价值交换。经过十多年的发展，以关中民俗和农村生活为特色的农村旅游愈加凸显其独特吸引力。在具体实践中，袁家村的核心策略主要涵盖了"三产融合"、"三生融合"以及"利益共享"三大方面。

第一，袁家村不断推进"三产融合"。袁家村以关中民俗文化为基，以农民为主体，以农村为载体，恢复关中民俗，重建农村生活，以此作为旅游吸引核，历经十多年发展，以关中民俗和农村生活为特色的农村旅游越发彰显其独特魅力，为当地带来了巨大的经济效益。随着民俗文旅的市场规模与经济效益不断提升，袁家村的品牌价值越发凸显，第三产业的壮大直接带动了第二产业的发展，通过紧紧围绕文旅产业开展布局,当地第二产业实现了由传统手工作坊到现代加工工厂再到连锁加工企业的转变;第二产业的发展使其对优质农副产品的需求不断扩张,进而拉动第一产业规模的扩大。在这一过程中,当地还根据袁家村品牌+创新团队+资本+互联网的新思路、新模式,将数字技术有效融入第三产业融合中,力图为袁家村的发展提供更为广阔的空间和前景。由此,袁家村成功构建起由第三产业带动第二产业进而促进第一产业联动发展,第三产业融合发展的良性循环体系。简而言之,袁家村不走传统"由第一产业向第二产业和第三产业拓展"的思路,而是探索出了"由第三产业带第二产业促第一产业,并立足品牌溢价的多维度产业共融"的全新发展路径。

第二,袁家村在产业不断发展壮大的过程中,注重生产、生活、生态的高度契合,通过生产方式标准化,建立了从田间到餐桌、从加工到销售、从管理到监督的立体化、全方位、多层级的食品安全监管体系,做到了"农民自己捍卫食品安全"。通过生活方式田园化,在村落复古改造过程中,遵循"多种树、不填湖、少拆房"的理念,保持了原生态,体现了乡土情,弘扬了民俗风,使"望得见山,看得见水,记得住乡愁"的天然意境成为最大特色。通过生态方式绿色化,注重发展绿色食品,既保护了当地生态环境,也实现了农产品的"返璞归真"。

第三,袁家村始终坚持"利益共享"。随着袁家村的不断发展壮大,如何实现利益的有效分配也成了阻碍袁家村向前发展的一大难题。为破解这一难题,袁家村始终秉承共建共享共同富裕的理念,通过发展乡村旅游、培育致富产业,让农民收入有保障;通过搭建户社合作、户企合作、村企合作、村社合作平台,打造互助合作的利益共同体,以合作促提升,以合作促共赢;按照"全民参与、入股自愿,钱少先入、钱多少入,照顾小户、限制大户,风险共担、收益共享"原则,各个项目互相参股,形成你中有我、我中有你的发展格局,通过调节收入分配和再分配,避免两极分化,形成各方共同支持发展的局面,实现利益均衡、达到共同富裕。目前,袁家村已建成32家农民股份合作社,营造出"大家齐致富"的和谐氛围。

(三)主要成效

通过"无中生有",袁家村从当地的传统习俗与农民的日常生活中发掘了潜在的旅游资源，以恢复和活化关中民俗的方式有效激活了当地闲置许久的文化资源，实现了当地农民增收与产业振兴。如今，"袁家村"的品牌价值已超过 20 亿元。2022 年，袁家村年接待游客量达 660 万人次，旅游总收入突破 10 亿元，农民人均纯收入 15 万元以上。

（四）经验总结

袁家村始终坚持"民俗为基+文化赋能"的发展模式，其以农民为主体，以创新谋发展，以共享促和谐。具体而言，袁家村以农村旅游为突破口，打造农民创业平台；以第三产业带动第二产业促进第一产业联动发展，实现三产融合发展；以利益共享为原则，调节收入分配，实现共同富裕；以数字技术为驱动，为发展注入新动能。上述举措不仅使当地踏上了振兴之路，更为中国西部地区其他农村以数字化产村融合激活农村闲置资源提供了有益借鉴。

第四节　本章小结

本章总结了东、中、西三大地区典型农村的闲置资源激活模式，这些模式充分利用当地资源和数字化技术，成功实现了农村闲置资源的有效激活与产村融合共生。这些经验和做法为其他山区和农村地区提供了有益的启示，包括以下几点。

第一，山区资源与特色村寨模式。上杭县采用产业升级、生态保护、特色村寨旅游发展和数字化服务等综合策略，成功实现地方振兴和经济增长。

第二，生态资源与电商直播模式。沭阳县充分利用生态资源，帮助地方实现产业多元发展与经济多元发展，同时其通过电商直播带动花木销售，发展电商经济。

第三，红色与绿色旅游业主导模式。北崮山村通过"红色文化+绿色生态"的数字化产村融合，激活农村闲置资源，成为数字化背景下产村融合激活农村闲置资源的示范村庄。

第四，多元文化与全方位数智模式。驿头驿阳村以多元文化为主题打造特色文化旅游路线，整合共富机制、特色 IP 打造、农产品产销一体化，并将数字技术融入其中。

第五，乡贤特定资源与数字化产村融合模式。通过对当地乡贤特定资源的有效挖掘，王家自然村成功激活了闲置资源。

第六，宅基地改革与数字化发展模式。息烽县通过改革宅基地制度实现"三权"分置，推动宅基地的盘活，借助数字化技术提高了当地农村生产效率。

这些模式和做法充分展示了乡村振兴、数字化服务和可持续发展的创新性和实际成效，对于其他地区激活农村闲置资源，实现产村融合共生具有积极的借鉴和启发作用。

第五章

数字化背景下激活农村闲置资源的产村融合共生机理

在前文对农村闲置资源现状、成因、激活障碍、突破方向及典型案例进行剖析的基础上，得出数字技术对农村闲置资源的激活具有重要作用。基于数字技术创新的扩散效应、信息和知识的溢出效应，数字技术由城市向农村外溢，使农村经济社会现有"技术—经济"范式产生巨大变革和深远影响，引发创造性毁灭，为农村产业提供链条延伸、业态创新、技术渗透和组织创新的机会，其能够完善农村产业链、创新链，凝聚利益链，培养组织创新能力，促进农村产业的多元化发展，促使农村社会经济及时调整"生产、生态、生活"空间布局，实现资源的高效利用和产业的深度融合，激活农村闲置资源，形成多维融合的组态结构，推动产村融合的发展，催生数字化产村融合新模式。因此，本章将进一步探析数字化产村融合共生机理，以期丰富共生理论、区域发展理论和可持续发展理论。

综上所述，重点探索以下问题：数字化产村融合激活农村闲置资源的共生发展过程是怎样的？哪些因素对数字化产村融合激活农村闲置资源产生影响？数字化产村融合相关主体通过何种关键机制实现数字化产村融合共生并激活农村闲置资源。因此，本章以6个省份20个数字化产村融合相关的数字乡村示范点、乡村振兴示范村或数字乡村发展典型案例的文献资料整理、深度访谈和实地调研为基础，基于扎根理论探讨数字化产村融合激活农村闲置资源的共生机理，从而盘活农村闲置资源，实现农村资源的价值创造和增值，以期丰富产村融合理论框架，指导农业农村可持续发展。

第五章　数字化背景下激活农村闲置资源的产村融合共生机理

第一节　研究方法与研究设计

一　概念界定

传统意义上产村融合是指以第一产业为基础，通过延长产业链条，形成第一产业、第二产业、第三产业交叉融合发展的农村发展新格局。目前数字技术赋能产村融合，基于产村融合、数字技术发展下农村经济效应相关研究及数字乡村建设相关政策文件，本节认为数字化产村融合具有以下特性。

（一）基础是"融合"

数字化产村融合并不仅仅指利用新一代信息技术实现农村第一产业、第二产业、第三产业交叉发展，而是以产业兴旺为基础，在农村发展中坚持以"人"为中心，最终实现产业、农村、农户、资源的高度融合，赋予农村新活力。

（1）产业发展以农业为基础，以农业为核心，促进农村第一产业、第二产业、第三产业融合发展。运用数字技术，重塑传统农业"耕—种—管—收"的种植方式，实现"智慧"生产、"智慧"销售、"智慧"监督和"智慧"服务。此外，延长产业链条，实现产业交互，形成一批"云游农村"、电子商务、"特色产业+文旅"等新业态新模式，打造农村发展新增长点。

（2）以"人"为中心，在数字化产村融合发展过程中，需不断提升数字化产村融合行为主体的主动性，强化不同组织主体之间的相互合作、依存和协调，凝聚共同利益，构成协同共生发展关系。如提高政府、微观市场主体、社会组织和农村技术科研单位等行为主体的主动性，特别是农民的主动性，引导其发挥"主人翁"作用；加快培育新型农业经营主体，充分发挥新型农业经营主体在新时代乡村振兴战略实施中的重要推动作用，以"新"带"旧"，盘活农村经济。

（3）释放资源的集聚效应，实现资源的价值增值。农村在获取城市资金、人才、技术等资源流入后，应整合农村自有资源和流入资源，加快共生资源的形成，从而实现资源价值创造、价值转换和价值增值。

（二）底色是"生态"

数字化产村融合要秉承新发展理念，遵循自然规律，在发展的过程中时刻牢记生态要义，在农业强、农民富的同时实现农村美。

（1）生态资源是农村最大的优势和宝贵财富。在数字化产村融合共生发展过程中，无论是为了生产发展，还是为了生活便利，都不能以"牺牲"生态为前提，而是应该在合理、适度的前提下，变"废"为"宝"。

（2）秉承"绿水青山就是金山银山"的理念。根植农村初始生态禀赋，深度挖掘可供开发的生态要素，以"产业生态化+生态产业化"实现"绿色青山"转变为"金山银山"的生态产品价值创造。

（三）目标是"共生"

数字化产村融合的目标在于实现乡村共生发展，以及实现城乡共生发展，在内外联动下，实现乡村振兴和农业农村高质量发展。

（1）乡村共生发展。在数字化产村融合共生发展过程中，实现农村内部有机循环。以农村水土、生态和环境承载力为前提和基础，依托农村资源禀赋，对农村生产、生态、生活空间之间进行耦合优化，实现乡村的生产数字化、生态数字化、生活数字化。

（2）城乡共生发展。数字化产村融合不仅是农村内部实现良好的内循环，即上述的乡村共生发展，也是与外部环境实现良好的外循环，即通过整合和优化城乡资源，城乡之间实现资金、技术、人才、技术等要素的自由流动，形成共生资源，实现农村资源的最优配置范式并获取资源价值增值，从而构建良好的城乡双向互动关系，实现城乡共生发展。

因此，数字化产村融合是基于共生发展和绿色发展理念的创新模式，以融合为基、生态为本、共生为标，运用数字技术面向市场需求实现技术跨界融合催生新产品、新服务或新模式，使产业、农村、农户、资源等围绕生产、生态、生活三个维度实现高度融合，构筑宜居宜业、产村景相连、人文融通的循环生态共生体。在数字化产村融合共生中，由于数字技术在农业农村的应用还处于初始期或成长期，需通过识别技术经济范式、组织管理和共生网络等要素，强化不同组织主体之间的相互合作、依存和协调，凝结共同利益，构成协同共生发展关系，实现乡村的发展与生产、生态、生活、资源等各方面可持续性发展的有机结合。同时数字化产村融合共生通过整合和优化城乡资源，形成共生资源，实现农村资源的最优配置和价值增值。因此，数字化产村融合共生不仅推动了数字乡村建设，促进乡村的全面发展，其内在的组织合作机制和可持续发展的本质也可以成为乡村振兴的有效引擎和持续动力。

二 研究思路

数字技术向农业农村的不断扩散，使数字技术在农业农村领域的应用程度不断攀升，引发农业农村经济、制度、金融等方面一系列变革，使农业科技创新在促进农业和农村经济发展方面发挥了重要作用（隋斌等，2019）。现有研究分别从技术、组织和共生等角度探讨数字化产村融合模式产生及演化的相关问题。

（一）技术范式转换

技术革命的背后都会引发生产体系、经营体系等方面的创造性毁灭，进而引发经济、制度等方面的革新，称为"技术—经济范式"的转变，这将驱动整个经济活动中大规模的技术分工和知识重组，以及生产率的普遍提高（Perez，2003）。李川川和刘刚（2022）认为数字技术应用成为数字经济创新范式的本质特征，通过数字技术赋能将数据和算法作为新的创新要素纳入创新的生产函数，不仅仅优化和拓宽了原有的创新要素体系，而且也改变了传统创新范式的规则和秩序。基于技术溢出理论，数字技术与农业农村实现跨界整合，促使数字技术在农业农村领域的产品和应用不断深化，加快乡村产业数字化、数字产业化，最终影响到农业农村生产、生活和生态的各个方面。因此，基于新"技术—经济"范式的数字化产村融合能够实现农业农村跨越式发展。

（二）组织创新

数字化产村融合组织通过形成与生产数字化、生态数字化、生活数字化相适应的管理模式，需重新界定组织收益成本结构，根据市场需求变化对组织结构进行调整、优化和创新。组织创新是决定数字化产村融合组织能否获得创新优势的关键要素，企业家、乡贤创新意愿对农业农村数字技术创新意愿和采纳产生深刻影响（李周等，2021）。

吴金鹏和韩啸（2019）提出数字化产村融合技术创新的采纳受政府领导的偏好和逻辑选择的影响。数字化产村融合组织通过重新定义技术价值、配置数字资源等形成领先市场，由此创造适应数字化产村融合发展的新产品、新服务和新经营模式（邓久根和邹伟，2018）。因此，数字化产村融合不仅受技术本身影响，数字化产村融合组织实施生产数字化的创新采纳意愿和管理创新模式等也是数字化产村融合发展的基础。

（三）共生发展

数字技术在农村领域的应用过程中逐渐产品化、商品化、服务多样化，其能够拓宽城乡资源流动渠道，促使城乡资源在农业农村得到最优配置，从而实现资源价值创造和价值增值，并为组织主体及市场群体创新需求和创造价值，加快生产、生态、生活空间的融合，实现数字化产村融合共生。但也有学者指出，数字技术在乡村领域的应用可能也会存在技术排斥现象，建设资金和人才等资源相对缺乏，出现"数制"模糊化、"数质"悬浮化、"数治"碎片化和"数智"内卷化等问题（吕普生，2020；李利文，2020；刘天元和田北海，2022）。因此，需要将小农经济价值与规模价值，农业价值与第二产业、第三产业价值，农民价值与企业价值等进行共生利益连接，使各类资源作为整体形成共生资源，数字技术赋能产村融合才能在农村落地或创造新的价值组合，实现农业农村新发展。

数字化产村融合从概念界定到发展演化，由技术范式转化、组织创新再到共生发展，已有研究进行了详细的讨论，但仍存在一些可拓展的理论空间。现有研究对数字化产村融合激活农村闲置资源的解释仍较为单薄，对数字化产村融合共生发展过程进行探讨的理论研究相对缺乏；对数字化产村融合技术范式转换、组织创新与共生价值联结等过程的系统分析不够深入。解决以上问题的关键是在于综合考虑数字化产村融合的数字技术创新、技术扩散、跨界融合、组织创新、共生资源及共生价值，并结合中国数字化产村融合现实案例进行更为深入的理论探索与案例验证。基于此，本章以激活农村闲置资源的数字化产村融合为研究对象，围绕技术范式转换—组织创新—共生发展等核心问题，重点探讨数字化产村融合激活农村闲置资源的关键因素，进一步归纳与提炼数字化产村融合激活农村闲置资源的共生机理,为数字化产村融合组织战略创新、转型、发展提供一定参考依据。

三 研究方法

扎根理论是由案例归纳形成理论的一种质性研究方法,对于数字化产村融合共生如何激活农村闲置资源具有解释力。一是对案例、访谈数据进行系统搜集和分析,并挖掘深层次的逻辑和关联,提高本书的深度和广度,在建构理论方面具有优越性。二是能够灵活调整研究过程,适应不同的研究对象和研究环境,以便揭示更完善的理论机制。鉴于数字化产村融合如何激活农村闲置资源及其影响因素和机制等问题尚无定论,需要搜集海量的案例资料予以支撑,并基于现象抽离概念,形成范畴从而构建理论。因此,本书遵循扎根理论的原则,在研究过程中不断比较数据和理论,保障数据的原始性、完整性和可靠性,确保理论的逻辑性和一致性,并遵循 Strauss 和 Corbin(1994)提出的扎根理论分析范式展开研究。

四 案例选择

根据研究目标和主要内容,本书制定了以下标准来选择案例:首先,所选案例应拥有一定的产村融合基础,并具有一定的代表性;其次,本书关注的是数字技术,这与其他农村发展的产业、产品或技术服务有所不同;最后,所选案例应具有一定的政策支持或纳入国家项目,拥有良好的营商环境,并依托农村资源形成一定规模的特色产业。

基于以上标准,本书选择了数字乡村示范点、乡村振兴示范村或数字乡村典型案例作为研究对象。这些案例的选择基于以下理由。首先,这些农村拥有丰富的资源,乡村产业已经取得了一定程度的发展,但仍有一些农村资源处于闲置状态,资源利用不充分。其次,虽然数字化产村融合模式多样,但发展水平不平衡,有待进一步提升。这些案例都能够利用数字技术或数字平台开展多种类型的数字化产村融合模式,如数字化农业模式、数字化乡村旅游模式、数字化乡村创新模式等。这些模式在一定程度上激活了农村闲置资源,促进了乡村产业发展和乡村振兴。但这些农村同时也存在一些问题和挑战,如数字技术和数字平台的应用水平不高、数字化产村融合模式的覆盖不全面等。最后,共生机理复杂,但研究还有不足之处,仍需进一步深入挖掘其共生机理。所选案例的数字化产村融合模式涉及多个组织主体（如农民、企业、政府、社会组织、农村集体经济组织等），受到多种共生环境（如自然环境、社会环境、经济环境、政治环境等）的影响，并存在多种共生关系（如合作、竞争、协调等）。这些共生机理构成了数字化产村融合模式的内在逻辑和规律，但目前的研究还不够广泛和深入，需要进一步拓展（见表5-1）。

表5-1　　　　　　　　　案例选取情况

案例	数字赋能情况	选取依据
慈溪市	"一中心一平台五应用"	国家数字乡村试点
德清县	数字农业示范园区、物联网应用示范点、数字农业工厂、未来农场、农村电商产业园等	全国数字乡村示范点
安吉县	"数字乡村一张图"	数字乡村试点示范县
沭阳县双荡村	互联网+花木电商直播	省休闲观光农业示范村、中国淘宝村、省电子商务示范村
沂源县	数字化赋能山区农业现代化、数字化博物馆、数字化农产品流通枢纽	国家乡村振兴示范县
蒙阴县	数字网格治理体系	"互联网+"农产品出村进城工程试点县、乡村振兴齐鲁样板生态振兴典型案例
武宁县东山村	数字经济产业园、"万村码上通"5G+长效管护平台、乡村振兴监测平台	数字乡村试点村
进贤县	数字经济产业发展先行示范区、数字产业公司、进贤县数字文笔电商协会	数字乡村试点地区
横峰县姚家乡	互联网+农业网上电商、e邮平台	省乡村振兴示范县
鹰潭市余江区	智慧农业指挥调度中心、农业物联网、电商平台、数字创意产业园	数字经济典型案例
黟县	一中心、一系统、一张网、一程序	省级数字乡村试点县
歙县	数字乡村"一张网""新安山居图"IP、数字乡村馆、歙县地图、5G智慧农业	国家数字乡村试点县
涟源市新玉峰村	湖南移动助力打造特色乡村数字平台	市乡村振兴示范村
平江县木金乡	与岳阳联通平江分公司共建通信合作社	乡村数字治理特色试点
余庆县	四在农家、e在农家、"13511"数字乡村建设	国家数字乡村试点县

续表

案例	数字赋能情况	选取依据
黔西市化屋村	5G+数字乡村统一平台、全域旅游平台	省特色田园乡村、乡村振兴集成示范试点村、数字乡村示范点
门源县东旭村	"互联网+"智慧农业农村大数据平台东西部协作乡村振兴产业数字引擎——"大通号"	乡村振兴示范点
大通县	腾讯云联合大通县共同推出农文旅全域品牌	省级全域旅游示范区、国家科技进步示范县
重庆市巴南区二圣镇集体村	数字乡村区块链智慧化管理平台、"巴小智"乡村治理数字化平台	巴南区智慧乡村建设示范点
重庆市大盛镇青龙村	数智化无人果园	全国数字乡村建设现场推进会特别贡献案例

五 数据收集与分析

本书采用多种方法收集数据，包括访谈、观察、文献分析等。具体过程如下。

（一）访谈

通过半结构化访谈的方式，对该地区的政府、企业、农村集体经济组织、农民等行为主体进行访谈，了解该地区农村闲置资源、生产数字化、生态数字化、生活数字化、数字乡村建设及数字化产村融合的现状。本书共进行了40余次访谈，每次访谈时间为20—60分钟，访谈内容包括以下几个方面：①农村闲置资源的类型、数量、价值和利用情况；②乡村产业的主要情况，如特色产业、产品情况等；③乡村数字技术应用情况，数字化产村融合行为主体的参与程度；④数字化产村融合模式的类型、特点、优势和挑战；⑤对数字化产村融合模式的评价和建议。并对访谈对象进行了分层抽样，确保了访谈对象的代表性和多样性。

（二）观察

通过实地观察的方式，对该地区农村闲置资源、生产数字化、生态数字化、生活数字化、数字乡村建设及数字化产村融合的现状进行观察，直观感受和记录其表现和影响。本书共进行了20次观察，每次观察时间为1—2小时，观察内容包括以下几个方面：①农村资源的分布、种类和状态；②数字化产村融合模式的运行、管理和服务方式；③共生主体之间的交流、协作和创新情况；④数字化产村融合是否实现共生及存在的问题。本书对观察地点进行了随机抽样，确保了观察地点的普遍性和典型性。

（三）文献分析

通过文献收集和整理，进一步分析该地区的农村闲置资源、数字化产村融合共生等现状，系统梳理和总结其特征和规律。本书共搜集了200多篇相关文献，包括政策文件、学术论文、媒体报道等，文献内容包括以下几个方面：①农村闲置资源的概念、形成原因和利用策略；②数字化产村融合模式的概念、发展历程和优化路径；③数字化产村融合共生的概念、类型和应用领域；④数字化产村融合模式的理论基础和影响因素。同时对文献来源进行了筛选，确保了文献来源的权威性和可信性。

第二节 分析过程

一 开放式编码

开放式编码是建立在原始资料梳理的基础上，进行贴标签、概念化、规范化和范畴化的过程，并通过将资料以及数据进行标记和分类并逐级缩编，将原始资料反映的现象抽离化使其生成一系列概念，并进行分类和重组（韦鸣秋等，2023）。开放式编码遵循如下程序：资料→贴标签→概念化→范畴化。概念和范畴的命名来源于文献资料、访谈记录、研讨结果等（Strauss，1987）。通过将访谈记录、互联网资料、相关文献等资料和数据导入Nvivo20软件，对数据进行逐行阅读和分析，将数据分解为有意义的概念，并赋予标签，逐一编码，得到162个标签。进行多次整理和比对，按照标签之间的逻辑关系分成不同组别并成一个更高层次的概念，该过程反复迭代直至理论饱和，最终将162个标签整合为58个概念并整合在9个主范畴中，编码部分过程展示如表5-2所示。

第五章 | 数字化背景下激活农村闲置资源的产村融合共生机理

表 5-2　　　　　　　　　扎根理论编码过程（部分）

原始资料	贴标签	概念化	范畴化
东山村成功吸引了直播和新媒体等数字经济产业，目前拥有直播团队培训基地1个，2000万粉丝直播账号1个，1000万粉丝直播账号4个，东山村创造了10天直播累计成交量4万多单，成交金额1500余万元的好成绩，两年来累计销售农产品1.2亿元。（aa$_{22}$）	aa$_{22}$ 农产品销售网络化	a$_{16}$ 生产数字化	A$_3$ 技术轨道跨越
慈溪市"农安码""你点我检"服务已覆盖近100家市级以上家庭农场、农民专业合作社，溯源查询服务已覆盖近千家其他规模农产品生产主体。（aa$_{25}$）	aa$_{25}$ 农产品溯源系统		
黟县充分利用"互联网+业务培训"模式，提升乡村教师业务水平。（aa$_{29}$）	aa$_{29}$ 在线教育	a$_{17}$ 生活数字化	A$_3$ 技术轨道跨越
德清县乡村治理数字化平台立足场景数字化、管理高效化、服务在线化、应用便捷化，运用人工智能、时空地理等信息技术，聚焦乡村治理中的人、财、地要素，以发现问题智能化、处理过程自动化、事件管理全流程为核心，构建覆盖乡村规划、经营、环境、服务等乡村治理数字化平台。（aa$_{32}$）	aa$_{32}$ 数字乡村治理		
周洛村建立闲置的宅基地和土坯房大数据信息库，由村级对闲置房屋进行统一流转管理，统一对外招租，采取"村级+农户+运营商"的运作模式发展民宿经济。（aa$_{48}$）	aa$_{48}$ "村级+农户+运营商"模式	a$_{20}$ 经营主体多元	A$_5$ 组织结构创新
双荡村成立"新村干"公益直播基地，采取"支部搭台（载体建设）—新村干唱戏（直播带货）—集体受益（群众）"运行模式。（aa$_{53}$）	aa$_{53}$ "支部+新村干+群众"模式		
武宁县东山村吸引了35名来自中国人民大学、上海交通大学、南京大学、华盛顿大学等国内外高等学府的青年人才在此创业，规模化发展传统果业、现代果蔬业，并积极探索康养文旅新业态及直播带货新模式。（aa$_{58}$）	aa$_{58}$ 农业生产经营人才	a$_{22}$ 人才下沉	
九江学院、武宁县农业农村局和县人民银行等单位，先后选派驻村第一书记和工作队投入东山村的"三农"工作。（aa$_{60}$）	aa$_{60}$ 领导干部下沉		

119

续表

原始资料	贴标签	概念化	范畴化
沂源县鲁村镇华盛科沃云果业形成集智慧化标准种植、智能化后处理、全程冷链物流于一体的苹果全产业链数字信息服务体系，提高了农业生产效率和质量。（aa₁₄₂）	aa₁₄₂ 农业生产效率	a_{26} 经济效益	A_7 共生价值实现
拼多多"农地云拼"模式运用大数据、云计算和分布式人工智能技术，将分散的农业产能和分散的农产品需求在云端拼在一起，形成一个虚拟的全国市场。（aa₁₄₅）	aa₁₄₅ 市场化水平		
黟县充分利用"互联网+业务培训"模式，提升乡村教师业务水平，加速优质教育资源的流通，联通区域、校际、城乡教育一体化发展，通过异地在线协同教学、教研的方式，推进义务教育从基本均衡迈向优质均衡。（aa₁₄₉）	aa₁₄₉ 教育水平	a_{28} 生活效益	A_7 共生价值实现
余庆县通过远程诊疗，实现公立医疗机构远程医疗服务体系全覆盖，在乡镇卫生院看病，与县城相比基本一样。（aa₁₅₂）	aa₁₅₂ 医疗水平		
……	……	……	……
（共计608个参考点）	（共计162个标签）	（共计58个概念）	（共计9个范畴）

二　轴心式编码

轴心式编码是在开放式编码形成的基础上整合和提炼获得，涵盖了其他编码的核心意义，有助于解释研究主题的现象和本质，有助于构建扎根理论的核心内容。本章借鉴陈向明（2000）的观点，按照"因果条件—理论现象—中介条件—行动/互动策略—结果"这一典型模型处理开放式编码中得到的概念和范畴的联结关系，形成更高层次的分类，从而掌握范畴的本质属性生成更为深刻和全面的理论解释。比如，在开放式编码中出现的"数字技术赋能驱动""技术扩散"等多个概念可以整合到一条"轴线"中，如随着数字技术不断成熟，技术创新系统不断完善，技术赋能驱动能力不断增强，并向农村地区扩散。产村融合组织引入数字技术，加大数字技术投入强度，并获得一定程度的创新政策支持或扶植，完善数字基础设施和数字平台建设，以打破当前城乡数字技术鸿沟，实现数字共享，深化数字技术与农业农村融合的深度和广度，强化数字技术应用水平，实现数字技术产品化和商品化，将数字技术成果应用于数字乡村建设的"生产空间、生活空间、生态空间"（简称"三生"空间）场景中，实现新技术跨界融合，加快技术变轨，最终实现农业农村生产数字化、生态数字化、生活数字化。

三　选择式编码

选择式编码是从轴心式编码生成的分类中选出一个核心分类，并将其他分类围绕其进行筛选和整合，以发展和完善轴心式编码，构建一个更为全面和深入的理论框架。对轴心式编码所得 9 个主范畴进行分析，进一步对概念范畴间的逻辑关系与体系结构进行梳理，得到本章数据编码过程及最终编码结果，如图 5-1 所示。基于编码结果对理论梳理如下。

第一，技术范式的转换受新"技术—经济"范式的影响，技术经济范式转换是数字经济最根本的性质，其主范畴包括技术创新、创新识别、技术变轨等方面（夏明等，2023）。数字技术以大数据、物联网、云计算、人工智能等新一代信息技术为依托，实现数字基础设施不断完善，数字技术在经济社会的应用场景不断拓宽，数字平台功能不断增强，在生产、生态、生活层面实现组织结构、管理模式和价值创造方式的变革与重塑。而数字化产村融合组织依托数字技术创新，深度挖掘乡村"三生"空间新技术开发应用的创新土壤，促进数字技术产品化、商品化，为农业农村提供链条延伸、业态创新、技术渗透和组织创新的机会，建立多维融合的组态结构，技术应用的多元化也催生农业农村新产品、新业态、新模式，满足市场需求并创造市场新需求，从而逐步形成数字化产村融合共生的技术范式转换。

第二，组织动态演化对数字化产村融合共生具有重要影响，依托组织环境的演化能够促进数字化产村融合共生发展，包括组织环境演化、组织结构创新和创新动态能力（曾可昕和张小蒂，2021）。基于新技术经济范式转换及技术创新扩散，数字化产村融合市场主体行为受所属市场、制度、政府政策等具体环境的影响需不断演化（Oliveira 和 Martins，2011）。在数字化产村融合发展初期，地方政府的支持将影响涉农企业、农村集体经济组织和农户参与意愿，使数字化产村融合组织可能采

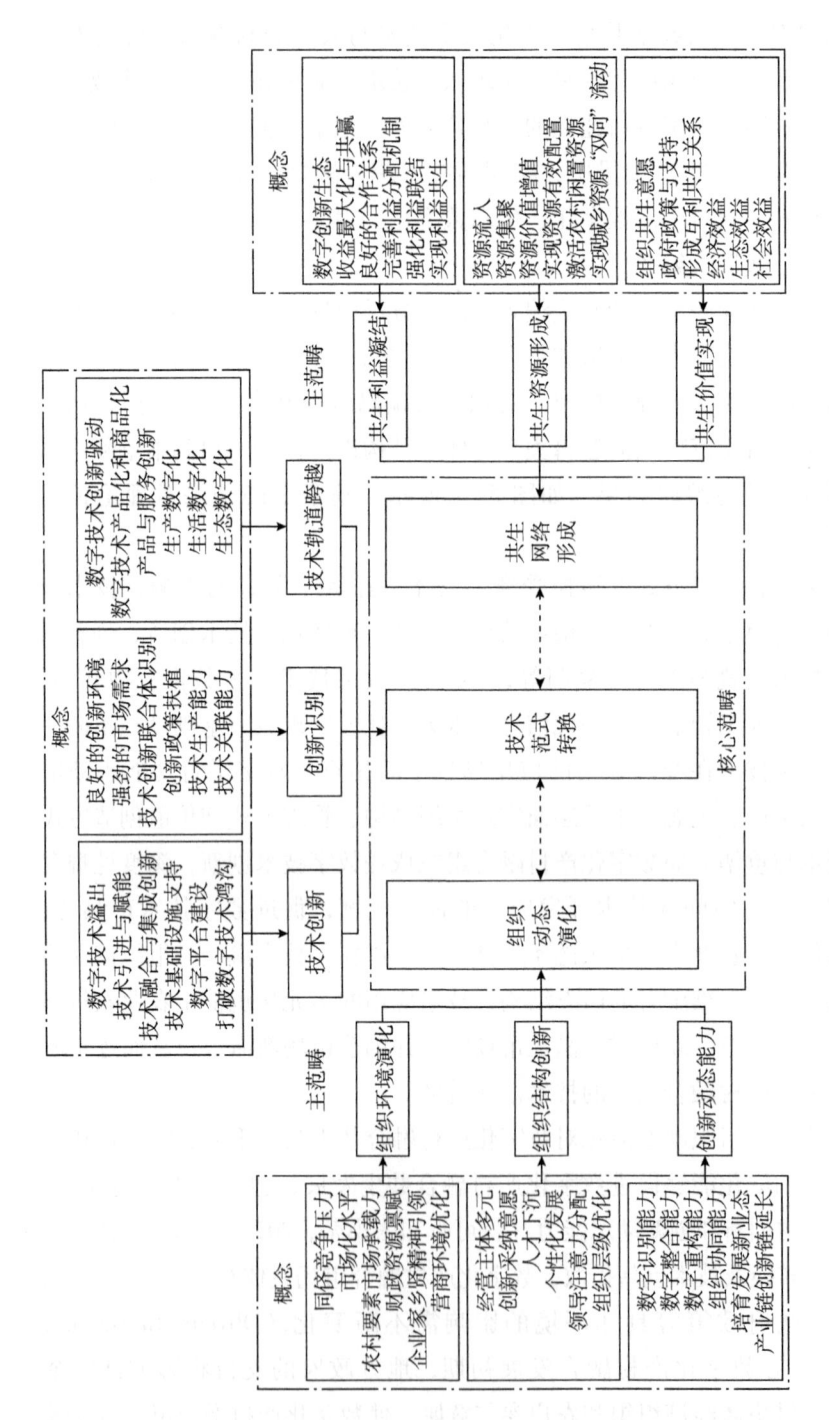

图 5-1 数字化产村融合激活农村闲置资源的编码结果

取搭建数字平台、完善组织间合作及能力创新等措施，实现"人才下沉"与"产学研用"协同，从而加快知识扩散，深化数字赋能产村融合推进农业农村数字化转型纵深发展，确保技术与组织之间实现紧密衔接，形成资源互通互补新格局，提升农业农村数字技术产品化、商品化能力，进一步促进数字化产村融合发展。

第三，共生网络形成通过构建数字化产村融合共生关系重构农村"生态圈"，并基于共生利益促成数字化产村融合的共生行为，使各类资源实现有效融合形成共生资源，进而形成数字化产村融合激活农村闲置资源的共生网络，重构共生价值。数字化产村融合各行为组织通过整合数字技术扩散获得知识创新和创造，形成新产品、新服务和组织结构创新，从而重构农村经济社会发展格局。这有利于数字化产村融合各参与主体之间的资源和优势互补，优化资源配置，提高资源利用效率，实现乡村产业数字化转型与农村闲置资源的良性互动，打破农业农村发展壁垒、拓宽农业农村发展边界并形成新型农业农村共生资源。为维护数字化产村融合共生关系，数字化产村融合行为组织需建立互利共生的合作关系，各行为组织必须构建共生利益，不仅包括经济利益，也要涵盖生态效益和生活效益。因此，数字化产村融合组织基于共生利益，作用于"三生"空间，实现数字化产村融合共生资源的高效利用，形成相互依存、相互支持的共生网络，促进农村闲置资源的高效配置和资源价值的最大化，重塑共生价值。

四 理论饱和度检验

运用扎根理论进行模型构建需进行理论饱和度检验，理论饱和度检验是指即使通过采集额外数据也不再发展范畴的新特征，也不再产生新的理论（陈向明，2000）。因此，本章通过采用另外两个数字化产村融合案例所获取的访谈资料及二手数据重新进行开放式编码、轴心式编码和选择式编码，并归纳分析。结果表明，本章所提炼的概念和范畴与额外资料获得的概念和范畴反复出现，直至达到饱和，没有新的概念、范畴和交叉关系出现，表明模型中相关概念和范畴的发展已较为丰富，基本说明本书对编码的提取、维度的归纳是有效、可信的，模型达到了理论饱和（郭华等，2023）。

第三节 理论模型与案例分析

通过对收集资料的系统编码与理论饱和度检验等步骤的多次循环，围绕技术范式转换、组织动态演化、共生网络形成等重点探讨了数字化产村融合激活农村闲置资源的影响因素，探索并分析内在逻辑与形成机制，由此归纳形成数字化产村融合激活农村闲置资源的共生理论模型（见图5-2）。本章所有核心范畴及其所包含的概念均源于收集的原始材料，是本书理论阐述形成的重要基础，所建构的理论模型刻画了数字化产村融合激活农村闲置资源的共生机理，即通过技术范式转换、组织动态演化和共生网络形成等要素打造数字化产村融合新模式，实现乡村"三生"空间创造性融合发展，筑建宜居宜业、产村景相连、人文融通的循环生态共生体，不仅能够推进数字乡村建设，而且能够盘活大量农村闲置资源，是乡村振兴的有效引擎和持续动力。

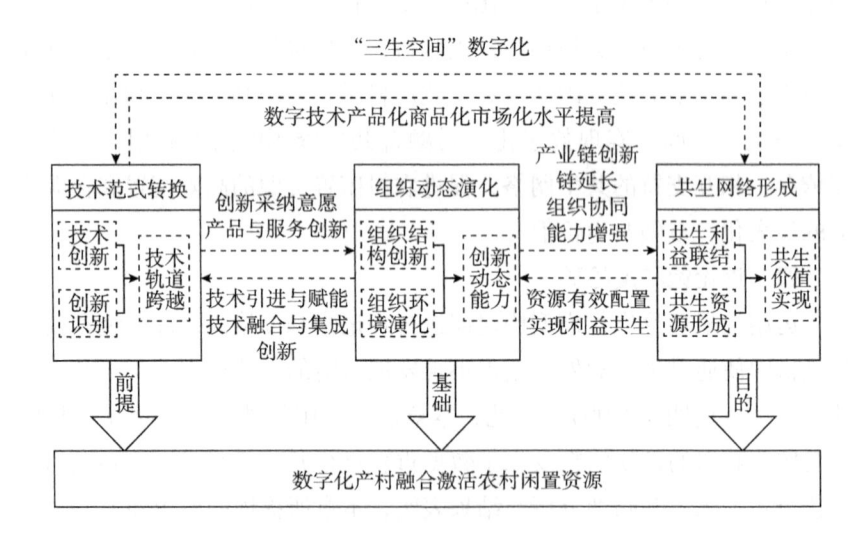

图5-2 数字化产村融合激活农村闲置资源的共生理论模型

一 技术范式转换

技术范式转换是数字化产村融合激活农村闲置资源的前提。随着大数据、区块链、云计算、人工智能等数字技术的迭代创新，并与产业全方位融合，数字经济逐渐成为引领经济社会发展的重要力量，不仅成为经济增长的重要动力，也为产业升级提供有效路径（吴晓怡和张雅静，2020）。在新一代信息技术革命背景下，数字技术溢出效应明显，同样也作用于乡村场域，为农业农村发展带来了全局性、战略性影响，是农业农村"变道超车"的有效途径（谢璐和韩文龙，2022）。数字化产村融合组织着眼挖掘巨大农村市场和盘活农村大量闲置资源，推动数字技术与农业农村相结合，推进技术融合与集成创新，加快数字技术产品化、商品化进程，促进乡村涌现一批新技术、新产品和新模式，能够破解宅基地、农房等资源在运营管理中存在的难题，促进资源的盘活和利用，从而加快农业农村技术轨道跨越，促进数字化产村融合共生发展。

技术创新是数字化产村融合组织技术范式转换的基础。技术创新是技术进步与应用的双螺旋结构下各创新主体、创新要素交互复杂作用下的一种复杂涌现现象（宋刚等，2008）。技术溢出使先进技术的可得性不断增强，数字化产村融合组织通过技术引进、融合及集成创新，打破城乡数字鸿沟，并利用数字技术进行市场需求差异分析，迎合市场需求及创造新的细分市场，实现农产品质量创新和增强农产品及其副产品的"趣味性"，产生新的生产和贸易模式。例如，为了突破农产品季节和气候的限制，数字化产村融合组织利用物联网、云计算、人工智能等数字技术，通过全球定位系统（GPS）、遥感技术和地理信息系统（GIS）等手段，对土壤分析、作物生长监测、气象预测等进行实时监测和自动控制，开发了一系列农产品，如智慧草莓、智慧花卉等。数字技术在农业生产上的应用和创新，改变了传统农业生产方式，提高了农业生产力及生产效率，加快了农业现代化进程。此外，数字技术创新能够满足农村生态环境保护和人居环境改善的需求，提高农民的获得感和幸福感，拉近城乡"心理"距离。

创新识别是指数字化产村融合组织通过分析市场需求、竞争态势、技术趋势等因素，发现并评估创新的机会和价值，从而制定创新的目标和策略。党中央始终高度重视乡村数字化建设工作，依据农业农村数字化需求和痛点，在2023年中央一号文件中进一步指出"加快农业农村大数据应用"，聚焦农业农村应用场景及细分市场差异化需求，加大数字乡村建设支持力度。因此，数字化产村融合组织应因地制宜地将数字技术与乡村特色资源禀赋相结合，强化技术生产能力和技术关联能力，延长产业链和价值链，满足农村自身生产、生态、生活需求的同时，也要迎合市场需求及创新市场需求。此外，创新识别为新进组织指引方向，同时在位组织需有的放矢，否则终将被市场淘汰或遗忘。因此，数字化产村融合在位组织需通过数字技术引进、创新采纳和产学研用合作等方式进行技术创新。

良好的创新环境是数字化产村融合的重要土壤，创新政策的扶植力度在绝大程度上影响数字化产村融合组织采纳数字技术的层次。良好的创新环境可以激发数字化产村融合组织的创新意识、创新动力和创新能力，促进数字技术的应用和集成，推动数字化产村融合的模式创新、产品创新和服务创新，并为数字化产村融合提供有利于创新资源配置和创新成果转化的政府支持和引导。如浙江省出台《乡村振兴支持政策二十条》[①]，持续实施农业科技协作计划（"三农九方"项目），致力打造建设数字乡村引领区，为数字化产村融合组织提供优质的基础设施、公共服务、人才培养、信息共享等支持，破解产业生态化治理、病虫AI识别、农产品储藏等产业发展、生态治理和生活便利方面的痛点、难点，推动数字技术与农业农村各领域各环节深度融合。

技术轨道跨越是指发展中国家得益于新"技术—经济"范式提供的机会窗口，领先于发达国家进入新"技术—经济"范式。Perez（2003）基于技术生命周期理论提出技术引进的初始期及技术成熟期是实现技术轨道跨越的最佳机会窗口，且根据技术创新的不同形式，创新涌现形式分为"跃迁式"和"飞跃式"两种，特别是对于技术变迁更迭较慢的产业而言，产业技术的成熟期是技术跨越的最佳时期（吴秀波，2005；姜劲和徐学军，2006）。如果数字化产村融合要实现技术轨道跨越，就需要以数字技术创新为驱动，运用数字技术和数字平台，以数字技术产品化、商品化为目标，通过产品与服务创新，实现农业生产、农产品加工、农村电商、农业旅游等产业的深度融合，实现对农业生态环境的保护和治理，提高农业生态效益和可持续性。同时，数字化

---

① 《浙江出台乡村振兴支持政策二十条》，https://www.zj.gov.cn/art/2023/4/21/art_1229093918_2475152.html。

产村融合能够提升农民生活服务的便捷化和普惠化水平，从而实现生产数字化、生态数字化、生活数字化，进而提高农村经济的质量和效率，修复和维护农村生态环境，提升农民生活水平，促进乡村振兴"农业强、农村美、农民富"目标的实现。如浙江省加快农业农村数字化改革，开发一批核心算法和智能模型，推进"浙江乡村大脑+浙农系列应用"体系建设，截至2022年7月21日，"浙江乡村大脑"已整合各类"三农"数据超16亿条，注册用户近28万，日访问量达60万次以上，激活率高达90%以上，"浙农码"赋码用码量超3700万次[①]。数字技术创新驱动和赋能数字化产村融合，促使农业智能、生态智慧、乡村智治的初步形成，形成推动农业农村数字化改革和数字乡村建设的工作合力，使数字乡村的整体效应最大化，从而为农业农村发展开辟了新赛道，为数字农业农村提供了更为广阔的市场空间（见图5-3）。

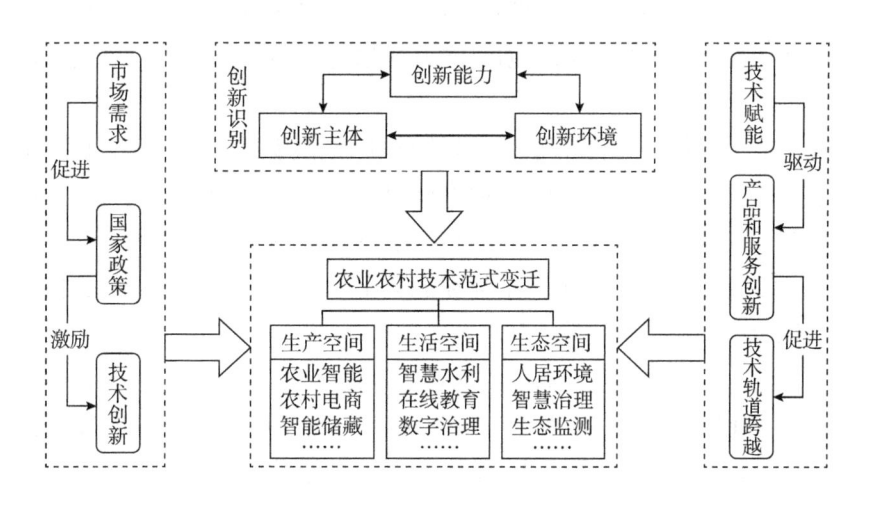

图5-3　数字化产村融合的技术范式变迁

二　组织动态演化

组织环境演化是数字化产村融合组织结构创新和创新动态能力的前提条件。环境动态性对组织知识整合、创新行为存在调节过程，是影响

---

① 《"浙江乡村大脑2.0"正式上线》，http：//nynct.zj.gov.cn/art/2022/7/21/art_1589296_58942997.html。

数字化产村融合发展水平的重要因素（周雄勇等，2023）。组织环境演化对数字化产村融合的影响主要体现在以下几个方面。

首先，政策环境的稳定性、支持性及其同侪竞争压力。党中央高度重视农村农业数字化建设，颁布了一系列政策文件，明确了数字乡村建设的目标、任务、路径和措施，保障数字化产村融合政治环境的稳定性和支持性。此外，地方政府基于责任政府理论和官员晋升锦标赛假设的观点（毛奕欢等，2022），在"临近效应"的作用下其面临较强的同侪竞争压力，可能转化为数字化产村融合的强大驱动力，使其高度重视乡村地区数字化产村融合发展进程。

其次，市场需求是数字化产村融合的强大驱动力。一方面市场需求引导农业农村创新发展，"乡土乡愁"情怀和食品安全溯源需要等新型市场需求是数字化产村融合发展的重要驱动力。另一方面为满足市场需求，需要市场的多元性和活跃性，组织多元性能够满足市场的多样化需求，活跃性能够激发市场的创新能力和创造新的市场需求，形成良性循环。

最后，经济、文化环境的开放性和多元性为数字化产村融合提供了发展土壤。一方面，国家加大对农业农村的财政投入支持农村数字基础设施建设和数字技术应用，支持数字化产村融合发展。另一方面，企业家、新乡贤精神及"乡土"情怀促成数字化产村融合组织间形成良好的协同合作关系，优化营商环境。

目前，党中央高度重视农村农业数字化建设，颁布了一系列政策文件，如2019年5月中共中央、国务院印发的《数字乡村发展战略》，2019年12月农业农村部、中央网络安全和信息化委员会印发的《数字农业农村发展规划（2019—2025）》，2020年7月中央网信办等七部门联合印发的《关于开展国家数字乡村试点工作的通知》和2022年4月中央网信办等五部门印发的《2022年数字乡村发展工作要点》等一系列政策文件，确保了数字化产村融合发展的政治稳定性和支持性，一定程度上也影响了其他数字化产村融合组织的行动策略。因此，数字化产村融合组织为实现数字化产村融合的有序推进，应根据组织环境变革调整组织结构，提升组织创新能力。

组织结构创新是数字化产村融合发展的重要基础，对数字化产村融合具有重要的推动和支持作用。由于数字化产村融合处于发展初期与非对称性发展的现状，而数字化产村融合组织涉及政府、涉农企业、农村集体经济组织、农户等不同组织之间的合作和协调（黄小勇等，2023）。因此，地方政府为加快数字乡村建设而颁布了一系列利好文件，而数字化转型也是企业有效应对组织环境的演化及战略变革的重要途径，特别是将数字要素纳入生产、将数字产品和服务结合农民生活、将数字化思维融入农村政务服务，为乡村振兴推进提供了数字化动力，这成为产村融合的必然选择（张蕴萍和栾菁，2022）。由于创新战略也受外部环境和组织发展阶段影响，数字化产村融合组织为建立与数字化转型相匹配的组织结构及能力体系，需不断进行部门、层级、规章制度、沟通协调机制、领导力分配等变革以调整组织内部结构与管理模式，从而拓展其组织动态能力并赢得相对竞争优势。产村融合组织为数字化转型需要，不仅需要引进数字技术进行数字赋能实现生产、分配、交换、消费的优化，更需要通过数字技术细分市场需求、识别市场机会，从而探索农业农村发展新机遇。

数字化产村融合进行组织创新的目的，主要有以下三点。一是推进组织行为主体融合发展，如鼓励新型农业经营主体组建行业协会或联盟等，开展统一生产经营服务，增强市场竞争力和抗风险能力。二是推动农村集体经济组织发展，发挥农村集体经济所有制的优势，整合资源要素，合理分配利益。三是加强数字化管理和服务，实现农业生产、农村生态、农民生活全过程的可视化表达、数字化设计、信息化管理和智能化控制。目前，制约数字化产村融合组织结构创新的因素，在于领导者创新意愿的采纳，而地方政府的财政资源禀赋在数字化产村融合组织创新意愿采纳中发挥着重要作用（谢小芹和任世辉，2024）。尤其是对于农村集体经济组织而言，由于其本身不具备过多的数字要素禀赋，因此其数字化转型更依赖涉农企业的技术合作及地方政府的支持。

数字化产村融合组织创新动态能力是应对组织环境演化提升组织效率的关键能力。创新战略的选择及其演化成为企业创新与转型升级的重要切入点（Warner和Wäger，2019；方鑫和董静，2022）。而创新动态能力能够帮助数字化产村融合组织通过整合、优化和重塑农村内外部资源和提升组织创新能力，实现组织竞争优势的创新和维持组织效率的提升（Teece，2007；Helfat和Raubitschek，2018）。数字化产村融合组织在数字技术溢出、国家战略发展和组织战略引领下推动创新动态能力提升，完善数字化产村融合组织数字识别能力、数字整合能力和数字重构能力。数字识别能力是指数字化产村融合组织应依据国家战略方针和组织目标识别其所面临的战略发展契机，借助数字技术"后发优势"实现农业农村数字技术渐进式创新、模仿式创新和颠覆性创新完成知识创造转移（Helfat和Raubitschek，2018）。由此明晰当前农业农村数字技术发展现状和市场趋势以推动数字技术与乡村"三生"空间融合，加快农业农村数字技术产品化、商品化进程。数字整合能力是指数字化产村融合组织通过战略投资、经营模式改造等方式整合内外部资源和各种能力，抓住当前乡村数字战略发展契机，从而促进组织产业链延伸和价值链升级，提高组织效果及加强组织间互动和协作（Hercheui和Ranjith，2020；焦豪等，2021）。数字重构能力是指数字化产村融合组织能够有效利用数字技术进行创新，重构其业务模式、产品和服务、价值主张和竞争策略等各方面资源，形成数字化产村融合资源配置的最优范式，发展农业农村新产品、新模式、新业态，以适应和引领市场变化，实现乡村可持续发展（见图5-4）。

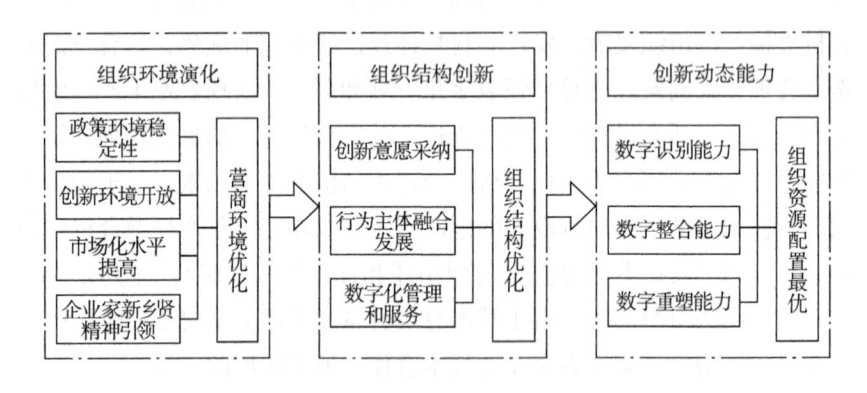

图5-4 数字化产村融合的组织动态演化

三 共生网络形成

共生网络形成是数字化产村融合共生的目的。数字技术的快速发展与广阔的应用前景为数字化产村融合带来了生产模式、销售模式、管理模式及产业链、价值链的重大变革，其最终目标是实现价值创造和价值增值，形成共生价值（程名望和张家平，2019；古川和黄安琪，2021）。数字化产村融合共生网络形成的动力源于共生利益凝结，数字化产村融合离不开多元组织主体的参与，但多元组织主体的利益需求具有异质性使其存在利益博弈，因而必须建立共生利益实现机制（刘玉邦和眭海霞，2020）。数字化产村融合组织应构建良好的数字创新生态，改善创新要素之间的协同共生关系，促使创新生态系统的行为逻辑发生变化（张超等，2021）。因此，加快创新要素流动，提升各类组织主体资源的共享能力和创新能力，完善以共同利益为基础的利益联结和分配机制，保障组织主体间能够公平合理地获得增值收益，建立协同共生合作关系以实现利益共生。

共生资源是促进数字化产村融合共生网络形成的基础。数字技术广泛与农业农村应用场景相契合，使组织内产业交叉融合并衍生出新产业、新模式和新业态，促使城乡资源能够实现双向流动（石璋铭和杜琳，2022）。数字化产村融合激活农村闲置资源能力越强，数字化产村融合的程度也越高。中国农村资源丰富，拥有大量的土地、生态、劳动力等资源，数字技术能够充分发挥要素生产率作用，对产村融合发展有着深刻影响。此外，数字技术使资源要素打破行政区划，促使城市资源向农村流入，为农业农村发展带来人才、资本、技术、理念等资源要素支持，同时农村也为城市提供新产品、新服务，进而加快城乡资源的双向流动，促进农村闲置资源的有效配置。同时，数字技术能够降低数字化产村融合组织的信息交易成本，促进生产要素的流动和集聚，使要素实现"1+1>2"的有效配置（黄永春等，2022）。在一定程度上实现农村资源的整合和优化，形成共生资源，从而实现资源价值转换、价值创造和价值增值。

共生价值的实现是数字化产村融合共生网络形成的目标。共生价值的产生需要数字化产村融合组织行为主体（地方政府、涉农企业、农村集体经济组织、农户等）形成互利共生关系，并构建以数字技术、新型基础设施和数字平台为支持的社会生产、交换、分配及消费的体系，以乡村"三生"空间要素承载力和要素资源共生性为基础进行资源利用，促进共生要素的有效配置和风险共担，打通研—产—供—销—

服全产业链、价值链、利益链，提升农业农村生产效率和质量，从而提高数字化产村融合组织的经济效益、生活效益、生态效益，实现价值增值（李国英，2022）。数字化产村融合共生网络的形成，构建了农业农村良好的合作生态系统，实现了资源的有效整合和共享，提高了农村闲置资源的利用效率。共生资源的充分利用、共生价值的实现和共生网络的形成将推动数字化产村融合的可持续发展，同时也对农村经济和社会的发展产生积极影响（见图5-5）。

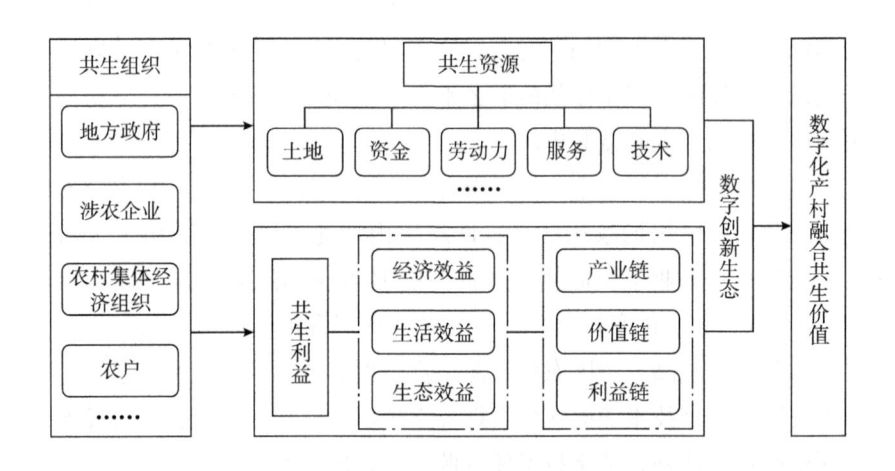

图5-5 数字化产村融合的共生网络形成

第四节 本章小结

本章主要运用扎根理论探究数字化产村融合激活农村闲置资源的共生机理，依托技术溢出理论、产业融合理论和共生理论，对数字技术与农业农村跨界融合催化农业农村数字化转型的演化规律及内在过程进行现象总结和逐级缩编，提炼出162个标签、58个概念、9个主范畴和3个核心范畴，构建了数字化产村融合激活农村闲置资源的共生理论模型。通过对数字化产村融合发展历程的分析，进一步阐释数字化产村融合共生形成发展过程：数字化产村融合组织贯彻落实数字乡村发展战略部署，加快技术范式转变，并根据组织内外部环境及时调整组织结构，增强组织创新能力，提高数字化产村融合组织资源整合效率，加快共生资源的形成，同时不断创新数字化产村融合产品、服务、业态和模式，延长产业链、创新链，凝结利益链，形成数字化产村融合共生价值，实现农业农村可持续发展。

数字化产村融合之所以成为农业农村转型升级和高质量发展的重要动力，是因为数字化产村融合组织在发展过程中围绕"技术—组织—共生"建立了数字化产村融合激活农村闲置资源的共生机理。首先，数字技术创新应用在数字化产村融合演化发展过程中具有正向促进作用，数字化产村融合组织依据市场需求进行数字转型，推进技术融合与集成创新，提高农村资源转化率和农业生产能力，促进技术轨道跨越以获得领先市场优势。其次，技术范式转换所带来的经济制度变革将影响数字化产村融合组织内外部环境、同侪竞争压力、企业家及乡贤创新采纳意愿，从而推动数字化产村融合组织结构创新，使数字化产村融合组织形成与技术范式转换所契合的组织形态及组织能力。最后，数字化产村融合能够延长产业链、拓宽价值链、凝结利益链，实现城乡资源有效配置，形成共生资源，激活农村闲置资源，实现资源的价值增值，并通过生产、生态、生活融合，促进城乡"物理"和"心理"层面的互联互通，进而实现农业农村现代化和乡村振兴。

第六章

数字化背景下激活农村闲置资源的产村融合共生静态路径构建

本章基于数字技术赋能乡村发展的技术溢出理论，以及人与自然和谐共生理论，结合数字乡村示范点及乡村振兴示范点典型案例的路径探索，利用模块图法创新性地构建了数字化背景下激活农村闲置资源的产村融合共生静态路径及基于资源禀赋优势的具体路径。

第一节 产村融合共生一般路径构建

为解决农村产业稀缺、产业乏力、千村一面等问题，本书遵循"闲置资源→资源产业→美丽村庄"的逻辑主线，创新性构建了"闲置资源产业化→产业生态化→生态村景化→村景智慧化"的数字化背景下激活农村闲置资源的产村融合一般路径（见图6-1），以实现"资"产合一、产景相连、村景相融的乡村建设目标。

在产村融合助推激活农村闲置资源的过程中，需遵循"产业兴旺、生态宜居、乡风文明、治理有效、生活富裕"五大乡村振兴要求，并在共生发展理念指导下，充分发挥地方政府、涉农企业、农村集体经济组织、农户等动力主体的主动性和积极性，盘活乡村闲置资源。通过"闲置资源产业化→产业生态化→生态村景化→村景智慧化"产村融合助推激活农村闲置资源的一般路径的有效实施，努力实现"资"产合一、产景相连、村景相融的乡村建设目标，促进乡村闲置资源增值。闲置资源产业化要基于可持续发展理论，采取"公司+合作社+农户"等

第六章 | 数字化背景下激活农村闲置资源的产村融合共生静态路径构建

图 6-1 数字化背景下激活农村闲置资源的产村融合共生一般路径

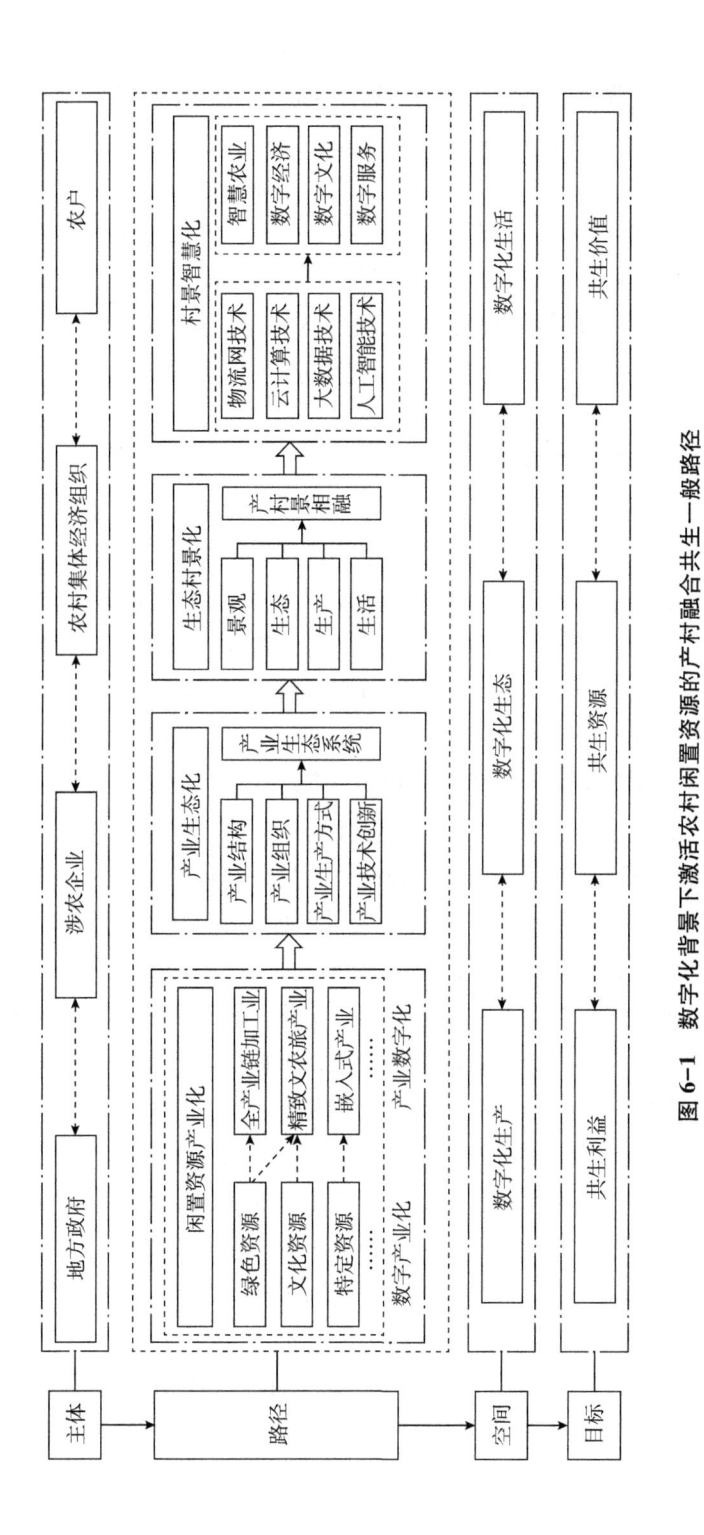

模式对绿色资源、文化资源及其他特定资源进行共生开发,形成符合乡村发展规律的特色优势产业。产业生态化要使乡村特色优势产业走生态发展之路,按照绿色生产标准与要求设立企业并进行绿色生产,实现产业与生态的共生协调。生态村景化是基于生态位理念强化生态环境保护意识、优化产业生态布局,从而形成良好的生态景观并使其与村庄景色融为一体,宜产宜居。村景智慧化就是不断完善乡村信息化基础设施,充分利用"大、智、移、云"等现代信息技术,提升产、村、景的智能化水平,以此助推智慧乡村建设。

一 闲置资源产业化

闲置资源产业化是基于可持续发展理论和数字化产村融合发展阶段,地方政府支持涉农企业、农村集体经济组织与农户的合作,加快乡村产业数字化水平和完善数字产业规划,采取"龙头公司+合作社+农户""数字平台+企业+合作社"等模式对闲置绿色、文化、生态及其他特定闲置资源进行共生开发,形成符合乡村发展规律的特色优势产业。

闲置资源产业化是激活农村闲置资源中至关重要的一环,其不仅可以将农村的绿色资源、文化资源和特定资源转化为有经济价值的产品和服务,为农村提供可持续发展的经济支持,还有助于保护和提升乡村的生态环境。数字化时代的资源产业化不再局限于传统的农村产业,还包括数字经济、互联网经济等新兴领域,将数字技术与农村资源相结合,打造数字农村,开辟了全新的发展路径。

农村地区的闲置资源如绿色资源、文化资源和某些特定资源未得到充分利用,一方面是由于资源过于分散,难以形成规模效应;另一方面是有些资源的初始价值较低,想要利用起来需要较大的投资。资源产业化可以通过搭建数字化资源共享平台,对农村闲置资源进行分类、整合,将分散的闲置资源整合为有组织的生产和供应链。这有助于优化资源利用,提高生产效率。通过涉农企业和农户之间的合作,对农村闲置资源加工和升级,从而提升闲置资源的附加值。例如,将绿色资源丰富的农村地区的山、水、林等绿色资源进行整合规划,充分结合5G、VR、人工智能、大数据等现代数字化技术打造现代化特色旅游风景区。利用VR+互联网技术实现异地游客线上预览,吸引更多游客前往。旅游区的建设为本地创造了就业机会,减少农村劳动力闲置,提高农民收入。

数字化技术可以用于快速、全面识别农村地区的闲置资源并进行分类。通过遥感技术、地理信息系统（GIS）和卫星图像，可以实现资源的全面调查和分类。这有助于涉农企业更好了解下沉村庄的资源种类和分布，为资源整合和闲置资源产业化开发提供基础数据。涉农企业可以通过大数据平台进行数据分析，了解农村地区的市场需求从而确定哪些闲置资源有潜力开发成有市场需求的产业。数字化技术使涉农企业能够更好了解消费者需求和趋势，从而更有针对性地开发资源产业。

在生产和技术创新方面，涉农企业充分利用数字化平台获取大量的数据和信息，帮助涉农企业更好了解消费者需求和农村闲置资源情况。借助大数据分析工具可以帮助涉农企业识别趋势、发现机会和优化产品。这种数据驱动的创新有助于涉农企业更加深入了解所在村庄的闲置资源和农户信息，促进生产创新与村庄优势相结合，打造村庄特色产业。涉农企业可以借助数字化技术在生产和制造方面的巨大优势，引入自动化和智能化生产设备，提高资源整合效率。这种自动化和智能化的生产方式可以提高产品质量，降低生产成本，并为企业创造更多的机会来创新产品和流程。

二 产业生态化

产业生态化是指使农村闲置资源转化为乡村特色优势产业走生态发展之路，按照绿色生产标准与要求，形成产业结构、产业组织、产业生产方式、产业技术创新的产业生态系统，实现资源、产业与生态的共生协调。

在闲置资源产业化的过程中，由于注重可持续发展和保护农村生态环境，涉农企业的组织人员也受到绿色发展理念的影响，领导层的绿色发展理念通过产业组织结构层层传递，产业生态化通过产业生产方式和产业技术创新得到充分体现。由于在闲置资源产业化的过程中强调绿色生产和环境保护，使农村产业在发展过程中更加注重环境友好型的生产方式和绿色生产的实践，如低碳排放、循环经济等，与产业生态化的核心理念高度契合，有助于减少环境污染、保护生态系统。数字化技术支持产业结构的优化和资源的综合利用。产业生态化强调形成产业结构和组织的生态系统，数字化技术提供了工具来实现这一目标。农村地区可以利用互联网平台整合不同领域的资源,包括农业、文化、旅游等,形成产业链和产业集群。这有助于提高资源的综合利用效率,将农村地区的多样资源有效整合到生态产业中。

数字化技术的广泛应用有助于生态资源的保护和可持续发展。智能农业技术为农业生产的每个环节提供了数据驱动的支持,从种植到灌溉再到病虫害防控。这意味着农民可以更好了解农作物的生长情况,及时采取措施来应对问题。例如,通过监测农田中的植被指数和土壤湿度,系统可以提供关于农田含水量的详细信息。在旱季,系统可以智能控制灌溉,以确保植物获得足够的水分,提高产量。这种智能决策不仅提高了农产品的质量和产量,还有助于减少资源的浪费。数字化监测技术可以减少农业生产过程中资源过度使用的问题。例如,通过监测土壤和水质,系统可以及时监测到潜在的环境问题,如土壤污染或水源污染。这有助于农民和监管机构采取措施来避免进一步的环境破坏,以确保农业生产和工业生产的可持续性。数字化监测技术还有助于监测大气污染、温室气体排放等环境问题,使涉农企业可以实时了解生态资源的利用情况,防止资源过度开发和环境破坏,为涉农企业的绿色生产提供数据参考。

三 生态村景化

生态村景化是基于生态位理念,强化涉农企业、农村集体经济组织和农户的生态环境保护意识、优化政府的整体性生态生产生活布局、"美"化农村闲置资源,从而形成良好的数字化产村融合生态圈景观,与村庄景色融为一体,宜产宜居。

生态村景化是一种关注农村生态系统中各元素相互关系的理念。其要求在农村资源的管理和利用中,不仅要追求经济效益,还要考虑生态系统的平衡和健康。生态位理念强调了资源、生态和景观的共生协调。数字化技术在此方面提供了数据和工具,帮助农民更好理解和维护农村生态系统的平衡。通过传感器、遥感技术和大数据分析,农民可以实时监测土壤质量、水资源供应、植被覆盖等因素,这有助于制订可持续的资源管理计划,以确保农村生态系统的稳定。

生态村景化强调了涉农企业、农村集体经济组织和农户的生态环境保护意识。这意味着农村社区的各方参与者需要积极参与生态保护工作，采取可持续的农业和资源管理实践。数字化技术为他们提供了工具来实现这一目标。例如，数字化平台可以实时公布智慧农业的监测数据，政府和农业组织可以通过数字化监测数据实时了解涉农企业和农民的行为对环境的影响。这种及时反馈有助于政府鼓励企业和农民保护农村生态，共同创建和维护美丽村庄。5G、数字化技术还可以为农民提供在线教育和培训，向农民传授生态环境保护知识和技术，提高农民的环保认知水平，让他们了解生态系统的重要性，明白环境保护对农业和生活的重要性。数字化技术还支持生态村庄景色融合的信息共享和互动。社交媒体和云平台可以用于分享生态村景化的成功案例、景观照片、生态保护信息等。将各个村通过互联网联结起来，同时加强农民和决策者之间的互动，共同推动产业生态化与生态村景化融合。

四　村景智慧化

村景智慧化是指地方政府不断完善乡村信息化基础设施，充分利用"大、智、移、云"等现代信息技术，提升产、村、景的智能化水平，提升乡村智慧农业、数字经济、数字文化、数字服务等方面的能力和水平，推进农村闲置资源数字化、平台化，打造农村新景观。

随着政府资金持续投资乡村信息化基础设施，乡村的智能化水平不断提高，乡村的数字农业、数字经济、数字文化、数字服务等方面取得了重大进步，通过数字化转型推动农村闲置资源的开发与管理，最终打造出崭新的智慧乡村景观。

首先，数字化技术提升了农村地区的生活质量。农民可以通过数字平台获得各种信息，从农产品市场价格到天气预报，再到社区活动通知，一切都可以通过互联网获悉。这使居民更容易获取所需信息，作出更明智的决策。此外，电子商务平台也使农产品销售更加便捷，农民可以将产品推广到全国甚至国际市场，扩大了销售渠道。这不仅带来了更高的收入，也增加了农民的生活便捷性。数字化还提供了更多的娱乐和社交机会，如在线视频、社交媒体等，提高了农民的生活品质。其次，数字化技术改善了医疗服务。在农村地区，医疗资源通常有限。然而，数字化技术通过远程医疗和在线医疗平台，弥补了这一不足。农民可以通过视频咨询医生，获取诊断证明和处方，避免路途奔波。这提高了医疗服务的及时性和便利性。同时，数字化医疗记录和电子处方的使用提高了医疗信息的共享和管理,有助于提高诊断和治疗的质量。数字化技术还可以用于监测慢性疾病,帮助农民更好地控制病情。再次,数字化技术提升了农村地区的教育水平。在偏远地区,教育资源可能不足,教育的数字化有助于改善农村地区的师资队伍。通过在线教育平台和远程教育课程,农村地区的学生可以获得如在线课程、电子教材、远程师资培训等高质量的教育资源,为学生提供了更多的自主学习机会,提高了教育质量。此外,数字化技术促进了农村文化的传承。农村地区拥有丰富的传统文化,但这一传统文化可能受到现代化进程的冲击,面临无人传承的困境。通过数字技术,农村地区可以记录和传播当地特有文化遗产。例如,数字化媒体和在线平台可以用于记录民间故事、传统歌曲、手工艺制作等,让更多人了解和欣赏。数字化技术还提供了文化交流和创新的机会,可以将传统文化与现代文化相结合,促进文化的发展和传承。数字化技术还有助于改善农村地区的社会服务。政府和社会组织可以通过数字化平台提供更为便捷的社会服务,如在线申请社会福利、数字化的社区管理、在线政府服务等。这提高了政府和社会组织的管理效率,减少了行政纠纷,提高了社会服务的质量。数字化技术也有助于社会参与,农居可以通过在线渠道提出建议和意见,参与村庄事务决策和社区事务管理。

第二节 产村融合共生具体路径构建

鉴于中国幅员辽阔、乡村差异明显,在遵循数字化背景下激活农村闲置资源的产村融合共生路径基础上,仍需不断挖掘各个乡村自身闲置资源禀赋优势,据此进一步设计出更具可操作性、差异化的产村融合助推激活农村闲置资源建设具体路径。

一 "绿色资源+全产业链加工业"导向型数字化产村融合共生路径

对于山、水、林、田等绿色资源丰富的乡村而言,应选择"绿色资源+全产业链加工业"为主的产村融合共生路径。这样的乡村首先需要对自身绿色资源进行优选,并通过构建"企业+合作社+农户""村委会+农户""公司+农户""政府拨款+农户自筹"等利益联结机制来引流社会资本、技术与人才,以便对绿色资源进行共生开发并打造出集培育—种养—采摘—加工—销售于一体的绿色资源全产业化链条。在此过程中，乡村应以优势品牌农产品为先导，通过吸引更多的关联企业入驻以完成绿色资源引领的第一产业、第二产业、第三产业融合发展，从而实现资源产业化。在完成绿色资源产业化后，还应始终坚持可持续发展原则，将生态理念和绿色技术嵌入绿色加工全产业链过程中；以遵循生态发展规律为先导、以维持产业发展生态平衡为主旋律，始终坚持走绿色循环产业之路以便实现产业生态化。其次，还应遵循生态位理念，通过对绿色加工业的合理布局促进产业与村景之间的紧密相融，以此来实现"人在产中、产在村中、村在景中"的生态村景化。最后，这些乡村还需融入5G、VR、人工智能、大数据等现代数字化技术，并以此来实现乡村建设的村景智慧化升级。具体如图6-2所示。

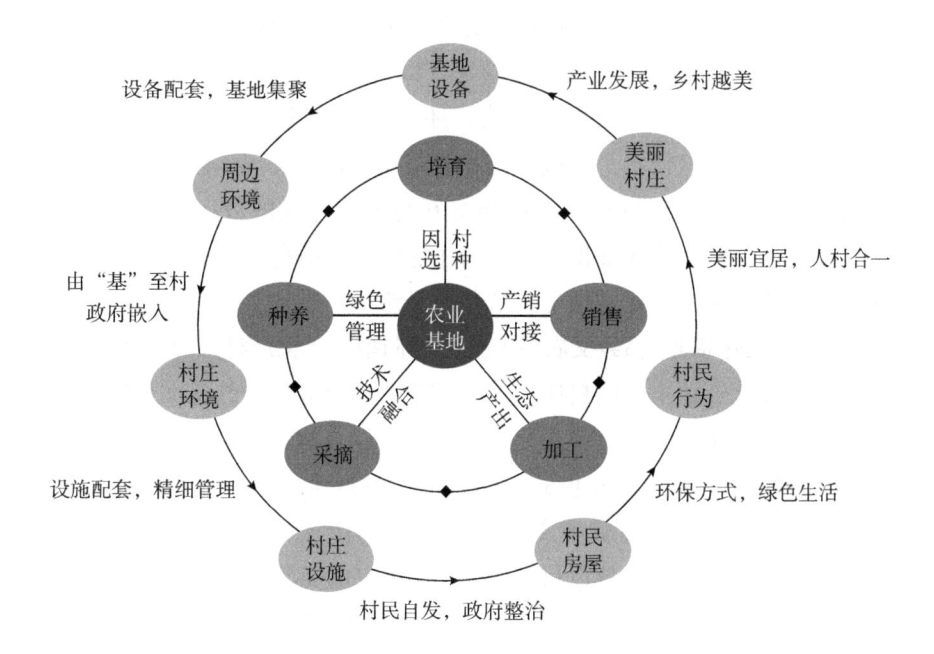

图6-2 "绿色资源+全产业链加工业"导向型产村融合共生路径

例如，对于适合种植白莲的乡村而言，可以通过成立"政府+白莲合作社+农户"的模式来促使农民培育特色经济作物。在生产环节，可以利用数字化技术和人工智能技术进行精细化生产、规模化种养、机械化采收，以确保白莲产业的可持续发展。在加工环节，可以联合农民、农民专业合作社、农业技术供给主体开展生态价值链合作,并通过大数据分析市场需求,根据市场上消费者的偏好搭建白莲产品的初级—中级加工转化平台,提高产品的附加值。在销售环节,应充分发挥"白莲之乡"品牌效益,并利用互联网技术来加强同涉农企业的产销对接,以此来实现闲置资源产业化。不仅如此,乡村还应始终坚持绿色循环理念,在摒弃传统污染型产业发展模式的同时,因地制宜建立现代化农文旅一体化产业园,以此来带动绿色技术创新并反哺白莲产业链高端化升级。此外,乡村还应通过开展农民、游客的生态体验、生态教育和生态认知活动,倡导低碳化、绿色化休闲方式、生活方式和生产方式,以此共同加快产业生态化步伐。

在生态村景化提升方面,乡村可以围绕"白莲产业链"打造莲池观景区来不断完善周边基础设施,并在相关领域专家指导下打造出一幅"产在村中、村在景中"的美丽景象,以此完成生态村景化布局与改造。为有效激活当地经济发展潜力,还可以结合5G、VR、人工智能、大数据等现代信息技术手段进行村景智慧化管理,实现绿色文化信息资源的大融合,打造语音双向、视频交互与无线互联的数字化多媒体终端,让农民、游客等在虚拟展示平台中感受高端绿色全加工产业链所带来的沉浸式体验,以此实现村景智慧化升级。

二 "文化资源+精致文农旅产业"导向型数字化产村融合共生路径

对于文化资源丰富的村庄而言,首先,应充分挖掘红色文化、古色文化、绿色文化和少数民族文化等资源,并以自然景观、农村特色为基础来积极培育乡村发展新模式、新业态,发展生态游、乡村游、观光游、休闲游、农业体验游等文农旅相交融的产业(如打造红色基地、生态绿地、文化小镇、特色村寨等),以此实现资源产业化。在此过程中,还需认真保护农村的原生态特色,并不断通过维护改造、环境规制、保护修缮等措施来实现村庄产业生态化。其次,还应积极探索生态景观与人文景观相融合的具体路径,通过最大限度地将当地文化资源融入村中、景中来实现生态村景化。最后,借助人工智能、大数据、云计算等现代化数字管理技术,加强对农村景色的智慧化管理以实现村景智慧化,并通过打造"文化资源+精致文农旅产业"导向型产村融合共生路径来绘就游客满意的"山水图"与农民幸福的"致富图"。具体如图

6-3 所示。

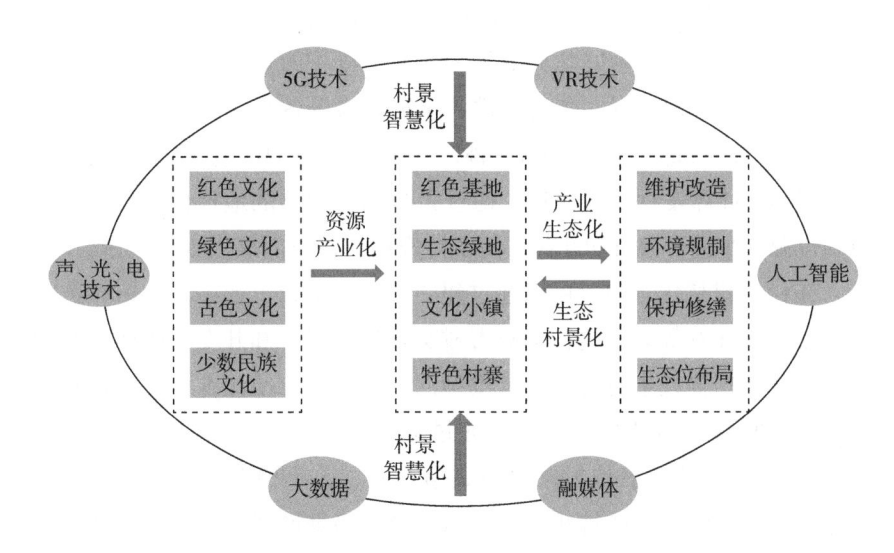

图 6-3 "文化资源+精致文农旅产业"导向型产村融合共生路径

以古村落资源较丰富的村庄为例，可以充分挖掘当地独特的建筑风格与"古村文化"特色（如历史名人典故、祠堂、庙宇，以及牌坊、戏台、书院、桥梁、古井等各种蕴含丰富中国文化内涵的建筑物等）。以此为依托，将农村打造成集生态旅游、文化体验、田园休闲、康体养生等功能于一体的综合性文化生态旅游景区，构建文农旅产业的生态链，包括与当地农民、农村企业和合作社合作，提供农产品、手工艺品、美食等文化产品，以实现资源产业化。通过精致文农旅产业发展，农村地区可以对农村景观进行提升和美化。未被开发的农田、山川和湖泊等资源都可以通过景观设计和生态保护措施进行改善。因此，在资源产业化的过程也对产业生态化的发展产生积极影响。

此类型的古村可以采用"政府牵头+文旅资源+文旅产业"的发展模式，并在当地政府的牵头与带领下，围绕"古"字修旧如旧、以旧建"新"，以期通过还原古村传统风貌与原生态建筑风格渠道来实现产业生态化。政府可以借助人工智能与 GIS 技术对古村进行监控，实时观察古村建筑情况。与此同时，还应紧紧围绕"新"字进行项目建设，不仅仅需要对古村进行生态化规划与布局，而且应将特色民族文化生态融入村中、汇入景中，不断完善景区功能、丰富景区业态、打造综合型文化生态旅游项目。除此之外，还应通过改造道路系统和排水系统来完善村中整体环境卫生，做好新村的规划建设、维护改造、环境规制与保护修缮，使其在地理位置、布局安排、建筑风格等各个方面与村庄生态环境保持一致，以此实现产业生态与村庄之间的生态村景化。在此过程中，大数据和云计算发挥重要作用，通过大数据对村落的地理位置、人口分布和资源分布进行分析和计算，使乡村规划和建设向最优规划迈进。

在村景智慧化方面，可以通过建立数字档案馆、数字博物馆、数字化文创产品开发等数字化技术对古村文化进行保护和开发。例如，通过运用数字化扫描技术对村庄进行模型的再构建，以便让古村落建筑和村庄道路空间布局达到统一协调；通过运用数字摄影、三维图像处理技术、VR虚拟技术等获取村落原始数据，通过数字档案馆和博物馆的形式储存梳理后的图像或视频音频影像资料，借助网络新传媒工具将村景完整呈现在人们面前，以便让人们足不出户利用软件程序、App近距离观赏古村的建筑图片、视频等。这不仅能实现对乡村古色文化和村景村貌管理的智慧化升级，而且可以使古村落文化得到有效保护与传承，进而更好地实现村、产、景、人的融合发展。

三 "特定资源+嵌入式产业"导向型数字化产村融合共生路径

对于那些既缺乏绿色生态资源又缺乏红色、绿色和古色等文化资源的乡村而言，可以通过对当地乡贤、能人、手工艺者和当代大学生等特定资源的有效挖掘，以此来不断激活村庄中闲置的房屋、土地和劳动力等其他资源，并通过整合政策、资金和技术等要素资源打造出嵌入式产业（如农民画村、人才培训、野外拓展、特色民宿等），以此实现资源产业化。在"特定资源+嵌入式产业"导向型产村融合共生过程中，还应遵循乡村"望得见山、看得见水、记得住乡愁"的发展规律，通过保留乡村生态性来实现产业生态化。在生态保护过程中，应始终秉承产业、村庄和村景等布局规划的生态位原则，不断促进产村景之间的一体化发展来实现生态村景化。在深度融合发展基础上，进一步运用大数据、移动网络、云计算和互联网等智慧化手段促进产村融合纵深发展，以期实现"资"产合一、产景相连、村景相融的乡村建设目标（见图6-4）。

第六章 | 数字化背景下激活农村闲置资源的产村融合共生静态路径构建

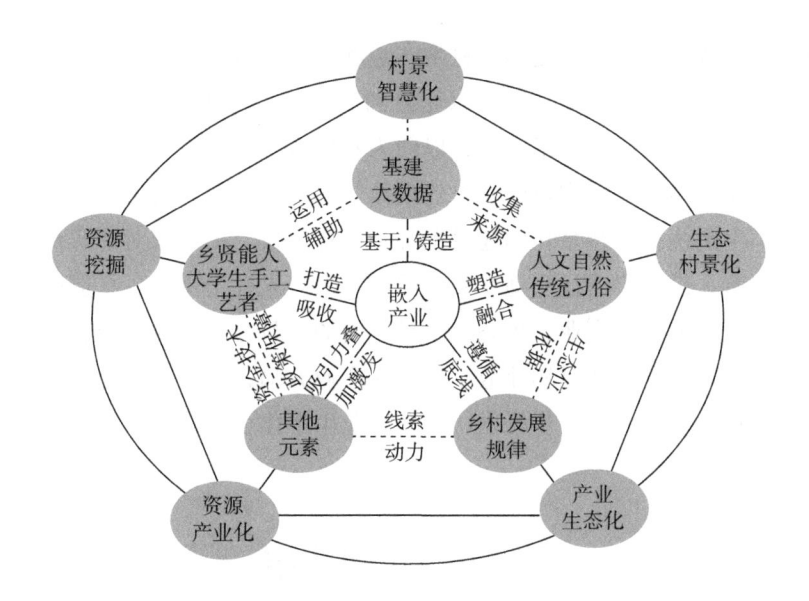

图6-4 "特定资源+嵌入式产业"导向型产村融合共生路径

对于大多数普通乡村而言，应努力挖掘出某些特定资源以便为实现乡村振兴目标注入新的发展动力。例如，随着越来越多的高校师生自觉投入乡村建设，这些乡村可以充分利用"高校师生驻村+学科专长+农户帮扶"模式来完成其乡村建设目标。在此过程中，可以通过吸引高校师生进乡村、设立"乡村振兴工作站"等形式来帮助实现对农村土地、房屋、手工艺品等资源的有机整合，并通过不断为农村嵌入诸如网红地旅游、画家村、绿色加工等嵌入式产业来实现这些普通乡村的闲置资源产业化。

在完成闲置资源产业化后，还应充分利用高校师生的专业特长来对所发展起来的特定产业进行生态化改造（例如，把村中原有废弃房屋进行古建筑修复变成书屋、培训基地，把废弃矿山进行生态化修复变成特色生态公园等），以此来带动这些乡村嵌入型产业的产业生态化。不仅如此，还可以通过高校师生的资源撬动功能为农村引入更多的资金、技术、人才等优势资源，并由点到面对农村进行整体规划与设计，以便将农村所有地方纳入生态化布局领域并实现生态村景化。例如，通过融合农村特色文化，打造农村多维空间书屋，使其成为乡村特色旅游打卡

145

地；围绕特色书屋打造更多农村生态走廊，使产成生态、生态成景。

在村景智慧化方面，还可以充分利用高校师生来整合更多计算机、人工智能等现代信息技术资源，以便为农村智慧化建设提供更优质的服务。例如，结合某一农村的乡村建设具体需求，这些农村可以通过激励高校师生围绕村景智慧化问题设置各类竞赛项目。由专家对参赛作品进行优选后，进一步通过实施获奖作品方案来引入社会资本、打造智能化平台，以此来实现产业、生态、乡村之间的智慧互联与村景智慧化。例如，高校师生可以通过构建数字化乡村产业大脑，据此对资源进行优选与产业化开发，并进一步提供一整套产业生态化、生态村景化、村景智慧化方案。

第三节　本章小结

本章探讨了激活农村闲置资源的数字化产村融合共生静态路径，创新性地提出了"闲置资源产业化→产业生态化→生态村景化→村景智慧化"的激活农村闲置资源的一般路径。这一路径不仅具有创新性，还提供了一个清晰的蓝图，有助于将潜在的农村资源转化为具有可持续经济和生态价值的资源。此外，本章还提出了3条激活农村闲置资源的数字化产村融合共生的具体路径，分别是"绿色资源+全产业链加工业"导向型数字化产村融合共生路径、"文化资源+精致文农旅产业"导向型数字化产村融合共生路径和"特定资源+嵌入式产业"导向型数字化产村融合共生路径。这些具体路径为农村地区发展提供了多样性的选择，使村庄能够根据其独特的资源和需求制定相应的发展战略。

本章通过对产村融合助推乡村建设路径的分析，发现路径实施效果与动力驱动具有很大的关系。为此，需要对"闲置资源产业化→产业生态化→生态村景化→村景智慧化"的产村融合助推乡村建设的路径进行动态路径分析。

第七章

数字化背景下激活农村闲置资源的产村融合共生路径系统仿真分析

前章分析了数字化产村融合激活农村闲置资源的共生机理及一般路径，由于要素较多，要想具体分析各要素之间的关系，需采用分析复杂系统的科学方法。系统动力学是一种基于控制论、系统论和信息论的成熟方法，旨在通过构建系统性动态模型来模拟、仿真和预测复杂系统的发展态势。数字化产村融合激活农村闲置资源的共生路径是一个复杂系统，需要动态复杂性解析并从整体性角度考虑各要素之间的关系。因此，本章将围绕"数字化产村融合激活农村闲置资源的演化规律和共生路径"这一问题，运用系统动力学构建数字化产村融合激活农村闲置资源的系统动力学模型，并进行系统仿真分析。

第一节 基于系统动力学的分析方法

系统动力学方法以系统思维为基础，关注系统内各要素之间的相互作用和影响，通过建立差分方程组等数学模型来描述系统的动态变化。通过系统动力学的仿真分析能够弥补案例分析和实证分析的不足，更加准确解释数字化产村融合激活农村闲置资源的共生路径。具体而言，使用系统动力学分析数字化产村融合激活农村闲置资源的共生路径，其主要适用性有以下几方面。

一　系统动力学可以对数字化产村融合激活农村闲置资源的共生路径进行动态复杂性解析，并从整体性角度考虑各要素之间的关系

系统动力学强调整体性思维，能够将各个要素之间的关系纳入考虑，本章运用系统动力学方法逐层对数字化产村融合激活农村闲置资源的共生路径进行分解，并分析建模系统内部的各要素，以及其间的相互关系，使数字化产村融合激活农村闲置资源的共生路径这一复杂性问题得以深入剖析。这包括资源激活的过程、农村和数字化领域中各个要素的相互作用，以及其如何随着时间的推移而演化。通过建立系统动力学模型，可以更加细致地研究不同变量之间的动态变化规律，揭示隐藏在表面下的内在逻辑和规律。在数字化产村融合激活农村闲置资源的共生路径中，涉及农村资源、数字技术、社会需求、农民收入、生态环境等多个方面，这些要素之间的相互作用可能相当复杂。系统动力学能够构建一个具有相对整体性的模型，使决策者和研究者能够全面理解各个要素的作用和影响，从而制定高效的战略。

二　系统动力学可以对数字化产村融合激活农村闲置资源的共生路径进行非线性效应模拟，并对可能存在的滞后效应作出合理解释

数字化产村融合激活农村闲置资源的共生发展过程可能受到多种因素的影响，其中某些影响可能呈非线性的趋势。系统动力学能够有效模拟这些非线性效应，不仅帮助解析其影响程度，还有助于识别激活农村闲置资源在路径中可能出现的突变或突破点。这种能力有助于更加准确预测和分析潜在的演变方向。在数字化产村融合激活农村闲置资源的共生路径中，资源激活的影响可能存在一定的滞后效应，即某些行动或政策可能需要一段时间才能显现出实际影响。系统动力学能够引入时间延迟的概念，模拟这种滞后效应，并使模型更加符合实际情况。

三　系统动力学方法可以对数字化产村融合激活农村闲置资源的反馈机制进行分析，并对政策影响进行评估

数字化产村融合激活农村闲置资源的共生路径涉及各种反馈机制，包括正反馈和负反馈。系统动力学方法有助于分析这些反馈机制如何影响整个路径的演变。这种分析不仅有助于理解农村闲置资源激活过程，也可以揭示一些关键节点或阶段，为数字化产村融合组织决策提供指引。基于系统动力学建立的模型还可以进行模拟和预测，帮助评估不同

政策和决策对激活农村闲置资源的影响。通过调整模型中的参数，可以模拟不同策略的效果，并预测在不同时间点上可能出现的变化。这有助于决策者制定更具前瞻性的政策，优化资源激活路径。

第二节　系统动力因素的确定

在构建数字化产村融合激活农村闲置资源的共生路径模型前，首先要确定系统边界。系统边界规定了哪些因素纳入模型，在边界内部凡涉及与所研究的动态问题有重要关系的概念与变量均应考虑进模型；反之，在界限外部的那些概念与变量均应排除在模型外。作为一项基础性概念，系统边界对构建准确且实用的模型至关重要，能够揭示系统内在的行为规律及其与外部环境的相互作用。研究问题的目标与定位是确定系统边界的首要问题，准确的问题定位有助于确定模型中需要考虑的核心变量和因素。本节将运用潜在狄利克雷分配（Latent Dirichlet Allocation，LDA）主题模型对已有数字化产村融合相关政策文件进行文本分析，确定子系统主题，依次划分系统边界。

一　系统边界及子系统的确定

LDA主题模型是一种基于概率的文本分析方法，其可以从大量的文档中自动发现潜在的主题，并用概率分布的形式表示每篇文档的主题结构和每个主题的词汇分布。LDA主题模型的基本思想是将每篇文档看作一个主题的混合，而每个主题又可以看作一个词语的混合。LDA主题模型的目标是根据给定的文档集合，推断出其中包含的主题和每篇文档的主题分布。

LDA主题模型在政策研究中有着广泛的应用，例如，政策议程设置、政策框架分析、政策变迁和比较等。本节旨在利用LDA主题模型对政策文本进行分析，探讨中央政策的主要内容、特征和变化，以确定指标选取的主题及系统边界。因此，本书采集了包括2023年中央一号文件在内的12份与数字化产村融合激活农村闲置资源的相关的政策文本作为模型语料库，并对其进行政策文本分析。由于部分政策文件还涉及其他内容，为减少语料库冗余信息，避免模型结果出现不相干主题而分析方向偏离，本章对这类政策文件进行了部分截取，只保留与本书研究内容相关部分。在使用 LDA 模型前，需要对中文文本进行分词。分词是将一段连续的文本切分成若干个有意义的词语的过程，它是自然语言处理的基础和前提。中文分词比英文分词更加复杂，因为中文没有明显的词语边界，而是由多个字组成词语，而字又可以组成不同的词语。因此，中文分词需要考虑词典、语法、上下文等多方面的因素，以解决歧义和新词的问题。jieba 是一个基于 Python 的开源中文分词工具，其原理是基于前缀字典结构和隐马尔可夫模型（HMM），能够高效地解决歧义和新词发现的问题，目前已大量运用在中文文本分析当中。借鉴张丽和张祯（2024）、陈美和张瑞乾（2023）的做法，本节使用 jieba 对政策文本进行分词处理，并使用广泛使用的中文停用词表①，以及自建停用词表将分词后的一些无意义的量词、语气助词等进行匹配并过滤。虽然 jieba 能够识别新词，但其识别效果有限，为提升分词的准确性，本节还使用了自建分词词典对一些专有名词进行保留，避免算法错误识别。由于本节旨在通过分析政策文件构建指标体系，因此政策文件中的动词、形容词、副词等对结果分析意义不大但却会影响 LDA 主题模型的主题产生，因此本章只保留普通专有名词和其他专有名词进行主题分析。至此，数据清洗工作已基本完成。

（一）主题数确定

对于主题模型，主题数量是一个超参数，是需要人为确定并不断进行调整寻优。现有关于政策文件文本分析的研究通常使用困惑度（Perplexity）或主题一致性（Coherence Score）作为评判标准。目前，有相关研究表明困惑度并不能很好地反映主题划分质量（Röder 和 Both，2015）。因此，为确定最佳的主题划分数目，本节使用 Python 的 gensim 库构建 LDA 主题模型，同时使用主题一致性对主题划分数目进行评价。由于过多的主题数目容易使得不同主题所涵盖的内容产生交叉，主题之间区分度下降，因此本节测试了 1—14 的主题数目，结果见图 7-1，可得当主题数目为 3 个时，主题一致性得分最高；当主题数目为 10 个时，主题一致性得分最低。因此，本章将 3 个作为最佳主题数。

---

① 《中文停用词表》，https：//github.com/goto456/stopwords。

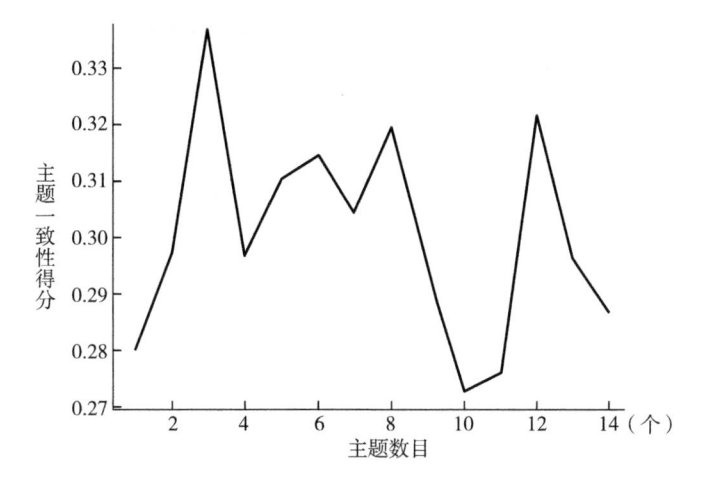

第七章 | 数字化背景下激活农村闲置资源的产村融合共生路径系统仿真分析

图 7-1 主题一致性变化情况

(二) 结果分析

在确定主题数后,本书使用 Python 的 pyLDAvis 库对 LDA 主题模型的分析结果进行可视化,结果如图 7-2 至图 7-4 所示。

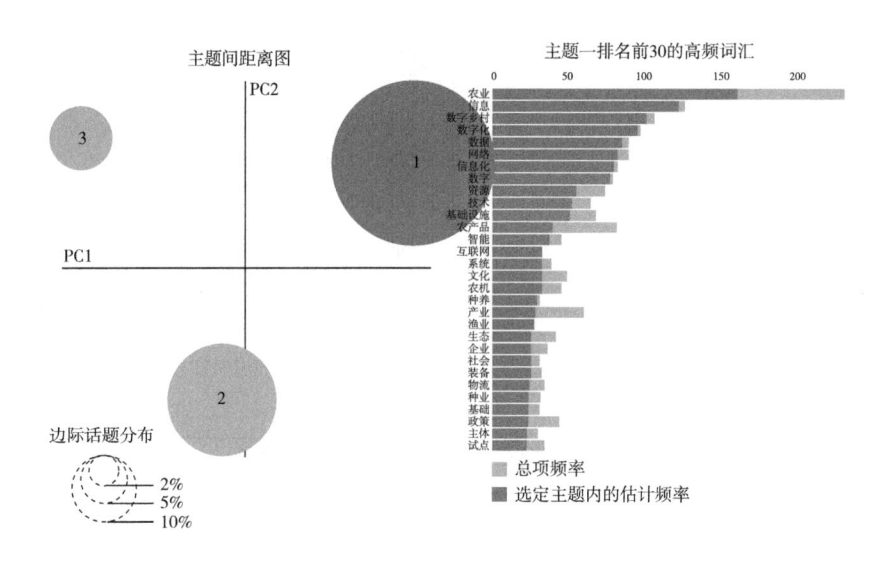

图 7-2 主题一高频词汇及主题距离地图

151

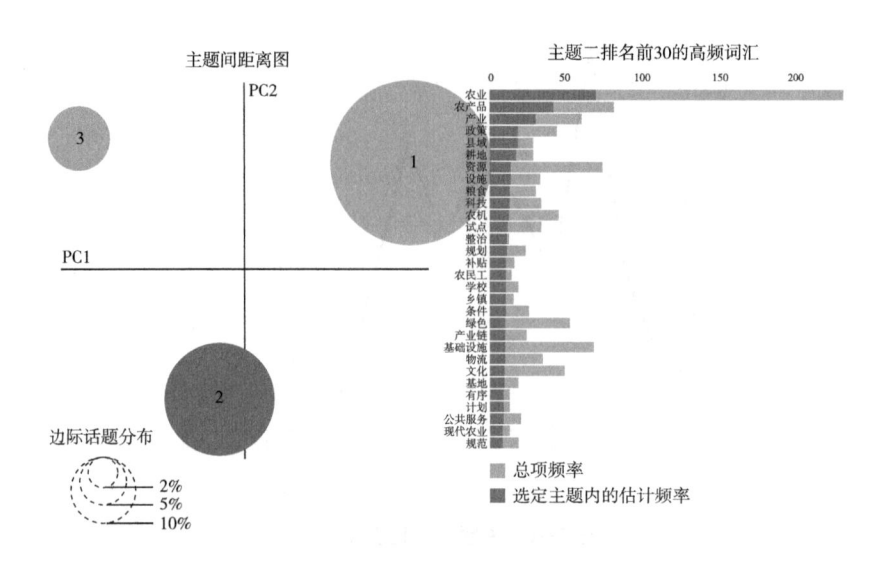

图 7-3　主题二高频词汇及主题距离地图

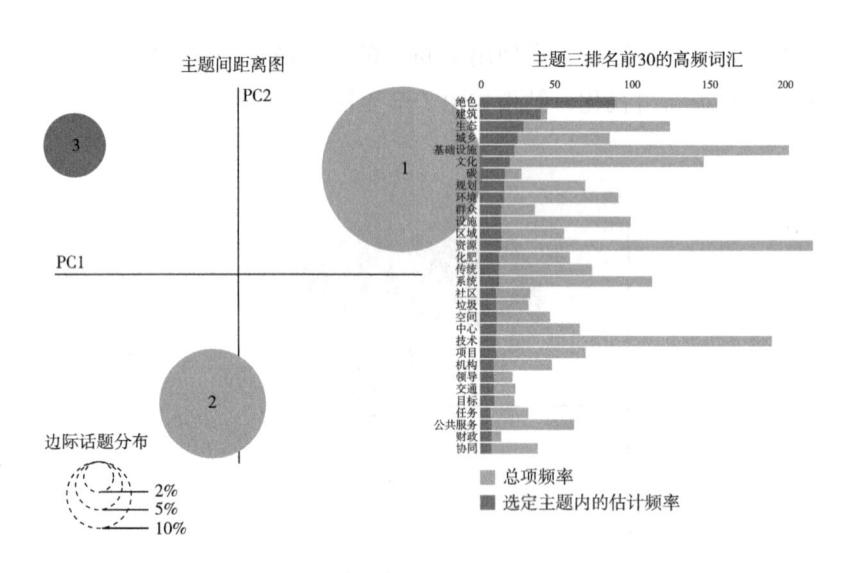

图 7-4　主题三高频词汇及主题距离地图

图 7-2 至图 7-4 左边为主题的距离地图，右边为各主题中频率排名前 30 的高频特征词。气泡（圆圈）的大小表示主题出现的频率，气泡间的距离表示主题间的接近程度，可认为是主题间的差异性。如果气泡间有重叠，则代表主题间特征有交叉。从主题距离地图可以看出，得

第七章 | 数字化背景下激活农村闲置资源的产村融合共生路径系统仿真分析

到的三个主题之间距离较远，各主题间互相排斥，特征词同质化程度较低，由此反映出 LDA 主题模型对所输入的政策文本分析结果较好，从而确定系统的指标。将各主题特征词与数字化产村融合共生发展的领域相对应，以上主题特征词可以归类到生产、生态和生活 3 个一级指标。对 LDA 主题模型的结果进行整理并根据各主题特征词对各主题进行概括性描述后，得到表 7-1 结果。

表 7-1　　　　数字化产村融合政策的 LDA 主题模型结果

主题	主题特征词
生产	农业 信息 数字乡村 数字化 数据 网络 信息化 数字 资源 技术 基础设施 农产品 智能 互联网 系统 文化 农机 种养 产业 渔业 生态 企业 社会 装备 物流 种业 基础 政策 主体 试点
生态	绿色 建筑 生态 城乡 基础设施 文化 碳 规划 环境 群众 设施 区域 资源 化肥 传统 系统 社区 垃圾 空间 中心 技术 项目 机构 领导 交通 目标 任务 公共服务 财政 协同
生活	农业 农产品 产业 政策 县域 耕地 资源 设施 粮食 科技 农机 试点 整治 规划 补贴 农民工 学校 乡镇 条件 绿色 产业链 基础设施 物流 文化 基地 有序 计划 公共服务 现代农业 规范

（三）指标分析

本章的整体评价倾向数字化产村融合激活农村闲置资源方面，以乡村"三生"空间和数字化为核心展开评价。基于前文的数字化产村融合相关政策的 LDA 主题模型结果，确定二级指标，所有指标来自《中国农村统计年鉴》、《中国统计年鉴》、北京大学数字金融研究中心，其中农产品网络销售额、休闲农业和乡村旅游收入和益农信息社相关信息由笔者在国家政府及各部委公告中整理所得，如表 7-2 所示，最终确定了 25 个二级指标。其中，节水灌溉面积缺乏 2021 年数据，使用插值法补齐。

表 7-2　　　　数字化产村融合发展评价二级指标

一级指标	二级指标	来源	解释
生产	农产品网络销售额	笔者根据国家部委文件和公告自行整理	农产品通过电商销售情况，用以表示数字技术应用对农产品销售的作用

续表

一级指标	二级指标	来源	解释
生产	数字普惠金融指数	北京大学数字金融研究中心	反映乡村数字普惠金融发展水平，用以综合衡量数字化产村融合资金支持力度
生产	农民服务业投资	《中国农村统计年鉴》	农户固定资产投资额中批发和零售业，交通运输、仓储和邮政业，居民服务、修理和其他服务业的数额相加而得
生产	第一产业国内生产总值	《中国统计年鉴》	反映第一产业发展的经济情况
生产	农产品加工业主营业务收入	《中国统计年鉴》	表示农村第二产业发展情况
生产	休闲农业和乡村旅游收入	笔者根据国家部委发布的资料自行整理	农文旅产业激活农村资源的效果，代表第三产业发展情况，反映扩宽农民就业途径及增加农民收入
生产	农业机械总动力	《中国农村统计年鉴》	全部农业机械动力的额定功率之和，反映农业机械化生产水平
生产	乡村就业人数	《中国农村统计年鉴》	反映农村就业情况
生产	农产品加工企业科技创新	《中国农村统计年鉴》	规模以上农副食品加工业企业新产品项目数，用以表示第二产业技术创新产品化、商品化情况
生产	农民休闲农业投资	《中国农村统计年鉴》	农户固定资产投资额中住宿和餐饮业+租赁和商务服务业的数额，表示农民投资休闲农业和乡村旅游的情况
生产	农民人均可支配收入	《中国统计年鉴》	衡量农民收入增长情况
生态	化肥使用量	《中国农村统计年鉴》	反映农业生产数字化下农业发展与生态环境之间的关系
生态	农药使用量	《中国农村统计年鉴》	反映农业生产数字化下农业发展与生态环境之间的关系
生态	地膜使用量	《中国农村统计年鉴》	反映农业生产数字化下农业发展与生态环境之间的关系
生态	农用柴油使用量	《中国农村统计年鉴》	反映农业生产数字化下农业发展与生态环境之间的关系
生态	人均造林面积	《中国统计年鉴》	森林面积/总人口数，用以表示生态建设情况
生态	节水灌溉面积	《中国农村统计年鉴》	表示农业生产数字化下农业发展与生态发展的关系

第七章 | 数字化背景下激活农村闲置资源的产村融合共生路径系统仿真分析

续表

一级指标	二级指标	来源	解释
生态	水土流失治理面积	《中国农村统计年鉴》	表示生态数字化下农村生态环境保护情况
生活	农民人均消费支出	《中国统计年鉴》	衡量农民消费情况,反映生活数字化下农民生活水平
生活	乡镇文化站	《中国农村统计年鉴》	表示农村文化发展情况,反映农民文化程度及对新技术的接受程度
生活	农村快递投递路线	《中国统计年鉴》	衡量农村物流发展情况,反映农民线上购物情况及消费观念的变化
生活	农村宽带接入用户	《中国统计年鉴》	农村数字化的基础设施,衡量农村信息化水平的使用情况
生活	乡村人口比重	《中国农村统计年鉴》	农村人口占总人口的比重,用来表示农村生活人口数量
生活	文化休闲消费情况	《中国农村统计年鉴》	农民消费支出中交通通信、医疗保健、教育文化娱乐的数额相加,用来表示农民文化休闲消费水平及消费结构的变化
生活	益农信息社	笔者根据国家部委文件和公告自行整理	信息进村入户工程建设的村级信息服务站,用以表示数字化对农业信息服务的提升情况以及为农民和新型农业经营主体提供公益服务的情况

第一,生产方面,农产品网络销售额反映了农村电商的发展水平和贡献及农村数字基础设施的服务和建设情况,用以表示数字技术为农民销售农产品、农村特色产品等提供了新路径,反映了数字技术在农产品销售中的广泛应用。农产品加工企业科技创新反映了农业产业链和价值链的升级,农业机械总动力是衡量农业机械化水平的重要指标,反映了农业生产效率和水平,这两个指标用来体现农业生产数字化下农产品生产率和创新情况。第一产业国内生产总值反映了农业生产的规模和质量,农产品加工业主营业务收入反映了农产品的规模和效率,休闲农业和乡村旅游收入反映了乡村新产业、新业态的发展水平和贡献,乡村就业人数反映了乡村劳动力市场的供求状况和结构变化,这些指标用来表示农村第一产业、第二产业、第三产业发展情况,强调了农村地区的经济活力和农业领域的就业机会。数字普惠金融指数反映乡村金融服务的可得性和乡村数字普惠金融发展水平,用以综合衡量数字化产村融合资

155

金支持力度。农民服务业投资反映了农村新型经营主体的发展和创新情况，农民休闲农业投资反映了农村休闲旅游的发展和活力，这两个指标表示农民投资乡村服务业特别是投资农村旅游业的情况。农民人均可支配收入是指数字化产村融合激活农村闲置资源促进增收，反映了农村生产数字化的效果和贡献，以及资源价值转换和增值情况。

第二，生态方面，化肥使用量反映了农业用水效率和土壤肥力的变化，农药使用量反映了农业病虫害防治和食品安全的状况，地膜使用量反映了农业生产方式和环境保护水平，农用柴油使用量反映了农业机械化和节能减排程度。这些指标都是体现农业生产与生态环境之间的相互矛盾，通常代表了在农业生产中由于涉农企业、农村集体经济组织、农民等数字化产村融合组织对农作物高产量的追求，而需要通过外界因素改变农业种植环境，从而提高农作物产量，但过度使用可能对生态平衡和环境健康造成负面影响，而数字技术的应用能够实现农业生产的精准管理，实现产业生态化。节水灌溉面积指利用现代信息技术和装备实现灌溉全过程的数字化、网络化和智能化，反映了农业用水效率及农业生产方式的变革。人均造林面积反映农村绿化覆盖和森林碳汇的水平，水土流失治理面积反映了农村水土保持和生态修复的效果，这两个指标体现生态环境保护力度，强调了保护生态系统、水资源和土壤质量的重要性，以确保可持续农业和环境可持续性之间的平衡。

第三，生活方面，农民人均消费支出反映了农村生活水平和消费结构的变化，衡量农民物质生活水平的情况，也能一定程度上反映农村生活数字化水平和质量。农村文化发展情况用乡镇文化站和文化休闲消费情况衡量，乡镇文化站是指导基层文化工作和协助管理农村文化市场的公益性事业单位，反映了农村文化建设和基层治理的水平和质量；文化休闲消费情况包括农民消费支出中交通通信、医疗保健和教育文化娱乐支出总额，反映了农村消费水平和消费结构的变化和升级。农村宽带接入用户数反映了农村网络基础设施的建设和完善程度，也反映了农民网络使用水平和需求。农村快递投递路线反映了农村物流服务的发展和创新程度，也反映了农村电子商务的活力和潜力。乡村人口比重用以衡量在农村生活居住的人数，反映了农村人口结构和分布的变化，也一定程度上反映了城乡融合发展的程度和方向。益农信息社是一种村级信息服务站，通过提供农业信息资源服务，将现代信息技术延伸到乡村和农户，通过农业公益服务、便民服务、电子商务服务和培训体验服务，提高农民的信息技术应用水平，解决农业生产和日常生活中的各种问题，通过整理益农信息站的相关信息，可以代表数字技术打破农村信息壁垒的有效程度。

各项指标的属性分为正指标和负指标。本章中正指标是指该指标与数字化产村融合发展正相关，指标值越高表明数字化产村融合水平越高；逆指标是指该指标越高反映数字化产村融合发展水平越低。采用熵值法进行数据处理，具体计算方法如下。

第一步，由于各项指标具有不同的量纲和量级，需要对其进行无量纲化处理。采用极差法对各项指标进行标准化处理，使各项指标介于0—1。公式如下：

$$X_{ij} = \frac{X - X_{\min}}{X_{\max} - X_{\min}} \quad （正指标） \tag{7-1}$$

$$X_{ij} = \frac{X_{\max} - X}{X_{\max} - X_{\min}} \quad （负指标） \tag{7-2}$$

第二步，对归一化后的数据平移，随后计算归一化后第 i 种方案下第 j 项指标的比重 P_{ij}，P_{ij} 计算式为式（7-3）（这里 X_{ij} 是归一化后的值，下同）：

$$P_{ij} = \frac{X_{ij}}{\sum_{i=1}^{m} X_{ij}} \tag{7-3}$$

第三步，计算第 j 项指标的熵值 e_j：

$$e_j = -k \sum_{i=1}^{m} P_{ij} \ln p_{ij} \tag{7-4}$$

式中，$K > 0$；$0 \leq e_{ij} \leq 1$。

第四步，计算第 j 项指标的差异系数 g_j，差异系数越大，表示该指标对于研究对象所起的作用越大，该指标越好。差异系数计算式如式（7-5）所示：

$$g_j = 1 - e_j \tag{7-5}$$

第五步，计算第 j 项指标的权数：

$$w_j = \frac{g_j}{\sum_{j=1}^{n} g_j} \tag{7-6}$$

综上所述，计算出相关二级指标对应权重如表 7-3 所示。

表 7-3　　数字化产村融合发展评级指标权重

一级指标	二级指标	权重	指标属性
生产	农产品网络销售额	0.090431	正
	农产品加工业主营业务收入	0.120637	正
	第一产业国内生产总值	0.100839	正
	乡村就业人数	0.076910	正
	农业机械总动力	0.086749	正
	数字普惠金融指数	0.081235	正
	农产品加工企业科技创新	0.071322	正
	农民服务业投资	0.126268	正
	休闲农业和乡村旅游收入	0.062074	正
	农民人均可支配收入	0.079118	正
	农民休闲农业投资	0.104418	正
生态	化肥使用量	0.191226	负
	农药使用量	0.167428	负
	地膜使用量	0.165962	负
	农用柴油使用量	0.138082	负
	人均造林面积	0.074604	正
	节水灌溉面积	0.120049	正
	水土流失治理面积	0.142649	正
生活	农村快递投递路线	0.191144	正
	农民人均消费支出	0.135038	正
	乡镇文化站	0.108061	正
	农村宽带接入用户	0.132827	正
	文化休闲消费情况	0.121944	正
	益农信息社	0.168284	正
	乡村人口比重	0.142702	正

第七章 | 数字化背景下激活农村闲置资源的产村融合共生路径系统仿真分析

由表 7-3 评级指标权重可知，对于数字化产村融合发展评价，影响最大的 5 项二级指标是化肥使用量、农村快递投递路线、农药使用量、地膜使用量、益农信息社；对于生产空间，影响最大的 3 项因素为农民服务业投资、农产品加工业主营业务收入、农民休闲农业投资；对于生态空间，影响最大的 3 项因素为化肥使用量、农药使用量、地膜使用量；对于生活空间，影响最大的 3 项因素为农村快递投递路线、益农信息社、农民人均消费支出。

（四）评价结果分析

根据熵值法计算出的数字化产村融合年度评价结果如表 7-4 所示。

表 7-4　　　　　数字化产村融合年度评价结果

年份	2015	2016	2017	2018	2019	2020	2021
生产	0.183481	0.154515	0.245230	0.550867	0.606954	0.670434	0.725966
生态	0.091300	0.160328	0.310727	0.509213	0.696937	0.836762	0.925496
生活	0.250781	0.280713	0.340891	0.423528	0.511827	0.461859	0.577129

由表 7-4 可以看出，在数字化产村融合背景下，农村生产发展、生态发展和生活发展都稳步提高。从生产角度来看，2015—2018 年，生产指标呈快速增长的趋势，从 0.183481 增加到 0.725966，充分体现出数字化对农村生产的提高效果。但 2018 年后涨势趋于放缓，由于受外部环境影响，休闲农业和旅游业收入降低，农村经济增长速度趋缓。从生态角度来看，生态指标从 2015—2021 年呈现出稳步增长的趋势，从 0.091300 增加到 0.925496，表明在这段时间内，数字化发展对生态保护和可持续农业发展产生了积极影响。从生活角度来看，生活指标从 2015—2021 年也呈稳步增长，从 0.250781 增加到 0.577129，反映出数字化对农民的生活质量也有一定促进作用，农民的收入、消费、文化发展和休闲娱乐都得到充分的提高。同样，受外部环境影响，2020 年生活指标出现一定幅度的放缓，但是这也一定程度上加快数字技术在农村生产、生态和生活空间上的应用，使 2021 年生产、生态、生活指标都出现了较大增幅，因此数字化产村融合能够促进生产、生活、生态水平的提升。

二 子系统反馈关系确定

在数字化产村融合系统中，子系统之间的关系密切，首先需要明确子系统中元素的因果关系，才能够进一步分析子系统之间的联系。对子系统中的元素进行定性分析，常用的方法是构建因果关系图，变量命名以本章上节分析为依据，并描述因果关系所包含的主要反馈。

（一）生产子系统因果关系

生产子系统中，关注的数字技术赋能生产融合促使闲置资源有效激活，所以引入推动数字化产村融合的要素可以保证因果关系建立的合理性，在该系统中，农村生产数字化引入的要素是数字普惠金融指数、农产品网络销售额、农产品加工企业科技创新和农业机械总动力，生产子系统因果关系如图7-5所示。乡村产业振兴是激活农村闲置资源的重要力量，农村闲置资源产业化是基于可持续发展理论和数字化产村融合发展阶段，将信息技术和数字技术与农业全链条进行深度融合，提升农业生产科技应用水平，推动农村第一产业、第二产业、第三产业融合发展，提升乡村产业数字化发展水平和完善数字产业规划。同时，数字化产村融合组织采取"龙头公司+合作社+农户""数字平台+企业+合作社"

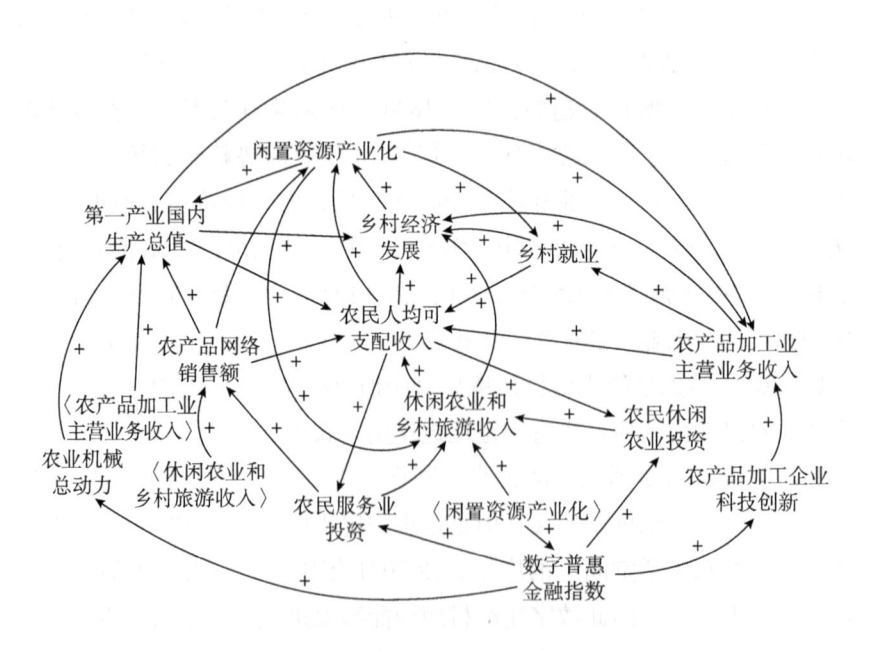

图7-5 生产子系统的因果关系

第七章 | 数字化背景下激活农村闲置资源的产村融合共生路径系统仿真分析

等模式,将农村闲置的自然资源、人力资源、文化资源及其他闲置资源转化为具有市场价值的产品和服务,实现农村资源的优化配置和高效利用,从而实现资源的价值创造、价值转换和价值增值,提高农民经营性收入、工资性收入、转移性收入和财产性收入等收入水平,所以农民人均可支配收入是关系图中的核心变量,乡村经济发展表示农村综合生产数字化水平。

闲置资源产业化在数字化产村融合共生发展过程中,运用现代信息技术加快普惠金融覆盖面,促使数字化产村融合组织更易获得经营发展所需资金,提高数字化产村融合组织的投资能力。同时,对闲置绿色、文化、生态资源及其他特定闲置资源进行共生开发,从而增加农民人均可支配收入,并进一步促进农民的投资增加。数字化产村融合推动农业现代化,延伸产业链,实现农产品及其特色产品线上线下交易,促进农业、农产品加工业、休闲农业的深度融合,从而推动乡村经济发展。对数字化产村融合激活农村闲置资源的生产子系统进行分析,图7-5生产子系统的因果关系所包含的主要反馈回路如下。

(1)闲置资源产业化→+数字普惠金融指数→+农民服务业投资→+农产品网络销售额→+第一产业国内生产总值→+农产品加工业主营业务收入→+乡村就业→+农民人均可支配收入→+农民休闲农业投资→+休闲农业和乡村旅游收入→+乡村经济发展。

(2)闲置资源产业化→+数字普惠金融指数→+农产品加工企业科技创新→+农产品加工业主营业务收入→+农民人均可支配收入→+农民服务业投资→+休闲农业和乡村旅游收入→+农产品网络销售额→+第一产业国内生产总值→+乡村经济发展。

(3)闲置资源产业化→+数字普惠金融指数→+农民休闲农业投资→+休闲农业和乡村旅游收入→+农民人均可支配收入→+农民服务业投资→+农产品网络销售额→+第一产业国内生产总值→+农产品加工业主营业务收入→+乡村就业→+乡村经济发展。

(二)生态子系统

生态子系统中各要素之间关系较为简单,且部分要素已存在于其他子系统中,所以可以直接分析各要素之间的联系。产业生态化是指农村闲置资源产业化要走生态发展之路,按照绿色生产标准与要求,形成产业结构、产业组织、产业生产方式、产业技术创新的产业生态系统，实现资源、产业与生态的共生协调；生态村景化是基于生态位理念，强化涉农企业、农村集体经济组织和农户的生态环境保护意识，优化地方政府的整体性布局"美"化农村闲置资源，从而形成良好的数字化产村融合生态圈景观，与村庄景色融为一体，宜产宜居。生态子系统的因果关系如图7-6所示，各变量能代表农村生态环境发展的情况，但也存在变量之间关系较弱的情况，所以将整体评价农村生态环境作为关系图中的一个变量。另外，农村生态子系统中的变量和其他子系统中的变量也存在一定关系，如农用柴油使用量和生产子系统农业机械总动力，农业机械总动力水平越高，农用柴油使用量越大，形成正相关关系，而子系统之间的关系对数字化产村融合激活农村闲置资源系统模型的影响，将在系统变量确定时综合考虑。

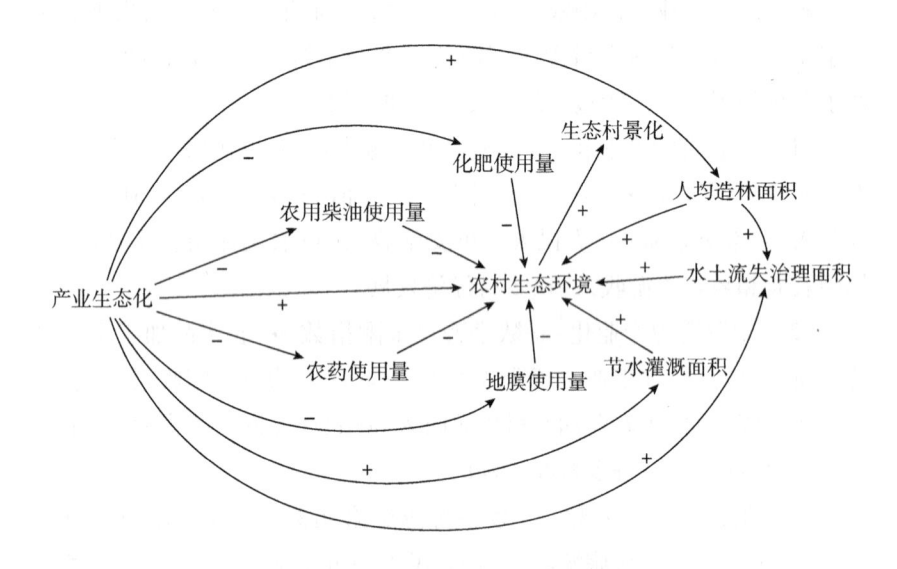

图 7-6　生态子系统的因果关系

生态产业化是以绿水青山为基础进行产业化开发和经营的一种方式，实现乡村产业联动，核心目标在于实现生态产品和生态价值的最大化，优化各类资源要素和培育绿色惠民新动能以推动乡村经济的发展。与此同时，产业生态化是一种以农村自然系统承载能力为准绳，对农村地区产业系统、自然系统和社会系统进行统筹优化的策略。这种策略遵循绿色、循环、低碳的发展要求，并运用新一代信息技术进行数字化管理种植业、林业、畜牧业、水产业等资源，推进农业科技创新，促进农村生产方式、产业结构、流通和消费方式实现生态化改造。如精准检测土壤和农作物生长状况、病虫防控技术等减少化肥和农药使用量；优化农业生产流程以减少农用柴油使用量等。这使农业生产成为乡村景观的一部分，形成生态村景化，改善农村生态环境和人居环境。对数字化产村融合激活农村闲置资源的生态子系统进行分析，图7-6因果关系所包含的主要反馈回路如下。

（1）产业生态化→-化肥使用量→+农村生态环境→+生态村景化。

（2）产业生态化→-农药使用量→+农村生态环境→+生态村景化。

（3）产业生态化→-地膜使用量→+农村生态环境→+生态村景化。

（三）生活子系统

在生活子系统中，不仅要关注与农民生活相关的直接指标，还需要考虑反映农村生活数字化影响农村社会发展状态的各种要素，所以该子系统中引入了益农信息社、乡村文化站、农村快递投递路线、乡村人口比重、文化休闲消费情况和农民人均消费支出作为因果关系分析的必要环节。而村景智慧化是指地方政府不断完善乡村信息和数字基础设施，充分利用"大、智、移、云"等现代信息技术，提升产、村、景的智能化水平，提升乡村数字治理、数字文化、数字服务等方面的能力和水平，推进农村闲置资源数字化、平台化，打造乡村新景观。生活子系统因果关系如图7-7所示，其中，变量都能够反映乡村发展和现代化的成果，但是变量之间的联系较弱，所以使用反映生活质量的乡村社会发展作为其中的一个变量，形成因果关系图。

在数字化产村融合共生发展过程中，村景智慧化可以对乡村的各个方面进行智能化管理和服务。村景智慧化不仅能够促使乡村文化站的建设更加完备，丰富乡村文化生活，提升农民文化素质，增强乡村凝聚力，还能够增加农村快递投递路线，提升农民生活便利性，促进农产品的销售，推动乡村经济发展。此外，通过益农信息社的建设，可以提供各种农业信息服务和社会化服务，从而帮助农村新型经营主体和农民提高农业生产效率，增加收入。村景智慧化还可以实现在线医疗、教育等服务能力，转变农村消费结构，加快城乡公共服务均等化发展，推动乡村社

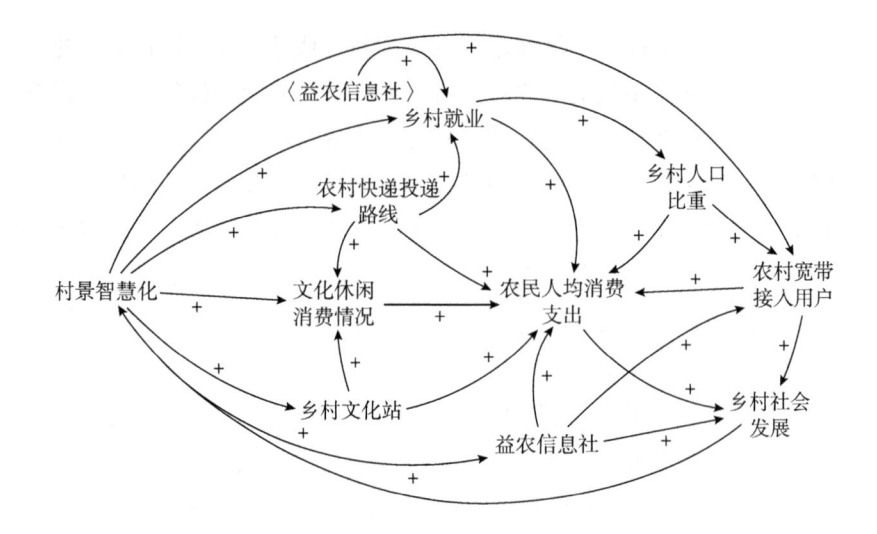

图 7-7　生活子系统的因果关系

会发展（李实和杨一心，2022）。对数字化产村融合激活农村闲置资源的生活子系统进行分析，图 7-7 中因果关系所包含的主要反馈回路如下。

（1）村景智慧化→+乡村文化站→+文化休闲消费情况→+农民人均消费支出→+乡村社会发展。

（2）村景智慧化→+农村快递投递路线→+乡村就业→+乡村人口比重→+农村宽带接入用户→+农民人均消费支出→+乡村社会发展。

（3）村景智慧化→+益农信息社→+乡村就业→+乡村人口比重→+农村宽带接入用户→+农民人均消费支出→+乡村社会发展。

（四）数字化产村融合

数字化产村融合是一种农村发展新模式，通过运用数字技术，实现"三生"空间数字化发展，激活农村闲置资源，推动农村经济的发展（见图 7-8）。在数字化产村融合共生发展过程中，可以实现生产、生态、生活的共生融合发展，从而构建数字化产村融合激活农村闲置资源的共生路径：闲置资源产业化→产业生态化→生态村景化→村景智慧化。即闲置资源产业化是通过科技进步和创新，依托农村闲置资源，加快农村数字产业化、产业数字化，促进全产业链加工业、精致农文旅产业、切入式产业等发展，从而实现经济效益；产业生态化是一种以农村自然系统承载能力为前提，形成产业生态系统，加快生态产业化和

164

第七章 | 数字化背景下激活农村闲置资源的产村融合共生路径系统仿真分析

图 7-8 数字化产村融合激活农村闲置资源系统的因果关系

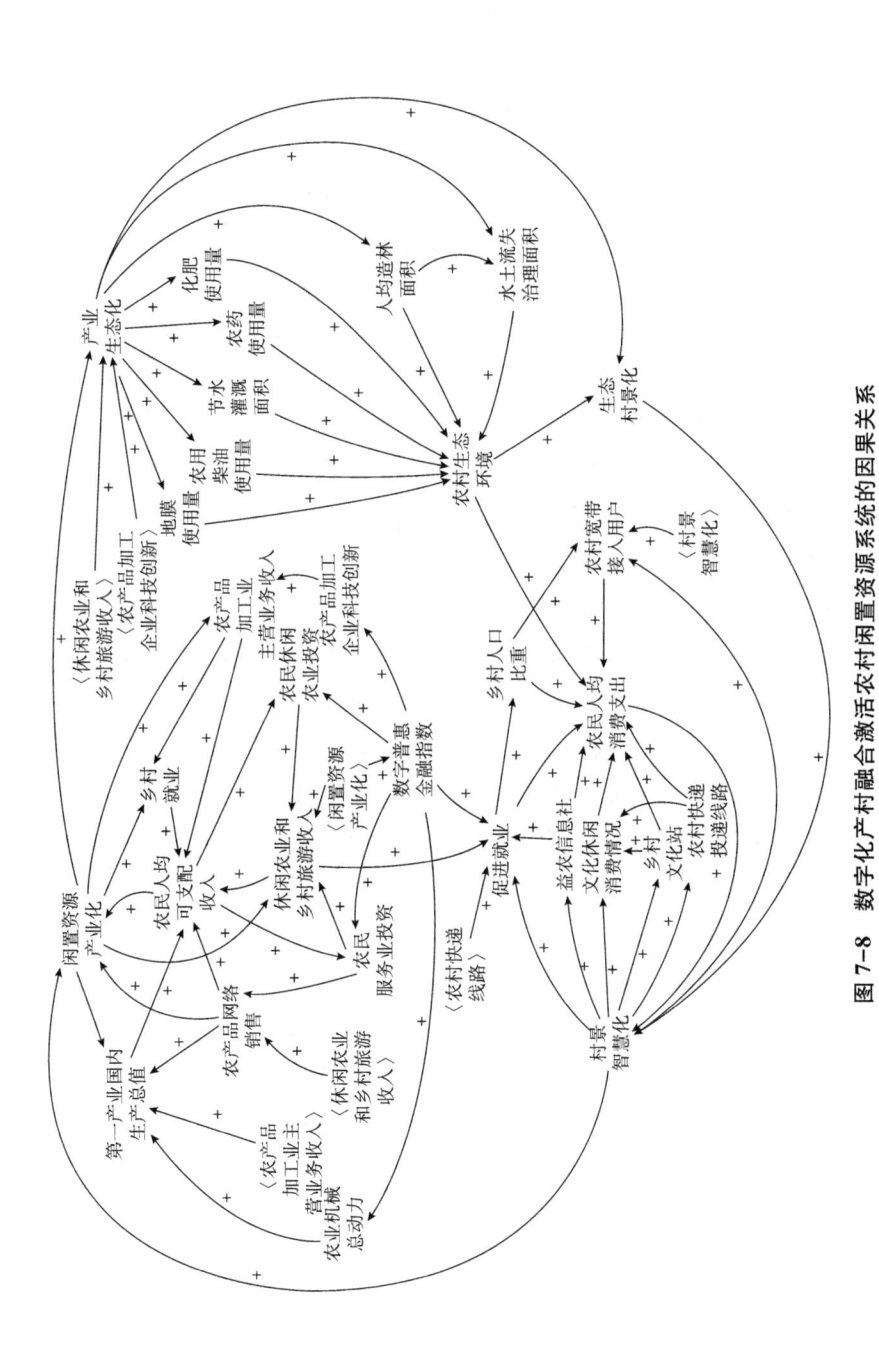

165

产业生态化协同发展，实现农村地区产业系统、自然系统和社会系统的统筹优化；生态村景化是确保农村生态系统功能不被破坏的基础上，与农村"三生"生态圈景观与村庄融为一体；村景智慧化是一种以数字技术为基础，提升乡村智慧农业、数字经济、数字文化、数字咨询服务等方面的能力和水平，推进数字乡村发展。数字化产村融合激活农村闲置资源共生路径的有效实施，能够有效促进城乡资源的畅通、互补、整合和优化，形成共生资源，使农村闲置资源"涅槃重生"获得资源价值的增加效应，形成乡村生产、生态、生活高度融合的乡村发展新格局，从而实现乡村共生发展和城乡共生发展的数字化产村融合目标，加快乡村振兴步伐。

对数字化产村融合激活农村闲置资源的共生路径进行系统性分析，图7-8中因果关系所包含的主要反馈回路如下。

（1）闲置资源产业化→+数字普惠金融指数→+农业机械总动力→+第一产业国内生产总值→+农民人均可支配收入→+农民休闲农业投资→+休闲农业和乡村旅游业收入→+产业生态化→-化肥使用量→+农村生态环境→+乡村经济发展→+乡村社会发展→+村景智慧化。

（2）闲置资源产业化→+数字普惠金融指数→+农产品加工企业科技创新→+农产品加工业主营业务收入→+乡村就业→+农民人均可支配收入→+农民服务业投资→+休闲农业和乡村旅游业收入→+农产品网络销售额→+第一产业国内生产总值→+乡村经济发展→+农村生态环境→+农民人均消费支出→+乡村社会发展→+村景智慧化。

（3）闲置资源产业化→+数字普惠金融指数→+农民服务业投资→+农产品网络销售额→+农产品加工业主营业务收入→+第一产业国内生产总值→+农民人均可支配收入→+农民业务休闲农业投资→+休闲农业和乡村旅游业收入→+产业生态化→+节水灌溉面积→+农村生态环境→+生态村景化→+乡村社会发展→+村景智慧化。

三 系统变量确定

对子系统要素因果分析，确定子系统反馈关系，可以得到数字化产村融合激活农村闲置资源模型的因果关系图，使用VensimPLE10对该因果关系图进行分析，其中的关键变量农民人均可支配收入具有1874个回路，农村生态环境具有1415个回路，农民人均消费支出具有

1085 个回路，最大回路长度均为 15，互相作用的回路数量通常是 4—5 个（王其藩，1995），因此需对因果关系图进行简化。前期研究为因果关系图的简化提供了数据支持，在数字化产村融合评价结果分析过程中，分析了要素相关指标对数字化产村融合共生发展水平评价的重要程度。除此之外，本书更关注的是数字化产村融合模式下推动农村生产、生态、生活改善的情况，简化后的模型应包含农业、农产品加工业、乡村旅游业、农村电商、数字普惠金融指数的相关发展过程，也应包含农民人均可支配收入、农民人均消费支出、农村生态环境等数字化产村融合共生发展的效果。基于以上原因，对数字化产村融合激活农村闲置资源的系统进行简化，可得图 7-9。

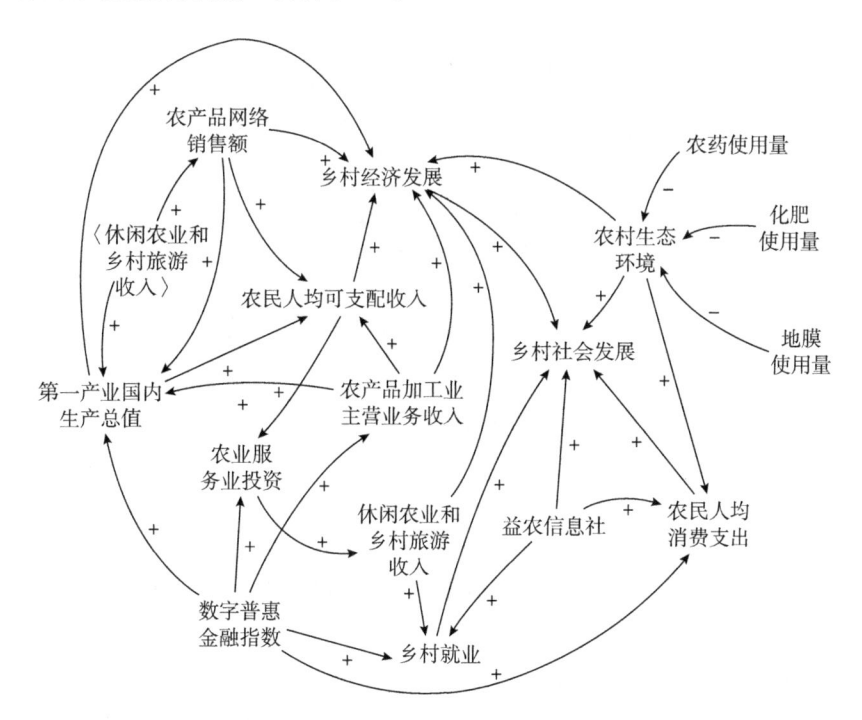

图 7-9　数字化产村融合激活农村闲置资源系统的简化因果关系

第三节　模型构建与方程构建

一　模型构建

确定系统变量后，构建由政策影响的数字化产村融合系统模型，其中数字化产村融合政策为系统外因素,在数字化产村融合激活农村闲置资源的路径选择过程中,可以分析数字化产村融合政策通过影响系统变量对数字化产村融合水平产生的影响。根据前文的分析,构建数字化产村融合激活农村闲置资源的系统动力学模型如图7-10所示。主要包括18个变量,其中状态变量4个、速率变量1个、辅助变量11个、常量2个。

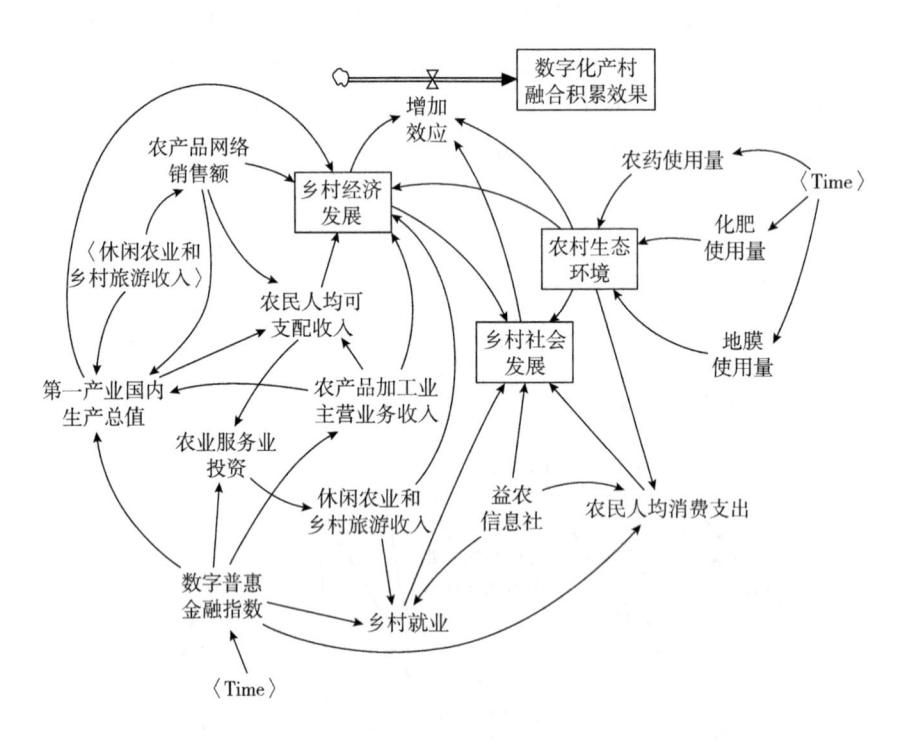

图7-10 数字化产村融合激活农村闲置资源的系统动力学模型

根据前文的分析,影响数字化产村融合激活农村闲置资源的因素主要在于数字技术与农业农村的跨界融合,实现生产数字化、生态数字化、生活数字化,主要的方式为生产融合、生态融合和生活融合,同时数字化产村融合共生发展效果是一个积累的过程,其中4个状态变量分别为乡村经济发展、农村生态环境、乡村社会发展和数字化产村融合积累效果。由乡村经济发展、农村生态环境、乡村社会发展可以计算积分变量的变化速率,即速率变量为数字化产村融合激活农村闲置资源的增加效应。同时，数字化产村融合激活农村闲置资源作用于"三生"空间，而农民人均可支配收入是反映在数字化产村融合激活农村闲置资源过程中，闲置资源产业化使农民增收，反映了资源价值转换和增值情况，得到11个辅助变量，分别为第一产业国内生产总值、农产品加工业主营业务收入、休闲农业和乡村旅游收入、农民人均可支配收入、农产品网络销售额、农业服务业投资、农民人均消费支出、乡村就业、农药使用量、化肥使用量、地膜使用量；2个常量为数字普惠金融指数、益农信息社。

二 方程构建

在前文共生机理、LDA主题模型、因果关系图和存量图的基础上，明确各变量间相互关系及其作用，进一步构建方程，构建主要围绕3个子系统展开，并引入乡村经济发展存量、农村生态环境存量、乡村社会发展存量，代表数字化产村融合激活农村闲置资源在生产、生态、生活空间的农村资源价值创造和价值增值的积累情况，其主要函数关系如下。

（1）乡村经济发展 = INTEG［（休闲农业和乡村旅游收入×0.0620736+农产品加工业主营业务收入×0.120637+农产品网络销售额×0.0904312+农民人均可支配收入×0.0791183+第一产业国内生产总值×0.100839）×0.6×0.7/4+农村生态环境×0.2+乡村社会发展×0.2，100］。

（2）农村生态环境 = INTEG（农村生态环境×0.7/4-农药使用量×0.191226-化肥使用量×0.167428-地膜使用量×0.165962，100）。

（3）乡村社会发展 = INTEG［（乡村就业×0.0769096+农民人均消费支出×0.135038+益农信息社×0.121944）×0.2×0.7/4+乡村经济发展×0.6+农村生态环境×0.2，100］。

（4）增加效应 = 乡村经济发展×0.6+农村生态环境×0.2+乡村社会发展×0.2。

（5）数字化产村融合积累效果 = INTEG［（增加效应+数字化产村融合积累效果）×0.3/4，100］。

基于前文熵值法的各指标权重结果，确定函数（1）至函数（3）各个变量的系数。乡村经济发展的增加效应中乡村经济发展、农村生态环境和乡村社会发展的权重则借鉴陈曦（2021）的做法进行赋值，分别为0.6、0.2、0.2。此外，根据数字化产村融合发展实际，数字化产村融合积累效果每年都将出现一定折损，并借鉴张良贵和王立勇（2022）的做法，假设数字化产村融合积累效果的折损率为 0.3，因此在计算乡村经济发展、农村生态环境、乡村社会发展和数字化产村融合积累效果时都需乘以折损率 0.3。因此为便于影响因素的模拟分析，函数模型中 TIME STEP = 0.25 以季为时间跨度，故乡村经济发展、农村生态环境、乡村社会发展和数字化产村融合积累效果在 INTEG 函数中需除以 4。从定义函数中可知，数字化产村融合积累效果综合考虑了"三生"空间融合发展，能够一定程度上反映农村资源激活情况。

第四节 系统仿真分析

一 系统运行结果

根据因果关系及相关函数关系，通过 VensimPLE10 对数字化产村融合激活农村闲置资源问题进行模拟仿真，模型初始值设定如下：INITIAL TIME = 1，FINAL TIME = 10，TIME STEP = 1，Units for Time = Year。模型假设为 10 年，主要考虑数字乡村建设周期较长，2015 年中央一号文件首次提出"农村电子商务"[①]，2015 年在党的十八届五中全会首次提出"国家大数据战略"[②]，乡村数字经济开启了探索阶段，且数字乡村建设投资周期较长，具有一定滞后性（朱奕帆和朱成全，2023）。系统仿真分析分别展示了第一产业国内生产总值、农产品网络销售额、农民人均可支配收入、数字普惠金融指数、乡村经济发展、农药使用量、化肥使用量、农村生态环境、乡村就业、益农信息社、农民人均消费支出、乡村发展等变量的动态变化。

（一）生产子系统

图 7-11 为数字化产村融合激活农村闲置资源的生产子系统的仿真结果。如图所示，随着时间的推进，第一产业国内生产总值稳步增长，农产品网络销售额也呈稳步增长的趋势，说明生产数字化实现农业生

---

① 《关于加大改革创新力度加快农业现代化建设的若干意见》，http://www.fjrd.gov.cn/ct/2-91341。

② 《推进大数据战略构筑网络强国》，https://www.gov.cn/xinwen/2015-11/17/content_2967289.htm。

方式的优化，促进生产各环节的高效协同，促进农业发展。而农产品网络销售额呈稳步增长的趋势，说明"互联网+"实现传统农业资源的数据化和在线化，使各要素得以按照适当比例进行快速重组、整合，增强要素协同作用，从而有效降低要素错配水平，促进农业全要素生产率提高，随着时间推移，农民人均可支配收入不断提升（陈运平等，2019；武宵旭和任保平，2022；李豫新和许新娜，2023）。在数字化产村融合激活农村闲置资源的主循环中，随着数字乡村建设进程的推进，一方面使第一产业国内生产总值不断增加，一定程度上促进农产品加工业主营收入的增加，以及促进休闲农业的发展，促进乡村经济发展；另一方面农村电子商务的普及，拓展农产品销售渠道，减少农产品中间高环节，促使农产品网络销售额逐年提升，并随着数字技术与农业农村的不断融合，增长速度越来越快，促使农民经营性收入不断增加，使农民可支配收入在后期的增长幅度提升，从而进一步促进乡村经济的增长。

(a) 第一产业国内生产总值　　(b) 农产品网络销售额　　(c) 农民可支配收入

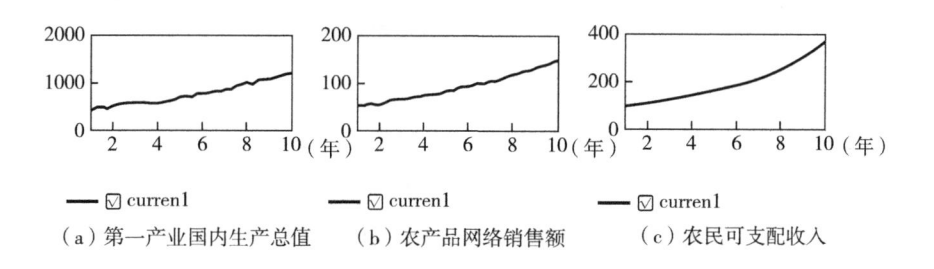

图 7-11　数字化产村融合共生过程的仿真结果（1）

（二）生态子系统

图 7-12 为数字化产村融合激活农村闲置资源的生态子系统的仿真结果。如图所示，利用新一代信息技术实现农业生产方式的优化，节约生产过程的能耗，并实时监测农村生态环境变化，从而实现精准耕种，避免农药和化肥的过量使用，使农药使用量和化肥使用量逐年降低，农村生态环境不断改善，且越到后期改善的幅度越来越大。但农药使用量下降的幅度更快，这主要是由于随着人工智能、物联网、大数据等技术在农业的应用，开发了一系列 AI 识虫防控技术、精准施用技术、农业无人机等新一代农业科技产品，能够在一定程度上减少化学农药使用

量，而在后期随着农业科技产品的不断发展，农药使用量减少的空间将越小，以至于农药使用量的演化趋势处于平缓状态。而化肥使用量的减少在前期出现较低幅度的下降，且到达一定峰值后化肥使用量开始呈平滑状态，这主要是由于农作物生长需要一定营养物质，当化肥使用量在一定程度上达到饱和状态时，即使实现生产数字化，也只能在一定范围内减少化肥的使用量，而不能完全消除。而农村生态环境在数字化产村融合激活农村闲置资源的主循环中不仅受影响生态环境的因素影响，也受生产、生活因素的影响。随着乡村经济发展，农民可支配收入的增加，农民对良好生态环境的需求将增加，且通过利用数字技术加快生态产业的发展，生态产业化能够实现闲置资源的价值创造，农民也将逐渐意识到生态产品价值，从而加大生态环境保护力度，促进农村生态环境的持续改善。

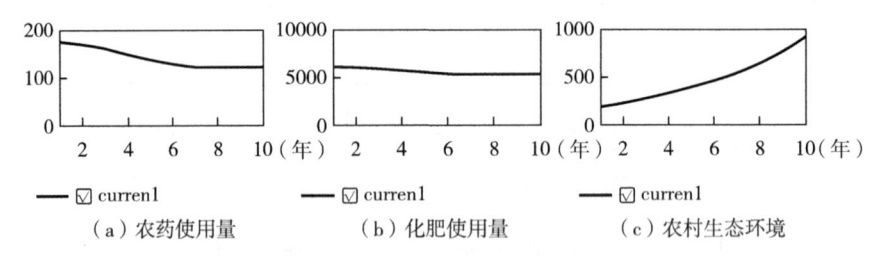

图 7-12　数字化产村融合共生过程的仿真结果（2）

（三）生活子系统

图 7-13 为数字化产村融合激活农村闲置资源的生活子系统的仿真结果。如图所示，乡村就业呈先缓慢增长后快速增长的趋势，农民人均消费支出逐步增长，而乡村社会发展呈缓慢增长到加速增长的趋势。在数字化产村融合激活农村闲置资源的主循环中，农村第一产业、第二产业、第三产业的发展能够一定程度上激活季节性劳动力闲置资源，从而增加乡村就业，提高农民工资性收入水平，增加农民人均可支配收入，改变农民消费需求，促进农民生活水平的提质升级。同时，农民人均消费支出与农村社会发展成正比，随着村景智慧化加快生活数字化，智慧农村建设进一步升级，智慧医疗、远程教育、智慧政务等服务能力不断增强，促使城乡公共服务差距进一步缩小，促进乡村社会发展。

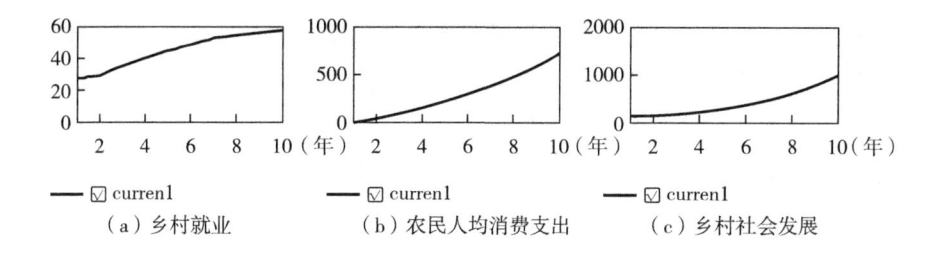

第七章 | 数字化背景下激活农村闲置资源的产村融合共生路径系统仿真分析

（a）乡村就业　　　（b）农民人均消费支出　　　（c）乡村社会发展

图 7-13　数字化产村融合共生过程的仿真结果（3）

二　关键变量动态仿真分析

（一）数字普惠金融指数因素的影响分析

随着时间的推移，数字普惠金融指数影响农村第一产业、第二产业、第三产业的水平，图 7-14 分别是数字普惠金融指数对第一产业国内生产总值、农产品加工业主营业务收入、休闲农业和乡村旅游收入的演化规律。在数字化产村融合激活农村闲置资源的主循环中，数字普惠金融指数的增长将降低数字化产村融合组织的金融服务门槛，优化数字化产村融合项目信贷业务流程，使数字普惠金融服务的可得性、便利性不断提高，推动乡村经济发展（李瑞峰等，2022）。

如图 7-14 所示，将数字普惠金融指数从 230 分别增加到 271、300、323、341、372，得到第一产业国内生产总值、农产品加工业主营业务收入、休闲农业和乡村旅游收入的变化轨迹。可以看到，数字普惠金融指数的增长能够促进第一产业国内生产总值、农产品加工业主营业务收入和休闲农业和乡村旅游收入的增长，且数字普惠金融指数促进休闲农业和农村旅游收入增长幅度最大。这主要是由于随着数字乡村建设进程的推进，数字普惠金融在乡村的覆盖面不断拓宽，为数字化产村融合组织提供资金支持，特别是农民能够加大休闲农业或服务业投资，提升农村生态、剩余劳动力、景观、集体资产等闲置资源的转换率，促进资源产业化，一定程度上提升农民工资性收入和农村集体经济组织集体收入，促进农民人均可支配收入的增长。而数字普惠金融指数对农产品加工业主营收入的影响存在一定的波动，这主要是由于农产品加工业固定资产投入的时间较长，存在时间的滞后性使其呈现波动上升的演化趋势。数字普惠金融指数对第一产业国内生产总值呈现较平缓的增长，这是由于随着农业数字化转型，提升农业生产效率，实现农业精准化生产和生产生态化，也一定程度上对农业规模化经营具有积极的推动作用，但数字技术在全国范围农业的应用存在明显的空间异质性，智能农业和精准农业在全国范围内并不普遍，使数字普惠金融指数的增长对第一产业的影响可能并不明显。

如图7-15所示，将数字普惠金融指数从230分别增加到271、300、323、341、372，可以得出，数字普惠金融指数的增长对乡村经济发展和数字化产村融合积累效果具有正向促进作用。数字普惠金融指数的增长一方面改善农村地区金融体系循环，促进农村地区创新创业，提

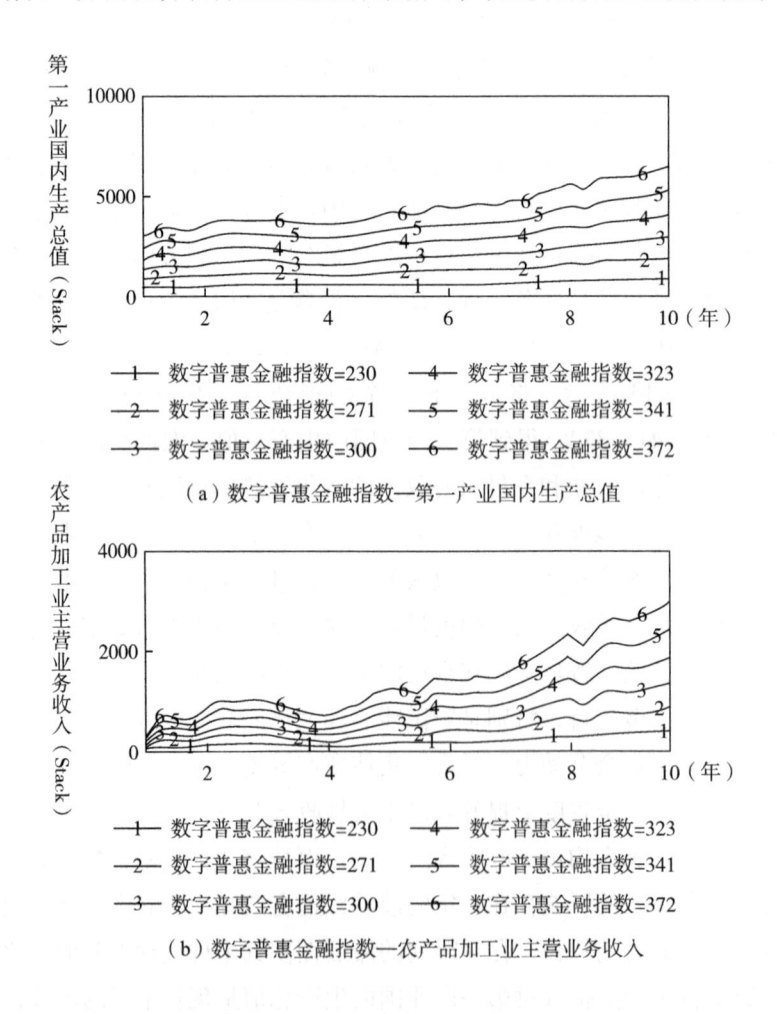

（a）数字普惠金融指数—第一产业国内生产总值

（b）数字普惠金融指数—农产品加工业主营业务收入

（c）数字普惠金融指数—休闲农业和乡村旅游收入

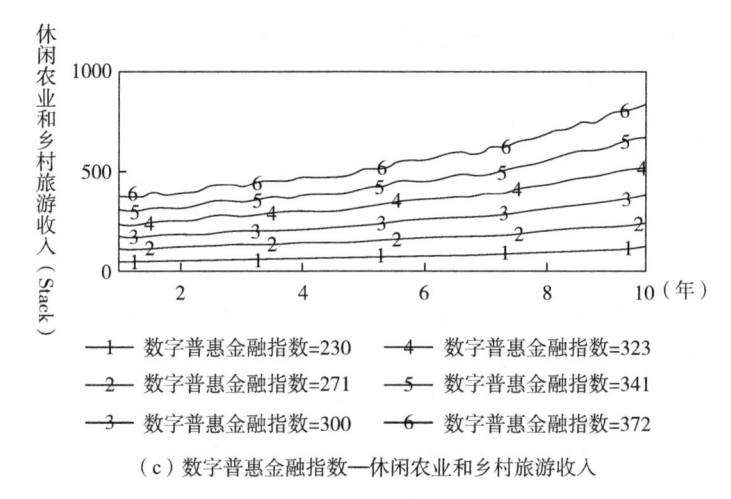

图 7-14　数字普惠金融指数与农村第一产业、第二产业、第三产业

（a）数字普惠金融指数—乡村经济发展

（b）数字普惠金融指数—数字化产村融合积累效果

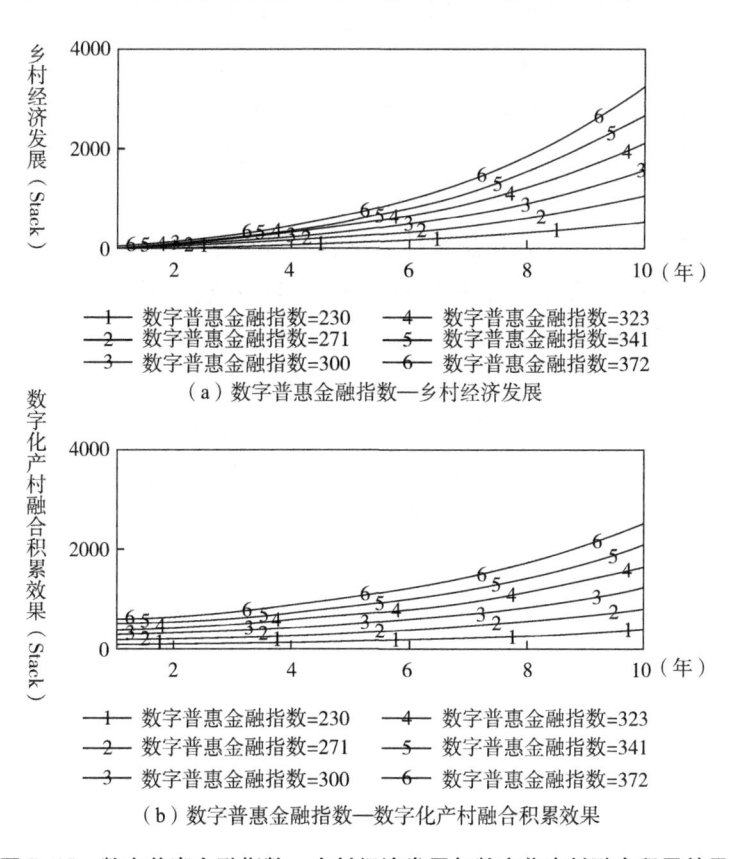

图 7-15　数字普惠金融指数、乡村经济发展与数字化产村融合积累效果

高农村就业率,从而提高农民经营性收入、财产性收入、工资性收入,改善农民消费水平,释放农村经济活力,促进乡村经济发展。另一方面数字普惠金融指数的增长能够充分发挥数字经济的长尾效应,带动农村第一产业、第二产业、第三产业各产业链环节的增值,对正向促进数字化产村融合积累效果产生正向作用,但数字化产村融合积累效果是生产、生态、生活共生融合发展的效果,而生产发展对数字化产村融合激活农村闲置资源影响最大,因此数字化产村融合积累效果的增长幅度较乡村经济发展的增长幅度较低。

(二)益农信息社因素的影响分析

受益农信息社相关政策影响,益农信息社影响乡村就业、农民人均消费支出的水平,图7-16是益农信息社分别对乡村就业、农民人均消费支出的演化规律。受数字乡村建设相关政策的影响,益农信息社呈现从井喷式增长到减速减缓的阶段性变化,益农信息社开展的农业关于服务、便民服务、电子商务、培训体验服务一定程度上提升了农民文化程度和数字能力,提升了新型农业经营主体和农户资源利用和整合能力,促进了乡村就业,这使益农信息社自实施以来不断推广和拓展,取得了良好效果,2020年益农信息社基本覆盖全国所有行政村[①]。

如图7-16所示,益农信息社从2.43分别增长到13.1、22.4、38.0、45.5、46.7,可以得出,益农信息社促进农村就业能力,农民人均消费支出稳步提升,且在后期提升的速度较快。主要原因是一方面益农信息社提升了农村社会性服务能力和水平,能够提供用工推介服务,提高农民就业的适配度,从而促进农村就业,但由于农村农业岗位供给有限,因此农村就业的增长幅度呈缓慢增长的趋势;另一方面考虑到农民家庭劳动力就业情况会对其可支配收入产生影响,进而改变家庭消费能力和消费结构(陈培彬和朱朝枝,2021)。乡村经济发展也会促进农民人均可支配收入的增加,从而增加农民可支配收入,优化农民消费支出结构。

[①] 《益农信息社2020年基本覆盖全国行政村》,中华人民共和国中央人民政府官网,https://www.gov.cn/xinwen/201703/19/content_5178646.htm?gs_ws=tsina_636255337648906850。

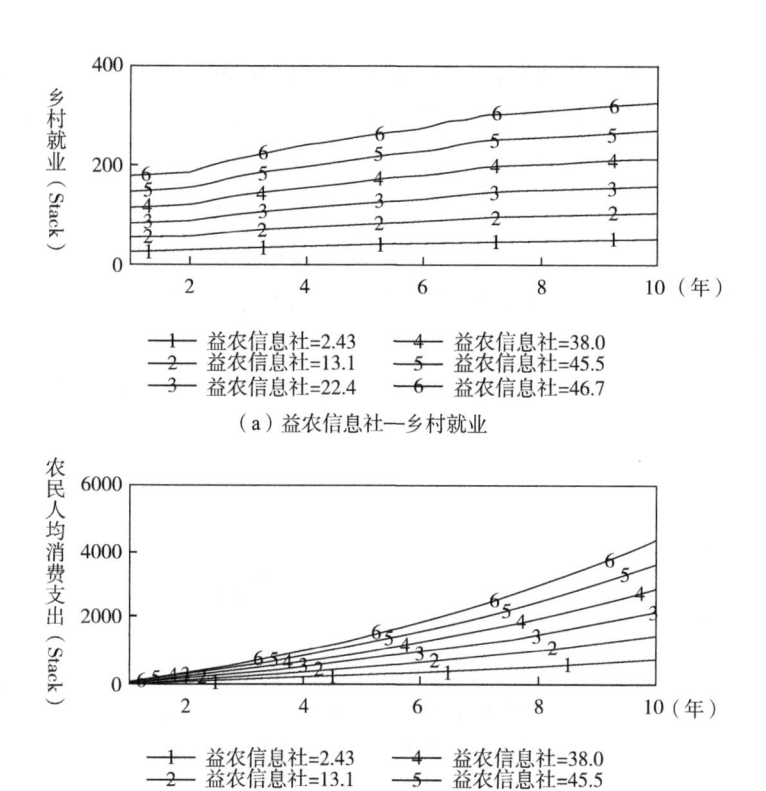

第七章 | 数字化背景下激活农村闲置资源的产村融合共生路径系统仿真分析

图7-16 益农信息社、乡村就业与农民人均消费支出

如图7-17所示,益农信息社从2.43分别增长到13.1、22.4、38.0、45.5、46.7,得到乡村社会发展、数字化产村融合积累效果的变化轨迹,可以得出乡村社会发展呈增长趋势,益农信息社覆盖面越广,乡村社会的发展水平越快,且益农信息社、乡村社会发展与数字化产村融合积累效果成正比。这主要是由于益农信息社对农村生活具有普惠作用,能够以信息流带动技术流、资金流、人才流、物资流等流向农村,截至2020年底,累计培训村级信息员198.6万人次,为信息农业经营主体和农民提供公益服务2.3亿人次,开展便民服务4.2亿人次[1],提升了农村社会服务能力,促进了农村社会发展。另外,益农信息社提供的各项服务也能够帮助农民利用各类资源进行创新创业,实现资源的创

---

[1] 《数字中国发展报告》,https://www.gov.cn/xinwen/2021-07/03/content_5622668.htm。

177

造、转换和增值，促使农民可支配收入的提升，同时也有利于缩小城乡收入差距。而生活数字化一定程度上能够促进城乡基本公共服务均等化，有利于减少农民教育、医疗、政务服务等支出，一定程度上改善农村收入水平和优化农民消费结构，增强农民获得感和幸福感，促使农村人口比重上升，吸引有能力、有资源的乡贤返乡，从而又将促进乡村经济发展和农村环境改善，加快数字化产村融合共生发展，释放农村活力。

(a) 益农信息社—乡村社会发展

(b) 益农信息社—数字化产村融合积累效果

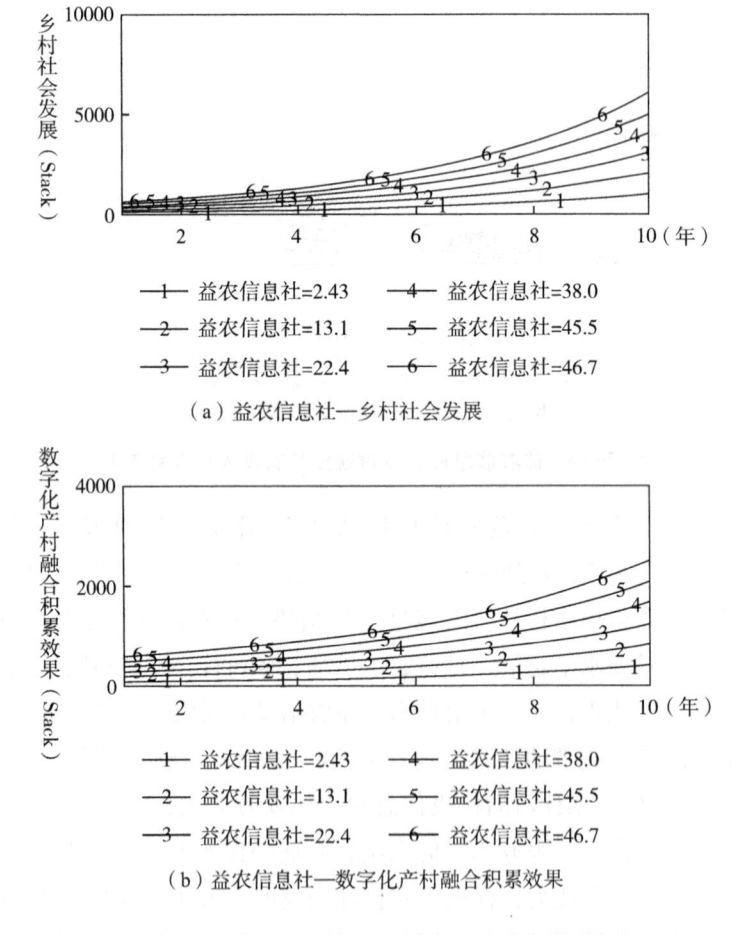

图 7-17 益农信息社、乡村生产发展与数字化产村融合积累效果

第五节 本章小结

本章首先对12份数字化产村融合相关政策文件进行LDA主题模型分析，确认数字化产村融合共生系统子系统数量为3个，根据高频词汇确认指标和变量，并运用系统动力学方法构建数字化产村融合激活农村闲置资源的系统动力学模型，分别阐述了"数字化产村融合激活农村闲置资源的生产子系统"、"数字化产村融合激活农村闲置资源的生态子系统"以及"数字化产村融合激活农村闲置资源的生活子系统"3个子系统及数字化产村融合激活农村闲置资源系统的因果关系图及反馈图，并引入乡村经济发展、农村生态环境、乡村社会发展、数字化产村融合积累效果状态变量对系统进行分析，且对影响数字化产村融合激活农村闲置资源关键因素的动态过程进行模拟仿真，发现数字化产村融合激活农村闲置资源对生产、生活、生态具有正向促进作用，也在一定程度上促进数字化产村融合积累效果的增加。

第八章

产村融合对乡村振兴的影响机制及实证检验

习近平总书记对做好"三农"工作、实施乡村振兴战略提出了一系列重要要求，而产业振兴是实现乡村振兴的关键，但当前农村闲置的存在阻碍了产业振兴的推进，还将制约乡村振兴战略的实施。只有通过产村融合，农村闲置资源才能够得到有效利用，乡村产业才能够振兴，乡村才能增加吸引力，农民才能看到"农业强""农村美""农民富"的希望，从而为实现乡村振兴奠定坚实的物质基础，进而推进乡村振兴战略的实施。本章从产村融合的内在逻辑出发，总结了产村融合对乡村振兴的影响机制，即产村融合在有效激活农村闲置资源的基础上，通过推动乡村产业结构升级、生态环境优化和乡村居民生活水平提升，实现"农业强、农村美、农民富"的乡村振兴战略目标。同时，本书构建了产村融合评价指标体系，收集了百强县的相关数据，实证检验了产村融合是否能促进乡村振兴，结果显示，产村融合对中国乡村振兴有显著的正向作用，并且这一结果通过了内生性及稳健性检验。

第一节 产村融合对乡村振兴的影响机制

在乡村振兴"产业兴旺、生态宜居、乡风文明、治理有效、生活富裕"的战略新目标下，大部分乡村开启了尝试性的探索，努力挖掘自身的优势资源，在充分运用自身的特色资源的基础上，以特色产业为切入点，深入推进第一产业、第二产业、第三产业融合发展（刘晓宇，

2018），发展较好的乡村将从区域整体发展着眼，协调好每个区域相关产业的整合，同时与城市产业形成上下游关系或者竞争关系，以扩大产业辐射带动横向领域（林琳，2018）。基于大量乡村振兴实践案例可知，乡村发展目前表现为使产业、农村、农户、资源围绕生产、生活、生态3个维度实现高度融合，即在以农业产业为核心产业的前提下，其他不同产业间相互融合，实现农村第一产业、第二产业、第三产业融合（陈英华和杨学成，2017）。同时，农村、农户、资源与产业间的融合共生，构成一条完整的产村融合共生路径，使生产、生态、生活空间彼此相互作用、相互促进，共同发展。产村融合是将产业、服务与居住等功能相互融合，空间布局全面整合各类功能，满足不同类型产业空间适宜性的需求，其对应的空间布局方式也将进行调整。形成一种与村庄产业发展伴随的产村融合模式，突出自身优势产业，激发村庄发展动力，并最终实现产业、农村、农户、生态资源相互融合（见图8-1）。

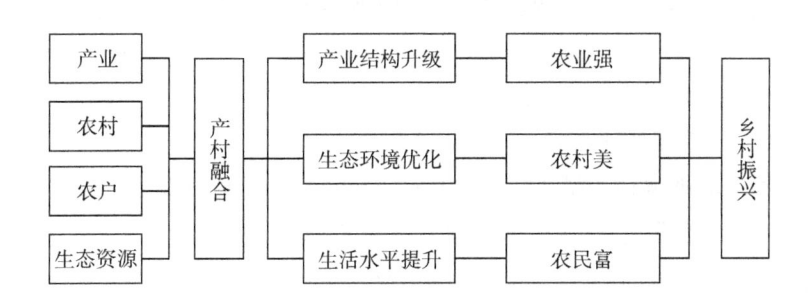

图8-1 产村融合影响乡村振兴机理

在乡村建设的过程中，产业作为影响村庄经济发展的主要因素，以基础农业为依托，遵循产业集聚和重组、产业技术创新、产业链条延长、体制改革深化等产业融合的基本方法，让各种资源、技术、资本要素充分活跃起来。同时，也需要推进多种产业协调发展，坚持第一产业转型、第二产业引导、第三产业联动的原则，遵循区域协作、产业驱动机制促进区域产业结构转型升级，日渐形成了"一产带三产，三产促一产，一三产互动"的美丽乡村建设模式（王丹玉等，2017）。产村融合是让乡村的产业规划具有落地性，也是乡村国土空间规划的创新，让乡村空间基于产业发展的要求合理布局，使乡村生态环境也得到优化。实现乡村振兴离不开农民的支持，决胜全面建成小康社会离不开农民的参与，要提高农民的支持度和参与性，需要政府解决好乡村的民生问题。发展产村融合，可以督促政府平衡乡村基础设施建设，以居民民生所需为原则，打造完善的基础设施，改善农民的生活环境，提高生活质量，也能够吸引企业入驻，立足乡村可持续发展目标，实现乡村经济的最优化发展，优化乡村人居环境、提高农民的生活水平。

产村融合以乡村的区位条件、特色资源、生产能力、产业规划等为基础，在功能、交通、设施、环境、规划等方面实现一体化（雷诚等，2019）。并突出农村发展优势，激发农村发展动力，加快农业产业结构升级、生态环境优化、生活水平提升，进而实现"农业强、农村美、农民富"的目标，推进乡村振兴的战略的实施，使产村融合迸发出活力。

第二节 产村融合对乡村振兴的影响实证检验

一 变量界定

（一）被解释变量

本书的被解释变量为中国 2015—2019 年乡村振兴水平，用"居民储蓄存款余额"这一指标来度量。之所以选取该指标，一方面，从中国乡村建设的角度来看，乡村振兴战略是中国乡村建设的清晰思路，统筹了乡村经济建设、政治建设、社会建设、生态文明建设和文化建设，经济建设的目的之一就是满足农民收入不断提高的需要（刘合光，2018；张军，2018）；另一方面，从乡村振兴战略的 20 字总要求来看，产业兴旺是其根本，生态宜居是其基础，乡风文明是其关键，治理有效是其保障，而生活富裕是其目标（陈美球等，2019）。因此，乡村振兴的最终目的是提高农民收入水平，这不仅是"生活富裕"最重要的衡量标志，也是乡村振兴战略的终极目标（黄祖辉，2018）。"居民储蓄存款余额"不仅可以表征农民的收入水平，也代表了农民可支配收入中的劳动者剩余，是农民生活富裕程度的体现，因此选取该指标衡量乡村振兴水平。

(二) 核心解释变量

1. 指标体系构建

本书的核心解释变量为2015—2019年中国百强县的产村融合水平，基于第四章研究，已经确定产村融合的核心因子为共生开发、产业融合、产村景融合、乡村文明、智慧乡村、民生保障六个方面。因此，本章选用层次型测度指标体系，让测度指标更具可行性和科学性，将影响因子作为二级指标，根据对文献的梳理和数据的可得性，选取了8个三级指标构建产村融合指标体系，具体指标选取如表8-1所示。

表8-1　　　　　　　　产村融合指标体系构建

一级指标	二级指标	三级指标
农业强	共生开发	建城区绿化覆盖率
	产业融合	农业及相关产业增加值中第一产业增加值的占比
农村美	产村景相融	第三产业从业人员
	乡村文明	受教育程度
农民富	智慧乡村	乡村互联网终端使用率
	民生保障	乡村人口医保参保率
		各种社会福利收养性单位床位数

其中，共生开发采用建城区绿化覆盖率进行衡量，以了解乡村生态自然环境和其他用地开发情况，绿化覆盖率越高表明乡村各单位主体共生越和谐。选取农业及相关产业增加值中第一产业增加值的占比衡量产业融合情况，了解三大产业的经济发展情况和产业之间的关联度。目前，乡村第三产业主要以旅游业为主，旅游产业越发达，则产业和村庄和景色越融合，因此，第三产业从业人员也可以衡量产村景相融情况。新时代下乡村教育情况已取得较大成就，以本书（普通中学在校学生数+小学生在校学生数+中等职业教育学校在校学生数）/户籍人数来表示乡村受教育程度，进而衡量乡村文明发展情况。乡村信息化建设起步晚，与城市还有较大的信息鸿沟，因此，乡村互联网终端使用率可以反映智慧乡村建设的情况。乡村的留守老人和儿童较多，在民生保障方面采用乡村人口医保参保率和各种社会福利收养性单位床位数进行度量。

在充分考虑经济、社会和民生等因素后，本章选取以上8个指标对各乡村的产村融合水平进行测度。

2. 百强县产村融合水平测度分析

主成分分析法。在对百强县产村融合水平测度分析的过程中，本章研究采用主成分分析法，旨在通过降低度量维度的思想把多个指标转化为少数几个主成分指标，其中每个主成分都能够反映原始变量的大部分信息，且所含信息互不重复，用所得到的综合指标代表产村融合发展水平（刘志惠和黄志刚，2019）。对比其他的赋权方法，主成分分析法在引进多方面变量的同时将复杂因素归结为几个主成分，使问题简化，同时得到更加科学有效的数据信息（朱静静，2019）。本章的测算过程如下。

首先，对指标数据进行标准化，得到标准化矩阵，消除了数据之间在无量纲化和数量级上的差别。其次，根据标准化数据矩阵建立协方差矩阵 R（贾雅喆，2011）。

此矩阵中的 $r_{ij}(i, j=1, 2, \cdots, p)$ 为原始变量 X_i 与 Y_j 的相关系数，其中 $r_{ij}=r_{ji}$。

其计算式为 $r_{ij} = \dfrac{\sum_{k=1}^{n}(x_{ki}-\overline{x_i})(x_{ki}-\overline{x_j})}{\sqrt{\sum_{k=1}^{n}(x_{ki}-\overline{x_i})^2 \sum_{k=1}^{n}(x_{ki}-\overline{x_j})^2}}$

根据协方差矩阵 R 求出特征值和特征向量。

根据特征方程 $|\lambda_i - R| = 0$，求解出矩阵的特征值，并把该值按从大到小的顺序排列 $\lambda_1 \geq \lambda_2 \geq \cdots \geq \lambda_p$；再求出与该值对应的特征向量 e_i（$i=1, 2, \cdots, p$）。

确定主成分函数的表达式 $F_j = \dfrac{e_i}{\sqrt{\lambda_j}} \times [zx_1, zx_2, \cdots, zx_p]$（$i=1, 2, \cdots, p; j=1, 2, \cdots, m$），其中，$zx_1, zx_2, \cdots, zx_p$ 为标准化后的数据。

根据主成分函数确定产村融合水平的综合函数 $F = \sum_{1}^{m} \dfrac{\alpha_j \times F_j}{\sum_{1}^{m} \alpha_j}$（$j=1, 2, \cdots, m; m \leq p$）。最后根据产村融合水平综合函数，搜集各百强县的相关数据计算村域的产村融合水平。

3. 样本选取和数据来源

本章以2020年中国百强县域为样本，此样本名单是由赛迪顾问县域经济研究中心编制，榜单以"地区生产总值大于400亿元，一般公共预算收入大于20亿元"作为两大数据入库门槛。为了检验各县域的村级单位的产村融合发展水平，本书所采用的数据主要源于2015—2019年的《中国县域统计年鉴》的村级卷数据。但由于部分指标数据缺失，去除数据缺失县域（江苏省海安县、浙江省玉环县、山东省邹平县、湖南省宁乡县、陕西省神木县），最后选取100个县域各8个指标。表8-2为100个县域2015—2019年产村融合发展水平。

表8-2　　中国百强县2015—2019产村融合发展水平

县域	2015年	2016年	2017年	2018年	2019年
江苏省昆山市	1.672	1.220	1.173	1.614	1.656
江苏省江阴市	1.132	1.044	1.001	1.035	0.946
江苏省张家港市	1.194	0.932	1.050	0.963	1.090
福建省晋江市	1.199	0.845	0.724	0.825	1.275
江苏省常熟市	1.491	1.474	1.528	1.071	1.194
湖南省长沙县	0.101	0.071	0.205	0.581	0.648
江苏省太仓市	0.321	0.198	0.012	0.154	0.299
浙江省慈溪市	0.509	0.653	0.518	0.422	0.585
浙江省义乌市	0.771	0.455	0.532	1.283	1.700
山东省龙口市	-0.047	0.097	0.036	-0.448	-0.350
江苏省宜兴市	0.735	0.756	0.745	0.599	0.493
山东省胶州市	0.244	-0.019	-0.113	-0.053	0.108
江苏省海门市	0.229	0.687	0.274	-0.153	0.027
山东省荣成市	0.337	0.454	0.187	-0.295	-0.132
福建省福清市	0.250	0.203	0.143	-0.133	0.165
浙江省余姚市	0.597	0.510	0.411	0.520	0.731
湖南省浏阳市	-0.081	-0.020	0.341	0.504	0.202
浙江省诸暨市	0.353	0.712	0.414	0.809	0.785
浙江省海宁市	0.220	0.121	0.104	0.328	0.360
浙江省乐清市	0.202	-0.246	0.263	0.400	0.492

续表

县域	2015 年	2016 年	2017 年	2018 年	2019 年
福建省石狮市	0.203	−0.228	−0.302	0.231	0.782
福建省南安市	0.351	0.454	0.127	−0.062	0.164
江苏省泰兴市	0.417	0.528	0.568	0.182	0.129
浙江省温岭市	0.596	0.514	0.532	0.595	0.476
江苏省如皋市	0.410	1.113	0.596	0.181	0.141
浙江省瑞安市	0.849	0.787	−0.013	0.040	0.351
江苏省启东市	0.115	0.589	0.291	−0.145	−0.041
浙江省桐乡市	0.248	−0.184	−0.131	0.129	0.534
河北省迁安市	−0.105	−0.200	−0.109	0.007	0.078
江苏省丹阳市	0.300	0.217	0.156	0.084	0.079
江苏省靖江市	0.079	0.103	0.007	−0.272	−0.241
山东省滕州市	0.107	0.258	0.018	0.484	0.053
江苏省如东县	0.053	0.647	0.345	−0.218	−0.270
福建省惠安县	0.056	0.111	0.003	0.107	0.173
江苏省溧阳市	0.093	0.245	0.034	−0.161	−0.212
内蒙古自治区准格尔旗	−0.547	−0.639	−0.639	−0.556	0.444
山东省寿光市	0.335	0.552	0.635	0.453	0.057
河南省新郑市	−0.664	−0.923	−0.498	0.462	0.731
山东省诸城市	0.148	0.100	0.375	0.225	0.238
江西省南昌县	−0.394	−0.506	−0.482	0.136	1.040
贵州省仁怀市	−1.457	−1.893	−1.694	−0.575	−0.559
江苏省东台市	0.160	0.236	0.103	−0.196	−0.210
江苏省邳州市	0.129	0.720	0.713	0.660	0.319
山东省平度市	−0.081	0.108	−0.032	−0.153	−0.194
山东省莱州市	0.260	0.221	0.116	0.038	−0.211
浙江省平湖市	−0.278	−0.390	−0.459	−0.176	−0.098
河北省三河市	−0.061	−0.211	0.018	0.391	−0.360
河南省巩义市	−0.369	−0.425	−0.421	−0.574	−0.376
山东省招远市	−0.560	−0.428	−0.439	−0.772	−0.713
浙江省长兴县	0.199	0.188	0.270	−0.024	0.187
江苏省仪征市	−0.077	−0.184	−0.166	−0.428	−0.230

第八章 | 产村融合对乡村振兴的影响机制及实证检验

续表

县域	2015 年	2016 年	2017 年	2018 年	2019 年
山东省邹城市	-0.075	-0.021	0.029	0.166	0.029
福建省闽侯县	-0.634	-0.567	-0.630	-0.721	-0.415
浙江省嘉善县	-0.169	-0.388	-0.400	-0.111	0.079
山东省肥城市	-0.129	-0.231	-0.247	-0.264	-0.255
江苏省兴化市	0.283	0.632	0.570	0.252	-0.120
浙江省宁海县	-0.247	-0.291	-0.263	-0.085	0.096
内蒙古自治区伊金霍洛旗	-0.403	-0.534	-0.565	-0.744	-0.397
河南省新密市	-0.609	-0.693	-0.359	0.032	-0.024
安徽省肥西县	-0.297	-0.311	-0.330	-0.603	-0.534
浙江省东阳市	0.062	0.013	0.047	0.190	0.261
河南省永城市	-0.337	-0.389	0.571	0.271	0.128
河南省荥阳市	-0.387	-0.341	-0.942	-0.456	-0.273
江苏省扬中市	-0.404	-0.459	-0.540	-0.588	-0.390
河南省济源市	-0.149	-0.441	-0.466	-0.410	-0.167
江苏省沛县	-0.046	0.234	0.159	0.171	-0.033
辽宁省瓦房店市	0.754	0.313	0.134	-0.147	-0.354
湖北省大冶市	-0.701	-0.773	-0.448	-0.313	-0.015
山东省广饶县	0.060	-0.022	-0.117	-0.624	-0.475
湖南省醴陵市	-0.495	-0.280	-0.387	-0.202	-0.283
山东省莱西市	-0.172	-0.110	-0.193	-0.588	-0.474
山东省新泰市	0.304	0.206	0.125	0.074	-0.038
湖北省宜都市	-0.360	-0.326	-0.410	-0.521	-0.508
江苏省沭阳县	0.465	0.562	0.573	0.604	0.249
湖北省仙桃市	-0.347	-0.273	-0.153	0.007	-0.031
江苏省高邮市	-0.115	0.068	0.159	-0.347	-0.317
江苏省句容市	-0.234	-0.181	-0.306	-0.465	-0.448
浙江省临海市	-0.007	0.119	0.173	-0.126	0.092
江苏省射阳县	-0.266	-0.132	-0.063	-0.379	-0.299
浙江省永康市	-0.242	-0.357	-0.182	-0.105	-0.049
浙江省苍南县	-0.231	-0.335	-0.245	0.084	-0.257
辽宁省海城市	-0.461	-0.339	-0.368	-0.197	-0.254

续表

县域	2015年	2016年	2017年	2018年	2019年
湖北省潜江市	−0.481	−0.441	−0.350	−0.318	−0.396
辽宁省庄河市	−0.304	−0.159	−0.041	−0.254	−0.417
安徽省长丰县	−0.941	−0.759	−0.679	−0.787	−0.936
云南省安宁市	−0.175	−0.502	−0.568	−0.224	0.195
安徽省肥东县	−1.544	−0.383	−0.510	−0.614	−0.508
广东省博罗县	0.001	−0.995	−0.212	0.004	0.243
湖北省枣阳市	−0.285	−0.465	−0.476	0.170	−0.107
新疆维吾尔自治区库尔勒市	−0.256	−0.257	−0.109	−0.100	0.024
河南省汝州市	−0.806	−0.937	−0.899	−0.278	−0.135
湖北省汉川市	−0.388	−0.230	−0.094	−0.249	−0.233
新疆维吾尔自治区昌吉市	−0.333	−0.600	−0.649	−0.557	−0.216
湖北省枝江市	−0.496	−0.455	−0.635	−0.682	−0.747
陕西省府谷县	−0.904	−0.990	−1.025	−0.755	−0.506

资料来源：本表基于SPSS23.0软件计算。

（三）控制变量

本章参考陈丹和姚明明（2019）研究数字普惠金融对农民收入影响时所选取的控制变量，并在此基础上加入可能会对农民收入产生影响的变量共同作为控制变量，主要包含以下六个。

经济发展水平：考虑到地区经济发展水平会对乡村振兴水平产生影响，本章选取百强县的人均生产总值（$rgdp$）来衡量经济发展水平。

固定资产投资：考虑到固定资产投资是地区发展的主要资金来源，会对乡村振兴水平产生影响，因此本章选取百强省人均固定资产投资额（Inv）来衡量地区的投资水平。

产业发展水平：农业是农村居民的支柱产业，会对乡村振兴水平产生影响，本章选取农业增加值（ny）来衡量地区农业发展水平，选取人均第一产业增加值（rf）来衡量第一产业发展水平，选取人均工业产值（rg）来衡量工业发展水平。

政府财政水平：考虑到政府财政水平也是影响乡村发展的一大重要因素，因此本章选取人均公共预算收入（rs）来衡量政府财政水平。

二 模型设定

参考陈丹和姚明明（2019）研究数字普惠金融对农村居民收入影响时所选取的模型，本章构建如下回归模型，考察产村融合对乡村振兴的影响，其模型如下：

$$Y = \beta_0 + \beta_1 CR_{i,t} + \beta_c CV_{i,t} + \varepsilon_{i,t} \qquad (8-1)$$

式中，i 为地区；t 为年份；Y 为被解释变量乡村振兴；$CR_{i,t}$ 为核心解释变量产村融合；$CV_{i,t}$ 为控制变量；$\varepsilon_{i,t}$ 为随机误差项。其中，β_1 为乡村振兴与产村融合之间的关联性，当该值显著为正时，产村融合将有助于中国乡村振兴；当该值显著为负或者不显著时，意味着在现阶段产村融合对中国乡村振兴的推动力不足。

三 数据来源及描述性统计

本章所涉及变量说明及描述性统计如表 8-3 与表 8-4 所示。

表 8-3 　　　　　　　　　　变量说明

类型	名称	变量阐释与计量标准
被解释变量	乡村振兴（xc）	居民储蓄存款余额（百亿元）
解释变量	产村融合（cr）	产村融合发展水平指数
控制变量	经济发展水平（rgdp）	人均生产总值（千元/人）
	固定资产投资（Inv）	人均固定资产投资（千元/人）
	农业发展水平（ny）	农业增加值（亿元）
	第一产业发展水平（rf）	人均第一产业增加值（千元/人）
	工业发展水平（rg）	人均工业产值（万元/人）
	政府财政水平（rs）	人均公共预算收入（千元/人）

表 8-4 　　　　　　　　　　变量的描述性统计

变量名称	个数（个）	均值	标准差	最小值	最大值
xc	475	5.060	2.83	1.19	18.09
cr	475	0.001	0.51	-1.89	1.70
rgdp	475	10.990	6.96	2.72	42.43
Inv	475	8.100	4.90	0.45	47.52
ny	475	28.880	18.82	0.48	118.52

续表

变量名称	个数（个）	均值	标准差	最小值	最大值
rf	475	21.980	17.82	0.95	147.32
rg	475	5.640	2.81	1.29	19.48
rs	475	8.580	7.01	1.77	45.45

资料来源：本表基于Stata14软件计算。

本书使用的是2020年中国百强县数据，变量数据均源于《中国县域统计年鉴》及各市（县）单独的统计年鉴，其中由于数据缺失，本书剔除百强县中的江苏省海安县、浙江省玉环县、山东省邹平县、湖南省宁乡县和陕西省神木县，不予考虑。

四 基准回归分析

在回归之前，本章首先对主要解释变量进行多重共线性检验，发现 $\max\{vif_1, vif_2, \cdots, vif_k\}=3.08$，显著小于判断标准最低数值10，有效控制了多重共线性的影响。其次考虑异方差和面板自相关等问题，本章进行 WHITE 及 BP 异方差检验，WHITE 结果显示，在给定 $\alpha=0.05$ 的状况下"chi2（35）= 133.27，Prob>chi2 = 0"，BP 结果显示"chi2（1）= 47.42，Prob>chi2 = 0"，均拒绝方程不存在异方差的原假设，说明方程存在异方差。最后本章进行 Hausman 检验，结果显示被解释变量在1%的水平下拒绝随机效应模型的假设，因此本书选取面板固定效应模型。

表8-5中列（1）至列（3）是基于上述所构造的计量模型用Stata14软件对样本数据进行估计的结果。列（1）是以乡村振兴（xc）为被解释变量，用产村融合变量进行单独回归的结果，可以发现，在列（1）中，产村融合（cr）的回归系数为1.251，符号为正，且在1%的显著性水平下显著，表明产村融合有助于促进中国的乡村振兴。列（2）是以乡村振兴（xc）为被解释变量，用产村融合变量以及相关控制变量共同进行 OLS 回归的结果，可以发现产村融合变量（cr）的回归系数为3.595，在1%的显著性水平下显著。列（3）是以乡村振兴（xc）为被解释变量，用产村融合变量以及相关控制变量共同进行固定效应回归的结果，可以发现产村融合变量（cr）的回归系数

为 0.486，在 1%的显著性水平下显著。由此可得，实证结果均表明产村融合对中国乡村振兴有显著的正向促进作用。

表 8-5　　　　　　　　　　基准回归结果

自变量	因变量		
	xc	xc	xc
	（1）	（2）	（3）
cr	1.251*** (6.92)	3.595*** (18.65)	0.486*** (3.00)
rgdp		0.127*** (3.96)	0.135*** (4.85)
Inv		-0.083*** (-3.68)	0.085*** (4.08)
ny		-0.004 (-0.68)	0.047*** (5.67)
rf		-0.017** (-2.50)	-0.021*** (-2.99)
rg		-0.079** (-2.18)	-0.168*** (-3.10)
rs		-0.003 (-0.12)	0.080*** (3.10)
_cons	5.056*** (28.65)	5.313*** (18.83)	2.253*** (5.74)
N	475	475	475
adj. R^2	0.5303	0.5881	0.2178

注：*、**、***分别表示通过了 10%、5%以及 1%水平下的显著性检验，括号内的数值是其对应的 t 值。

资料来源：本表基于 Stata14 软件估计。

接下来，对本书的控制变量的相关结果作出解释。①经济发展水平（rgdp）：回归结果显示，在样本期间，地区经济发展水平对乡村振兴有显著的正向促进作用，且在 1%的显著性水平下显著，说明经济发展水平越高的地区其乡村振兴的实施进度、发展水平等也会相对更快、更高，符合预期。②固定资产投资（Inv）：固定资产投资对乡村振兴有显著的促进作用，回归系数为0.085，且在1%的显著性水平下显著，说明固定资产投资越多，乡村振兴水平越高。③农业发展水平（ny）：农业发展水平的回归系数为0.047，且在1%的水平下显著，说明农业发展水平的提升有助于乡村振兴水平的提升。④第一产业发展水平（rf）：在样本期间，第一产业发展水平对乡村振兴的作用为负向。⑤工业发展水平（rg）：回归结果显示，在样本期间，工业发展水平对乡村振兴的作用为负向。⑥政府财政水平（rs）：回归结果显示，在样本期间，政府财政水平对乡村振兴的影响为显著正向，说明政府财政对乡村振兴有促进作用。

五 内生性检验

在进行实证检验时，检验模型可能会出现内生性问题。内生性问题主要是由以下三个方面引起的：一是数据测算存在误差，二是检验模型存在遗漏变量，三是解释变量与被解释变量之间存在互为因果的关系，为解决检验模型存在的内生性问题，本章已采取如下措施。

首先，在数据的测算误差方面，本章选取的数据均源于国家统计局、统计年鉴等官方平台，在测算2015—2019年中国百强省的产村融合水平时，选取的指标，以及数据处理的方法具备科学性及严谨性。其次，在遗漏变量方面，本章已添加相关控制变量，选取固定效应模型进行实证检验，对遗漏变量产生的内生性进行控制。最后，在互为因果产生的内生性方面，从理论上来说，乡村振兴水平提高后，会对产村融合水平起到一定的促进作用，可能存在互为因果的关系。因此，本章还需进一步检验模型的内生性问题，本章拟采取滞后一期的产村融合变量作为工具变量解决模型的内生性问题。

首先，本章对原有变量进行混合回归，以及对加入滞后一期产村融合变量作为工具变量的数据进行混合回归，将两种回归结果进行Hausman检验。结果显示"chi2（7）=34.18，Prob>chi2=0"，表明拒绝了"所有变量均为外生"的原假设，产村融合为内生解释变量。因此，本章采用滞后一期的产村融合指标作为工具变量，利用OLS模型进行估计，回归结果如表8-6所示，列（1）为第一阶段的回归结果，以产村融合（cr）为被解释变量，工具变量（$L1.cr$）的系数为0.8000，在1%的水平下显著。列（2）是第二阶段回归结果，乡村振兴（xc）为被解释变量,表明使用工具变量法对内生性问题进行解决后得到的估计结果。结果显示,产村融合(cr)的系数为 4.725,且在 1%的水平下显著。由此可见,本章在考虑了内生性问题后所得出的实证结果依旧符合前文结论。

表 8-6　　　　　　　　　　内生性检验结果

自变量	因变量	
	cr	xc
	(1)	(2)
cr		4.7250*** (16.80)
L1.cr	0.8000*** (26.25)	
rgdp	0.0070 (1.40)	0.0770** (2.10)
Inv	0.0060* (1.86)	-0.0830*** (-3.38)
ny	0.0020*** (2.65)	-0.0210*** (-3.03)
rf	-0.0005 (-0.53)	-0.0170** (-2.17)
rg	-0.0240*** (-4.28)	-0.0008 (-0.02)
rs	-0.0010 (-0.25)	0.0130 (0.42)
_cons	-0.0320*** (-0.70)	6.0060*** (17.88)
N	380	380
adj.R^2	0.7492	0.5789
弱工具变量检验		F(1372=689.178)>10

注:*、**、***分别表示通过了 10%、5%以及 1%水平下的显著性检验,括号内的数值是其对应的 t 值。

资料来源:本表基于 Stata14 软件估计。

六 稳健性检验

接下来本章进行稳健性检验，本章根据中国统计年鉴中的地区分类方法，将中国的31个省份分为东部、中部、西部3个区域，据此对中国百强省进行3大区域的分类。其中，去除5个数据缺失县，百强县中东部地区有67个，中部地区有21个，西部地区有7个。东部、中部和西部地区具有不同的经济发展水平，三大区域具有不同的发展战略，其影响结果可能不同，因此进行分样本检验，研究不同发展水平下产村融合对乡村振兴的影响是否相同，其回归结果如表8-7所示。

表8-7　　　　　　　　　稳健性检验结果

自变量	因变量		
	xc	xc	xc
	（1）东部	（2）中部	（3）西部
cr	0.316 (1.51)	0.5000 *** (3.26)	0.846 *** (2.70)
$rgdp$	0.210 *** (5.48)	0.1520 *** (3.90)	0.091 *** (2.69)
Inv	0.205 *** (7.21)	-0.0050 (-0.27)	-0.005 (-0.14)
ny	0.042 *** (4.65)	0.0440 *** (4.48)	0.025 * (1.66)
rf	-0.058 *** (-4.97)	-0.0006 (-0.13)	0.043 (1.62)
rg	-0.143 ** (-2.15)	-0.1660 *** (-3.11)	0.132 * (1.68)
rs	0.140 *** (4.19)	0.0270 (1.17)	-0.107 *** (-2.61)
_cons	1.632 *** (3.35)	1.4900 *** (4.03)	1.329 * (1.74)
N	335	105	35
adj. R^2	0.3028	0.4991	0.5918

注：*、**、***分别表示通过了10%、5%以及1%水平下的显著性检验，括号内的数值是其对应的 t 值。

资料来源：本表基于Stata14软件估计。

第八章 产村融合对乡村振兴的影响机制及实证检验

如表 8-7 所示，在以乡村振兴（xc）为被解释变量的回归结果中，列（1）东部地区产村融合（cr）变量系数为 0.316，结果显示不显著的正向促进作用，列（2）中部地区产村融合（cr）变量系数为 0.5000，在 1% 的显著性水平下显著，列（3）西部地区产村融合（cr）变量系数为 0.846，在 1% 的显著性水平下显著。结果表明，在中部及西部地区，产村融合对乡村振兴均有显著的正向促进作用，在东部地区为不显著的正向促进作用，这可能与地区经济发展水平有关。相较于中部及西部地区而言，东部地区经济发展水平较高，各类基础设施更为完善，而中部及西部地区更需要通过产村融合的方式来促进乡村振兴。总体来说，本书的基准回归结果通过稳健性检验，产村融合能够显著提升乡村振兴水平。

第三节 本章小结

本章主要分析了产村融合影响乡村振兴的内在规律以及实证检验了产村融合促进乡村振兴的效果如何。第一，通过文献梳理和规范分析发现，产村融合影响乡村振兴的内在机理遵循如下逻辑：产村融合→产业结构升级、生态环境优化、生活水平提升→实现乡村振兴（农业强、农村美、农民富）。第二，通过测度 100 个县域 2015—2019 年产村融合水平，将乡村振兴作为被解释变量，产村融合作为解释变量，在控制其他影响乡村振兴的变量基础上，实证检验了产村融合对乡村振兴的影响效果。实证结果表明，产村融合对乡村振兴具有显著正向的影响效果且该影响效果在中国中部地区、西部地区和东部地区存在明显的异质性。进一步检验发现，所有实证结果均通过了内生性检验与稳定性检验。

第九章

数字化背景下产村融合激活农村闲置资源的实证检验

在前文中，本书已对数字化产村融合激活农村闲置资源的共生机理与共生路径进行了分析，并对路径进行模拟分析，检验了路径的有效性。据此，本章基于2010—2021年全国30个省份的省级面板数据，对数字化产村融合激活农村闲置资源的影响效应展开实证检验，探讨数字化产村融合对农村闲置资源激活利用的具体影响作用。

第一节 理论分析与研究假设

一 数字化产村融合对农村闲置资源激活利用的影响作用

当下，农村闲置资源普遍存在的现象已然成为阻碍城乡融合发展与乡村振兴的一大难题。农村闲置资源的存在不仅不利于乡村特色产业的有效构建，也抑制了农村地区多功能价值的实现。但随着数字技术的迅猛发展与加快普及，基于数字技术的信息红利正逐步向农村地区快速扩散，其能够渗透到乡村经济社会的方方面面，发挥对资源配置的集成与优化作用，带来颠覆性创新和创造性破坏，助力挖掘不同类型农村地区的特色资源和独有优势，进而拓宽乡村振兴的通道（夏显力等，2019；曾亿武等，2021）。

在过去，中国农村地区广泛采取外源式发展模式，其核心思想是外部力量介入能够刺激农村发展。然而，在改革开放后，由于区域规划与政策导向的倾斜，城市逐渐成为区域经济发展的增长极，随着城乡二元体制的不断固化,这一模式的逐利本质反而造成了农村劳动力、资本等要素的加速流失与农村生态环境的恶化。

同时,在外源式发展模式中,农村的人文资源、生态资源等非经济因素往往为人所忽视甚至遭到践踏(Margarian,2013)。受此影响,农村空心化、边缘化不断加剧,并最终引发了大量农村资源的闲置与农村发展的滞后。

1976年,日本学者提出内源式发展理论,认为乡村振兴应走内源式发展道路,即"不同地区的人们立足于其固有的资源和资产,借鉴外来的知识、技术、制度,自律地创造出来"(鹤见和子和川田侃,1989)。其发展目的不仅仅是实现简单的经济增长,而且是实现地区生态、文化等多方面发展水平的综合提高,以及地区资源和技术的最大限度灵活应用(张环宙等,2007)。这一理论强调了乡村内生发展能力的重要性,而这一能力的激发源于农村地区多样化的地区资源的有效激活利用。同时,内源式发展也并非与外界隔离开,其同样十分重视乡村和城市之间网络化的交流与合作,实现乡村的内源式发展除了以地方参与、地方认同、地方资源为前提,还要注重农村与其所处环境之间的互动和联系(Bosworth等,2016)。尽管内源式发展理论为中国实现乡村振兴提供了一条全新道路,但受限于种种原因而难以充分应用于农村发展的实践中。

随着数字技术在中国农村地区的加速下沉,数字技术有效赋能了产村融合,并以数字化产村融合有效激活了农村闲置资源,从而为中国农村地区实现"外发促内生"与"内联促外引"有机结合的内源式发展模式提供了有利条件(何慧丽等,2014)。通过发挥数字技术对产业、空间、主体、资源的强大赋能作用和外溢效应,现代数据技术、管理手段,以及知识资源与传统土地和劳动力要素之间的相互关联与互动产生了协同效应,借助多种资源共同转化的乘数效应释放了农村潜在的资源潜力(冯朝睿和徐宏宇,2021)。

在此基础上,数字化产村融合使闲置低效的资产资源得到盘活利用,激发了农村发展的内生动力和活力,农村空间形态得以重构,实现了农村地区由传统农业主导到产业融合发展与生产生活生态融合共生的多功能转型,进一步发掘了农村的多元价值,为解决传统农业比较效益低、农村生产生活生态高度分散的难题开辟了一条新路（王胜等，2021）。

第一，数字化产村融合以数字技术为驱动，使"沉睡"的生产要素得以动起来、活起来、聚起来，促进城乡资源的畅通、互补、整合和优化，打破了原本农村地区要素流动无序的状况，唤醒了农村地区传统生产要素的活力，提升了农村要素配置效率，实现了资源要素的自由流动、依法流转与平等交换，为要素的有序流动创造了条件，从而实现了农村闲置资源的高效激活利用（夏显力等，2019；王胜等，2021；黄小勇等，2023）。

第二，数字化产村融合推动了乡村产业结构体系的重构。凭借其非排他性与强渗透性，数据要素作为新兴要素对农业生产、管理、销售全过程进行赋能重塑，由此开发乡村经济的新产业、新业态、新模式（梅方权，2001）。因此，能够打破原有农村产业边界，延长农村产业链，实现第一产业、第二产业、第三产业融合发展，构建出多元融合、协调并进的新型乡村产业结构体系，并为农村多样化资源的激活利用创造了可能。

第三，数字化产村融合促进了乡村跨越式发展。借助大数据、物联网等数字技术和先进管理手段的运用，依托乡村地区独特的资源系统，形成"产、村、人、文、景"为一体、生产生活生态深度融合发展的重要功能平台，打造集生产、休闲、生态于一体的田园综合体、农业公园等农业休闲产业园区，使资源围绕生产、生活、生态3个维度实现高度融合，从而有力推动闲置资源的激活利用。因此，本书提出：

H_{9-1}：数字化产村融合能够有效激活农村闲置资源。

二 数字化产村融合激活农村闲置资源的区域异质性

尽管中国大多数农村地区已开始逐渐开发利用当地闲置资源，但不同地区农村闲置资源激活利用的成效相差甚远。究其原因，一方面，不同地区的农村资源闲置现象存在较大差异。这不仅体现在资源闲置类型的差异上，更体现在资源闲置程度、资源闲置成因以及资源激活模式的差异上，上述因素的综合作用导致数字化产村融合激活农村闲置资源的具体实践极为复杂，并造成数字化产村融合激活农村闲置资源在具体实践上的区域异质性。另一方面，当前中国数字技术在各地渗透的广度与深度不尽相同，农村数字技术发展不平衡、不充分的问题仍然较为突出，不同农村地区间可能存在的数字鸿沟也可能对数字化产村融合助推农村闲置资源的影响效应造成一定的区域差异。虽然当前数字技术在中国广大农村地区的加速普及为数字化产村融合激活农村闲置资源创造了有利条件，但信息基础设施建设落后、专业数字人才紧缺、区域发展差距明显等现实障碍使中国农村地区在数字化发展的广度与深度上仍然整体滞后，这也使数字技术释放的普惠效应难以惠及广大农民，导致数字技术对产村融合的赋能作用在不同地区间也存在较大差异，并最终影响到数字化产村融合激活农村闲置资源在不同农村地区的具体实践。基于此，本书提出：

H_{9-2}：数字化产村融合对农村闲置资源激活利用的影响效应存在区域异质性。

第二节　研究设计与数据说明

一　研究设计与模型构建

为探究数字化产村融合共生对农村闲置资源激活利用的影响作用，本节将构建如下基于面板数据的基准回归模型：

$$IR_{i,t}=\alpha_0+\alpha_1 DPVI_{i,t}+\alpha_c Z_{i,t}+\mu_i+\delta_t+\varepsilon_{i,t} \quad (9-1)$$

式中，$IR_{i,t}$ 为省份 i 在 t 时期的闲置资源利用水平；$DPVI_{i,t}$ 为省份 i 在 t 时期的数字化产村融合发展水平指标；向量 $Z_{i,t}$ 为一系列控制变量；μ_i 为个体固定效应；δ_t 为时间固定效应；$\varepsilon_{i,t}$ 为随机扰动项。

二　变量选取与数据来源

（一）被解释变量：闲置资源利用水平（IR）

通过充分发挥数字技术的赋能作用，立足当地资源禀赋和自然条件，挖掘农村地区潜在的资源优势，提高农村聚合资源要素的内生发展能力，进而促进农业增效、农民增收、农村发展，让"沉睡"资产变成增收"活水"，最终激活乡村发展"一池春水"，这既是数字化产村融合激活农村闲置资源的应有之义，也是农村闲置资源激活利用的目标所在。农民增收不仅是数字化产村融合激活农村闲置资源的必然结果，更是农村闲置资源得到充分激活利用的重要表现。因此，本节在此处选取农村居民人均可支配收入作为闲置资源利用水平的代理变量。

(二) 核心解释变量：数字化产村融合发展水平（DPVI）

现阶段，鲜有学者对如何有效测度数字化产村融合发展水平展开研究。黄小勇等（2023）指出，数字化产村融合是基于共生发展和绿色发展理念，以融合为基、生态为本、共生为标，运用数字技术使产业、农村、农户、资源围绕生产、生活、生态3个维度实现高度融合，筑建宜居宜业、产村景相连、人文融通的循环生态共生体。因此，本节在参考其定义的基础上，综合考虑相关数据的可得性与合理性，设定了由生产、生活、生态3个一级指标构成的多维度评价体系，对2010—2021年全国30个省份的数字化产村融合发展水平进行测算，得到2010—2021年全国30个省份的数字化产村融合发展水平，记为DPVI。由于西藏自治区相关数据缺失严重，本书将其排除在测算范围内。

1. 生产方面

本节选取人均第一产业增加值、数字普惠金融指数、人均农产品加工业主营业务收入以及数字化人才拥有量构成"生产"下二级指标。具体而言，人均第一产业增加值及人均农产品加工业主营业务收入强调了农村地区的经济活力和农业领域的就业机会；数字普惠金融指数反映乡村数字普惠金融发展水平，用以综合衡量数字化产村融合资金支持力度；数字化人才拥有量则展现了农村地区推进数字化产村融合所必需的数字化人才队伍的规模，用以衡量数字化产村融合数字化人力资本强度。

2. 生态方面

本节将人均化肥使用量、人均农药使用量、人均地膜使用量、人均农用柴油使用量、人均造林面积以及人均节水灌溉面积纳入"生态"一级指标下作为二级指标。其中，人均化肥使用量、人均农药使用量、人均地膜使用量和人均农用柴油使用量都体现了传统农业生产与农村生态环境之间的矛盾性，通常代表了在农业生产中由于农民、农村集体经济组织等数字化产村融合组织对农作物高产量的追求，需要通过外界因素改变农业种植环境进而提高农作物产量，但以上二级指标在提升农业产量的同时，也可能对生态平衡和环境健康造成负面影响。另外，人均造林面积、人均节水灌溉面积则体现了农村生态环境保护力度，这些指标强调了保护生态系统、水资源和土壤质量的重要性,以确保可持续农业和环境可持续性之间的平衡。

3. 生活方面

本节通过农民人均消费支出衡量农民物质生活水平,其增加值也能一定程度上体现农民物质生活水平提高的效果;乡村文化发展情况则通过每万人拥有乡镇文化站与文化休闲消费情况衡量,这两大二级指标的提高均能够体现农民精神文化生活水平的改善。具体而言,乡镇文化站是指导基层文化工作和协助管理农村文化市场的公益性事业单位,其为文化产业发展相对落后的农村地区提供了必要的文化娱乐设施,进而满足了农民日益增长的精神文化需求;文化休闲消费情况则通过农民消费支出中交通通信+医疗保健+教育文化娱乐数额衡量,其增长反映了农民日益增长的精神文化需求与农村文化产业的不断壮大。农村快递路线反映了农村物流服务的发展和创新程度,也反映了农村电子商务的活力和潜力。农民家庭平均每百户移动电话拥有量则反映了农村数字化基础设施发展情况,因而在此处用以衡量数字技术给农民生活带来的便利性和普惠性。

在数字化产村融合发展水平评价指标体系中,各项指标的属性分为正指标和负指标。本章中正指标是指该指标与数字化产村融合发展正相关,指标值越高表明数字化产村融合水平越高;逆指标是指该指标越高反映数字化产村融合发展水平越低。采用熵值法进行数据处理,具体计算方法如下。

第一步,由于各项指标具有不同的量纲和量级,需要对其进行无量纲化处理。采用极差法对各项指标进行标准化处理,使各项指标介于0—1。公式如下:

$$X_{ij} = \frac{X - X_{\min}}{X_{\max} - X_{\min}} \text{(正指标)} \tag{9-2}$$

$$X_{ij} = \frac{X_{\max} - X}{X_{\max} - X_{\min}} \text{(负指标)} \tag{9-3}$$

第二步,对归一化后的数据平移,随后计算归一化后第 i 种方案下第 j 项指标的比重 P_{ij},P_{ij} 计算如式(9-4)所示(这里 X_{ij} 是归一化后的值,下同):

$$P_{ij} = \frac{X_{ij}}{\sum_{i=1}^{m} X_{ij}} \tag{9-4}$$

第三步，计算第 j 项指标的熵值 e_j：

$$e_j = -k \sum_{i=1}^{m} P_{ij} \ln p_{ij} \tag{9-5}$$

式中，$K>0$；$0 \leq e_{ij} \leq 1$。

第四步，计算第 j 项指标的差异系数 g_j，差异系数越大，表示该指标对于研究对象所起的作用越大，该指标越好。差异系数计算公式如式（9-6）所示：

$$g_j = 1 - e_j \tag{9-6}$$

第五步，计算第 j 项指标的权数：

$$w_j = \frac{g_j}{\sum_{j=1}^{n} g_j} \tag{9-7}$$

在此基础上，得出数字化产村融合水平的综合评价指数：

$$U = \sum_{j=1}^{n} w_j x_{ij} \tag{9-8}$$

数字化产村融合水平评价指标体系的具体指标构建过程、指标解释和测算方法如表 9-1 所示。

表 9-1　　　　　数字化产村融合水平评价指标体系

归属一级指标	二级指标	来源	解释
生产	人均第一产业增加值	《中国统计年鉴》	第一产业增加值/农村人口数，用以反映第一产业发展的经济情况
生产	数字普惠金融指数	北京大学数字金融研究中心	反映乡村数字普惠金融发展水平，用以综合衡量数字化产村融合资金支持力度
生产	人均农产品加工业主营业务收入	《中国统计年鉴》	农产品加工业主营业务收入/农村人口数，表示农村生产情况
生产	数字化人才拥有量	国家统计局	信息传输、软件和信息技术服务业城镇单位就业人员（万人），用以表示地区数字化人才拥有量

续表

归属一级指标	二级指标	来源	解释
生态	人均化肥使用量	《中国农村统计年鉴》	反映农业发展与生态环境之间的关系
生态	人均农药使用量	《中国农村统计年鉴》	反映农业发展与生态环境之间的关系
生态	人均地膜使用量	《中国农村统计年鉴》	反映农业发展与生态环境之间的关系
生态	人均农用柴油使用量	《中国农村统计年鉴》	反映农业发展与生态环境之间的关系
生态	人均造林面积	《中国统计年鉴》	森林面积/总人口数，用以表示生态建设情况
生态	人均节水灌溉面积	《中国统计年鉴》	表示农业发展与生态发展的关系
生活	农民人均消费支出	中国统计年鉴	衡量农民消费情况
生活	乡镇文化站	《中国统计年鉴》	每万人拥有乡镇文化站，表示农村文化发展情况
生活	农村快递投递路线	《中国统计年鉴》	每万人拥有农村快递投递路线，衡量农村物流发展情况
生活	农村数字化基础设施	《中国统计年鉴》	农村居民家庭平均每百户移动电话拥有量，用以表示农村数字化产村融合的基础设施，衡量体现农村信息化情况
生活	文化休闲消费情况	《中国农村统计年鉴》	农民消费支出中交通通信+医疗保健+教育文化娱乐数额，用来表示农民文化休闲消费

（三）控制变量

为更加全面地分析数字化产村融合水平对农村闲置资源激活利用的影响效应并避免其他影响因素造成的结果偏误，本节借鉴已有文献的做法（李谷成等，2018；张林等，2020），选取控制变量如下。①政府财政助农力度（GFA）：农林水支出占地方一般公共预算支出的比重。②农村人力资本（RHC）：农村6岁及以上人口平均受教育年限。③农村用电量（REC）：各地区农村总用电量。④农业机械化水平（ME）：人均农业机械总动力。

(四) 数据说明与描述性统计结果

数字化产村融合水平评价指标体系中的各项指标数据的来源如表 9-1 所示。控制变量数据则分别源于《中国农村统计年鉴》、《中国人口和就业统计年鉴》与国家统计局。各主要变量在实证分析中均作对数化处理。其中，对于缺失单个年份的基础指标，基于插值法予以补齐。各主要变量的描述性统计结果如表 9-2 所示。

表 9-2　　　　　主要变量的描述性统计结果

项目	变量	观测数	均值	标准差	最小值	最大值
被解释变量	IR	360	12832	6072	3747	38521
解释变量	DPVI	360	0.278	0.077	0.129	0.572
控制变量	GFA	360	0.114	0.033	0.041	0.204
	RHC	360	7.817	0.616	5.900	9.900
	REC	360	273	383.900	3.830	1949
	ME	360	1.766	0.969	0.349	6.448

第三节　实证结果与分析

一　基准回归结果

表 9-3 报告了数字化产村融合影响农村闲置资源激活利用的基准回归结果。从表中列（1）、列（2）可以看出，无论是否加入控制变量，数字化产村融合都对闲置资源利用产生了显著且正向的影响作用。这说明，数字化产村融合共生有力推动了农村闲置资源利用水平的提高。假设 H_{9-1} 由此得证。从控制变量的回归结果来看，农村人力资本（RHC）、农村用电量（REC），以及农业机械化水平（ME）都对农村闲置资源利用水平产生了显著的正向影响作用，这说明农村人力资本的改善、农村用电需求的增加，以及农业机械化水平的提高都能够有效促进农村闲置资源的激活利用。此外，仅有政府财政助农力度（GFA）与农村闲置资源利用水平之间存在显著的负向影响关系。尽管政府财政助农力度的提高为农村地区发展提供了一定的财政支持，但其财政补助主

要集中在传统农业领域,这反而不利于农村多样化资源的激活利用,并导致农村闲置资源利用水平的下降。

表9-3 数字化产村融合影响农村闲置资源激活利用的基准回归结果

变量	IR (1)	IR (2)
DPVI	0.066** (0.028)	0.058** (0.027)
GFA		−0.053*** (0.020)
RHC		0.194** (0.096)
REC		0.068* (0.0351)
ME		0.033*** (0.012)
常数项	8.843*** (0.048)	8.235*** (0.218)
省份固定效应	YES	YES
年份固定效应	YES	YES
样本量	360	360
R^2	0.988	0.989

注:*、**、***分别表示在10%、5%和1%的显著性水平下显著,表中括号内报告的是标准误。

二 稳健性检验

(一)替换被解释变量度量指标

通过前文的基准回归结果,可知数字化产村融合显著地促进了农村闲置资源利用水平的提高。但是,考虑到变量测度偏误会扭曲估计系数的真实性,本节首先通过替换被解释变量度量指标进行稳健性检验,用以验证前文回归结果的可靠性。具体而言,本书参考已有文献吴伟伟和刘耀彬(2017)、张林等(2020)的思路,将闲置资源利用水平的代理变量由基准回归中使用的农民人均可支配收入替换为农民人均转移性收

205

入与财产性收入的总和。根据表9-4列（1）的回归结果可以得知，即便在替换被解释变量度量指标后，数字化产村融合依旧对闲置资源利用水平产生了显著的正向影响作用，这表明在考虑被解释变量的测度问题后，数字化产村融合仍然能够有效推动农村闲置资源激活利用。

（二）去除直辖市样本

为排除直辖市特殊性给本书基准回归结果可能带来的干扰，本书在此处去除了直辖市样本，再次进行基准回归，回归结果如表9-4列（2）所示。根据回归结果可知，在剔除了直辖市样本可能带来的潜在干扰后，数字化产村融合仍然能够显著提高农村闲置资源激活利用水平，这进一步表明了本书基准回归结果的可靠性。

表9-4　　数字化产村融合影响农村闲置资源激活利用的稳健性检验

变量	替换被解释变量 (1)	去除直辖市样本 (2)
DPVI	0.734*** (0.175)	0.047* (0.027)
GFA	-0.133 (0.130)	-0.083*** (0.023)
RHC	-0.600 (0.612)	0.065 (0.115)
REC	0.012 (0.030)	0.049*** (0.008)
ME	0.329*** (0.078)	-0.002 (0.015)
常数项	8.543*** (1.389)	8.806*** (0.251)
省份固定效应	YES	YES
年份固定效应	YES	YES
样本量	360	312
R^2	0.888	0.993

注：*、**、***分别表示在10%、5%和1%的显著性水平下显著，表中括号内报告的是标准误。

三 内生性问题

（一）控制反向因果关系

解释变量和被解释变量互为因果是本书可能存在内生性的重要原因。具体来说，数字化产村融合能够促进闲置资源的激活利用，从而有效推动农民增收与乡村振兴。但同时，闲置资源的激活利用也会反向加速数字化产村融合进程，进而提升当地数字化产村融合水平，因此本研究可能存在因反向因果关系导致的内生性问题。为此，本节取数字化产村融合滞后1期项作为核心解释变量重新回归。具体而言，当期的闲置资源利用不可能反向影响前1期的数字化产村融合水平，因而可以部分缓解反向因果带来的内生性问题，具体回归结果如表9-5列（1）所示。

根据表9-5列（1）的回归结果，可知在纳入核心解释变量滞后1期变量（L.DPVI）后，发现数字化产村融合对农村闲置资源利用水平的影响关系依然显著为正，这表明在控制反向因果关系后，数字化产村融合仍然能促进闲置资源的激活利用。

（二）控制遗漏变量影响

尽管本书已在前述检验中考虑到由核心变量测度偏误及反向因果的问题，但实证模型仍旧可能存在遗漏变量偏误带来的内生性问题。因此，为避免遗漏重要解释变量引发的内生性问题，本节在基准方程中引入了地区经济发展水平（人均GDP，表示为ED）、地区产业结构（第三产业产值占地区GDP的比值，表示为IS）、地区城镇化率（城市人口占常住人口的比重，表示为UR）等变量，以此来控制遗漏变量带来的影响。根据表9-5列（2）的回归结果可知，数字化产村融合依然对农村闲置资源激活利用产生了显著的正向影响效应，这说明，在控制可能存在的遗漏变量所带来的影响后，数字化产村融合依旧能够推动农村闲置资源激活利用水平的提高。

表9-5　数字化产村融合影响农村闲置资源激活利用的内生性检验

变量	IR	
	控制反向因果关系	控制遗漏变量影响
	（1）	（2）
DPVI		0.059**
		(0.027)

续表

变量	IR 控制反向因果关系 (1)	控制遗漏变量影响 (2)
L.DPVI	0.051* (0.029)	
GFA	−0.060*** (0.021)	−0.043** (0.019)
RHC	0.198** (0.097)	0.153* (0.091)
REC	0.017*** (0.005)	0.009** (0.005)
ME	0.021 (0.013)	0.013 (0.012)
ED		0.072*** (0.024)
IS		−0.254** (0.101)
UR		0.440*** (0.128)
常数项	8.362*** (0.219)	8.057*** (0.330)
省份固定效应	YES	YES
年份固定效应	YES	YES
样本量	330	360
R^2	0.986	0.995

注：*、**、***分别表示在10%、5%和1%的显著性水平下显著，表中括号内报告的是标准误。

四 异质性分析

为了进一步分析数字化产村融合在推动闲置资源激活利用中可能

第九章 | 数字化背景下产村融合激活农村闲置资源的实证检验

存在的区域异质性,并提供相应稳健性检验,本书根据东、中、西①三大经济带的划分对数字化产村融合影响农村闲置资源激活利用的区域异质性展开分析,具体回归结果如表9-6所示。由回归结果可知,数字化产村融合对中国东、中、西三大地区的农村闲置资源利用水平皆能够产生正向且显著的影响效应;但比较表9-6中数字化产村融合影响农村闲置资源激活利用的异质性分析的回归结果中数字化产村融合（DPVI）的系数,尽管数字化产村融合对东、中、西三大地区的闲置资源利用的正向影响作用都非常显著,但其的确存在着区域异质性。假设 $H_{9\text{-}2}$ 得到验证。具体而言,这一影响作用在中国东部地区最为突出,但数字化产村融合对西部地区闲置资源激活利用的正向影响作用则相对而言最为微弱,中部地区则居于二者之间,而这一结果也与前文中对数字化产村融合共生激活农村闲置资源现状的分析相一致。相较中部与西部两大地区而言,中国东部地区经济发展最为发达,地区城乡融合程度较高,数字技术起步早、普及广,因而为中国东部地区有效发挥数字化产村融合推动农村闲置资源激活利用的正向影响作用提供了有利条件,使中国东部地区得以充分发挥数字技术的赋能作用,进而有效激活了东部地区"沉睡"的农村闲置资源,并在数字化产村融合共生激活农村闲置资源方面走在了三大地区的前列。而中国中部、西部地区相对于东部地区而言数字化发展起步较晚,无论是地区数字化发展的广度与深度均难以与中国东部地区相比,这就导致中国中、西部大多数农村虽已开始逐步激活利用地区闲置资源,但闲置资源激活模式相对单一且转化模式同质化严重,未能充分借助数字技术深入挖掘资源内涵并形成内外部资源的互融互通,进而阻碍了多种资源共同转化的乘数效应的发挥,最终造成中国中、西部在数字化产村融合对农村闲置资源激活利用的影响作用方面的不足。

---

① 本书在此处参照李谷成等（2018）的做法,将全国31个省份划分为东、中、西三大地区,其中东部地区包括河北、山东、北京、天津、辽宁、江苏、浙江、上海、广东、广西、福建、海南;中部地区包括湖北、湖南、内蒙古、吉林、黑龙江、山西、江西、河南、安徽;西部地区包括贵州、云南、重庆、四川、陕西、宁夏、甘肃、青海、新疆、西藏。

表 9-6　数字化产村融合影响农村闲置资源激活利用的异质性分析

变量	东部地区 (1)	中部地区 (2)	西部地区 (3)
DPVI	0.237*** (0.060)	0.105** (0.044)	0.096*** (0.027)
GFA	-0.174*** (0.040)	-0.123*** (0.029)	0.002 (0.027)
RHC	0.231 (0.163)	-0.110 (0.146)	-0.015 (0.114)
REC	0.002 (0.006)	0.111*** (0.024)	-0.017 (0.015)
ME	-0.012 (0.028)	-0.030*** (0.010)	0.077*** (0.027)
常数项	8.527*** (0.388)	8.352*** (0.363)	8.692*** (0.255)
省份固定	YES	YES	YES
年份固定	YES	YES	YES
样本量	132	96	132
R^2	0.986	0.997	0.995

注：*、**、***分别表示在10%、5%和1%的显著性水平下显著，表中括号内报告的是标准误。

第四节　本章小结

本章基于2010—2021年全国30个省份的省级面板数据，实证检验了数字化产村融合对农村闲置资源激活的影响效应。研究发现，数字化产村融合对农村闲置资源激活具有显著正向影响，表明数字化产村融合可以有力提升农村闲置资源利用水平，该结果在进行一系列稳健性和内生性检验后依旧可靠。在区域层面，数字化产村融合对农村闲置资源激活对中国东、中、西三大地区均具有显著正向影响，影响程度为东部地区更加突出，中、西部地区则相对较弱，表明数字化产村融合对农村闲

第九章 | 数字化背景下产村融合激活农村闲置资源的实证检验

置资源激活的影响效应存在区域异质性。因此，本章的实证检验内容为前文中对数字化背景下激活农村闲置资源的产村融合共生机理与路径的分析提供了有效检验与有力支撑。然而，该影响结果由哪些主体的策略行为引致而来？本书将进一步在后续章节对数字化产村融合激活农村闲置资源相关主体的策略行为进行深入分析。

第十章

数字化背景下产村融合激活农村闲置资源的实现机制

经过理论与实践的分析，第九章论证了影响数字化产村融合共生的因素、机理和路径。虽然数字化产村融合共生受数字技术这一外生变量的影响，但是更应涵盖创新过程中组织结构的交互作用和行为主体的行动模式嬗变，数字化产村融合共生创新生态行动者之间的协作对创新扩散、创新采纳和价值创新具有促进作用。本章将基于前章节的内容，进一步探索数字化产村融合共生过程中组织的相互关系及其所起的作用，以及数字化产村融合共生所要达到的基本条件，为构建实现机制奠定基础。

因此，本章以激活农村闲置资源的数字化产村融合组织行为策略及其演化趋势为关键问题，基于演化博弈理论，以数字化产村融合组织中的地方政府、涉农企业、农村集体经济组织和农户4个重要主体为研究对象，分析其主体行为和演化趋势，探索四方协同激励机制，以最大化激活农村闲置资源。本章首先分析地方政府、涉农企业、农村集体经济组织和农户的博弈关系，构建四方演化博弈模型，全面、完整地分析数字化产村融合激活农村闲置资源的过程中不同参与主体行为策略选择的动态演化路径；其次，基于四方博弈模型进行数值模拟仿真，考察不同参数变化对数字化产村融合激活农村闲置资源相关主体行为策略选择的影响和发展趋势；最后，基于上述条件构建数字化产村融合激活农村闲置资源的实现机制。

第十章 | 数字化背景下产村融合激活农村闲置资源的实现机制

第一节 激活农村闲置资源的数字化产村融合主体间的利益博弈分析

为整体带动和提升农业农村现代化发展，进一步解放和发展数字生产力，以数字赋能产村融合发展作为数字乡村建设和乡村振兴的重要举措，数字化产村融合共生是将数字应用与农业农村"生产、生态、生活"跨界融合，是实现农业农村高质量发展的必经之路。通过推动数字技术下沉到乡村地区，发挥数字技术对产业、空间、主体、资源的积极赋能作用和外溢作用，助推乡村振兴战略实施（殷浩栋等，2020）。近年来，国家针对数字乡村建设的顶层设计不断进行强化，农业农村数字化转型也迎来良好的契机。2021年，农业信息化率为25.4%，大田种植信息化率为21.8%，畜禽养殖信息化率达34.0%，水产养殖信息化率为16.6%。2022年，"淘宝村"数量达到7780个[①]。虽然中国数字化产村融合发展取得了一定进展，但根据目前农村实际情况来看，行为主体数字转型进程较慢或停留在浅层次融合，行为主体的基本权益和利益受侵害而中途解约或项目停摆的情况频频发生（赵黎，2020）。那么，数字化产村融合共生主体要以何种方式达成合作，才能确保各方权利不受侵害？才能确保数字化产村融合持续共生发展？

一 数字化产村融合相关行为主体及其利益博弈关系

在数字化产村融合激活农村闲置资源的过程中，地方政府、涉农企业、农村集体经济组织和农户四方行为主体之间存在明显的利益博弈，需充分发挥行为主体的主动性和积极性，构建互利共生的合作关系。

（一）地方政府

地方政府是数字化产村融合激活农村闲置资源的调控主体。根据中国《数字乡村发展战略纲要》的战略目标及相关政策可知，中国数字化产村融合处于初创期和成长期，需要外部环境和制度政策的大力支持。地方政府可通过有效的监督手段和激励政策调控数字化产村融合的

[①] 《数字乡村发展报告（2022）》，http://www.cac.gov.cn；阿里研究院，http://www.aliresearch.com/ch/information/informationdetails?articleCode=391392382068854784&type=新闻。

发展进程，吸引涉农企业参与数字化转型，鼓励农村集体经济组织和农户积极参与数字化产村融合，进而盘活农村闲置资源。同时，地方政府也是数字化产村融合共生发展的监管者，主要监管着城乡要素融合状态是否朝向互利共生状态发展。

（二）涉农企业

涉农企业是数字化产村融合激活农村闲置资源的执行主体。企业作为最基本的市场活动主体，在全面脱贫和全面建成小康社会的伟大历史进程中发挥着不可或缺的作用，其对农业数字技术的引进和应用要持开放态度，这样才能携带资本、技术、人才等外部要素流入农村，以期实现利润最大化获得要素增值的超额利润，这也决定着数字化产村融合程度和农村闲置资源转化效率。因此，涉农企业参与数字化产村融合受涉农企业市场收益、乡村产业发展基础、数字生产的投入成本、地方政府财政补贴政策、数字化产村融合程度等因素影响。

（三）农村集体经济组织

农村集体经济组织是数字化产村融合激活农村闲置资源的重要参与主体。农村资源虽归农村集体经济组织全体成员和农户所有，但大多为固定资产，所以存在农村资源的轻资本化现象，因此，要推动资源变资产，发挥农村集体经济组织的主体作用，发展新型农村集体经济，促进农民农村共同富裕。数字化产村融合发展的实践经验也进一步说明，农村集体经济组织的行为对盘活农村闲置资产，激发农村资源内部要素活力具有重要作用，其参与数字化产村融合程度和激活农村闲置资源水平应受到地方政府和涉农企业的重视。

（四）农户

农户作为从事乡村产业经济活动的最大群体，作为农村发展的内生动力，与数字化产村融合发展密切相关，其必然是乡村产业数字化转型的实践主体。农户参与数字化产村融合具有自主选择权，可选择以劳动、土地、技术等要素入股的方式参与数字化产村融合经营建设过程中，盘活农村闲置的土地、劳动、生态等资源。同时，农户还具有社会监督作用，能够影响地方政府、涉农企业和农村集体经济组织的社会名誉和社会利益，从而在产村融合过程中对政府和企业行为决策起到引导约束作用。具体博弈关系如图10-1所示。

第十章 数字化背景下产村融合激活农村闲置资源的实现机制

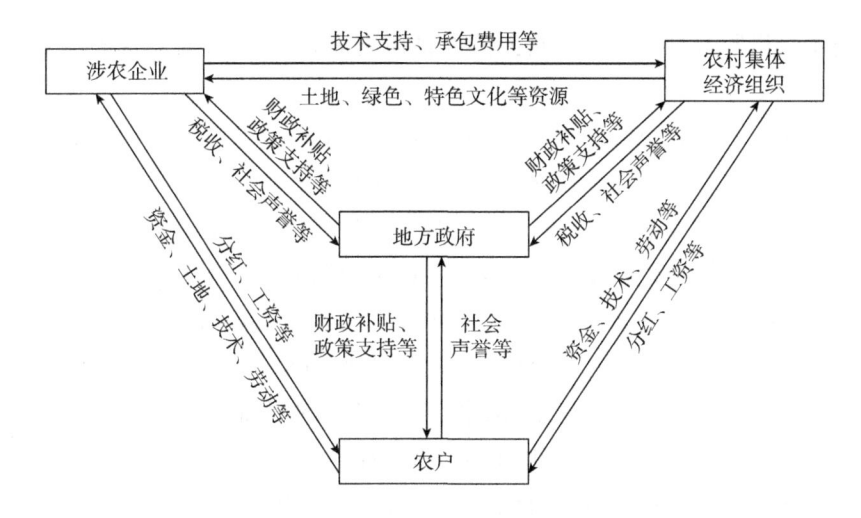

图 10-1 数字化产村融合激活农村闲置资源行为主体的博弈关系

二 数字化产村融合相关利益主体演化博弈分析

(一) 模型的基本假设

为了明晰地方政府、涉农企业、农村集体经济组织和农户的利益冲突和最优选择,提出以下基本假设。

H_{10-1}:数字化产村融合主体包括地方政府、涉农企业、农村集体经济组织和农户,都是有限理性的博弈主体,在信息充分的情况下,根据数字化产村融合演进路径不断调整,地方政府以实现社会福利最大化为目标,涉农企业以实现利润最大化为目标,农村集体经济组织以集体利润最大化为目标,农户以实现自身利益最大化为目标。

H_{10-2}:地方政府在数字化产村融合过程中有严格监管和不严格监管两种策略选择。地方政府监管数字化产村融合项目的成本为 C_{11};涉农企业参与数字化产村融合时给予补贴 D_{11},如给予一定时期的税收减免、拨付数字化产村融合专项补助资金、引入数字普惠金融平台,并缴纳税收收入 R_{11};农村集体经济组织参与数字化产村融合时给予的补贴 D_{12},如完善数字化基础设施建设、拨付数字化产村融合专项补助资金、引入数字普惠金融平台等,并缴纳税收收入 R_{12};农户支持数字化产村融合时给予补贴 D_{13},如拨付数字化产村融合专项补助资金、引入数字普惠金融平台;地方政府严格监管时享有较好的社会声誉 F_{11},地方政府不严格监管时社会声誉及公信力将损失 F_{12}，地方政府监管力度为 r（$0<r<1$）。

H_{10-3}：涉农企业有参与和不参与数字化产村融合两种策略选择。涉农企业参与时需投入运营成本 C_{21}，如数字化生产过程所需的改造成本、人才引进成本等；涉农企业选择参与且其他三方至少有一方选择积极策略时，涉农企业投入要素与农村闲置资源要素融合将获得额外收益 R_{21}，收益系数为 ξ（$0<\xi\leq1$），否则仅获得基本收益 R_{22}，同时涉农企业选择参与且其他三方至少有一方选择消极策略时，要素市场化配置范围相对有限，要素流动存在制度性障碍，导致涉农企业将承担资源的损失 S_{21}；若涉农企业不参与时社会声誉将损失 F_{21}。

H_{10-4}：农村集体经济组织有积极参与和不积极参与数字化产村融合两种策略选择。农村集体经济组织参与需投入运营成本 C_{31}，如搭建乡村智能体平台、农村资源数字化平台、人才引入等成本；农村集体经济组织不积极参与或农村集体经济组织积极参与但其他三方至少有一方采取消极策略时，将承担资源闲置带来的潜在损失 S_{31}，而其他三方至少有一方选择积极策略时，将享有农村闲置资源增值的额外收益 R_{31}，收益系数为 ω（$0<\omega\leq1$），否则仅获得基本收益 R_{32}；不积极参与时，将承担社会声誉的损失 F_{31}，农村集体经济组织参与程度为 λ（$0<\lambda<1$）。

H_{10-5}：农户有支持和不支持数字化产村融合两种策略选择。农户支持需投入成本 C_{41}，如参与数字化技能培训、购买数字化设备等；农户不支持及农户支持但其他三方至少有一方采取消极策略时，将承担资源闲置的损失 S_{41}；农户支持但其他三方至少有一方采取积极策略时，将享有额外收益 R_{41}，否则仅获得基本收益 R_{42}。

H_{10-6}：地方政府选择严格监管的概率为 x（$0<x<1$），则不严格监管的概率为 $1-x$；涉农企业选择参与的概率为 y（$0<y<1$），则不参与的概率为 $1-y$；农村集体经济组织选择积极参与的概率为 z（$0<z<1$），则不积极参与的概率为 $1-z$；农户选择支持的概率为 p（$0<p<1$），则不支持的概率为 $1-p$。

（二）变量含义及支付矩阵

根据上节假设，其相关变量及含义如表10-1所示，并根据四方主体的成本收益分析，得到支付矩阵如表10-2所示。

表 10-1　相关变量及含义

		变量说明
地方政府	x	地方政府选择严格监管的概率
	C_{11}	地方政府严格监管数字化产村融合项目的成本
	D_{11}	地方政府严格监管时，对涉农企业参与数字化产村融合项目时给予的补贴；而不严格监管时为 rD_{11}
	D_{12}	地方政府严格监管时，对农村集体经济组织参与数字化产村融合项目时给予的补贴；而不严格监管时为 rD_{12}
	D_{13}	地方政府严格监管时，对农户支持数字化产村融合项目时给予的补贴；而不严格监管时为 rD_{13}
	R_{11}	涉农企业参与数字化产村融合项目需缴纳的税收
	R_{12}	农村集体经济组织参与数字化产村融合项目需缴纳的税收
	F_{11}	地方政府严格监管时享有的良好声誉
	F_{12}	地方政府不严格监管时的声誉损失
	r	地方政府的监管力度，此时监管成本为 rC_{11}
涉农企业	y	涉农企业选择参与的概率
	C_{21}	涉农企业参与数字化产村融合需投入的运营成本
	R_{21}	涉农企业参与且其他三方都采取积极策略获得资源增值的额外收益
	ξ	额外收益系数，涉农企业积极参与但其他三方至少有一方采取积极策略时，额外收益为 ξR_{21}
	R_{22}	涉农企业参与数字化产村融合获得的基本收益
	S_{21}	涉农企业参与时，其他三方至少有一方采取消极策略将承担的资源损失
	F_{21}	涉农企业不参与时的声誉损失
农村集体经济组织	z	农村集体经济组织选择积极参与的概率
	C_{31}	农村集体经济组织参与数字化产村融合投入的运营成本
	S_{31}	农村集体经济组织不积极参与或积极参与但其他三方至少有一方采取消极策略时，将承担的资源损失
	F_{31}	农村集体经济组织不积极参与数字化产村融合的社会声誉损失
	R_{31}	农村集体经济组织积极参与且其他三方采取积极策略获得资源增值的额外收益
	ω	农村集体经济组织的额外收益系数，若农村集体经济组织积极参与但其他三方至少有一方采取积极策略时，额外收益为 ωR_{31}；不积极参与但其他三方至少有一方采取积极策略时，额外收益为 $\lambda \omega R_{31}$
	R_{32}	农村集体经济组织参与产村融合获得资源增值的基本收益
	λ	农村集体经济组织的参与程度，此时运营成本为 λC_{31}
农户	p	农户选择支持的概率
	C_{41}	农户支持数字化产村融合需投入的成本
	S_{41}	农户不支持或支持但其他三方至少有一方采取消极策略时将承担的资源闲置损失
	R_{41}	农户支持数字化产村融合获得资源增值的额外收益
	R_{42}	农户支持数字化产村融合获得资源增值的基本收益

表 10-2 地方政府—涉农企业—农村集体经济组织—农户四方演化博弈阶段支付矩阵

项目				涉农企业			
				参与		不参与	
				农户		农户	
				支持	不支持	支持	不支持
地方政府	严格监管	农村集体经济组织	积极参与	$-C_{11}-D_{11}-D_{12}-D_{13}+F_{11}+R_{11}+R_{12}$, $-C_{21}+R_{21}+R_{22}+D_{11}$, $-C_{31}+R_{31}+R_{32}+D_{12}$, $-C_{41}+R_{41}+R_{42}+D_{13}$	$-C_{11}-D_{11}-D_{12}+F_{11}+R_{11}+R_{12}$, $-C_{21}+\xi R_{21}+R_{22}+D_{11}$, $-C_{31}-S_{31}+\omega R_{31}+R_{32}+D_{12}$, $-S_{41}-D_{13}$	$-C_{11}-D_{12}-D_{13}+F_{11}+R_{12}$, $-F_{21}-D_{11}$, $-C_{31}-S_{31}+\omega R_{31}+R_{32}+D_{12}$, $-C_{41}-S_{41}+R_{41}+R_{42}+D_{13}$	$-C_{11}-D_{12}+F_{11}+R_{12}$, $-F_{21}-D_{11}$, $-C_{31}-S_{31}+\omega R_{31}+R_{32}+D_{12}$, $-S_{41}-D_{13}$
			不积极参与	$-C_{11}-D_{11}-D_{12}-D_{13}+F_{11}+\xi R_{11}+\lambda\omega R_{12}$, $-C_{21}-S_{21}+\xi R_{21}+R_{22}+D_{11}$, $-\lambda C_{31}-F_{31}-S_{31}+\lambda\omega R_{31}+\lambda R_{32}+D_{12}$, $-C_{41}-S_{41}+R_{41}+R_{42}+D_{13}$	$-C_{11}-D_{11}-D_{12}+F_{11}+\xi R_{11}$ $+\lambda\omega R_{12}$, $-C_{21}-S_{21}+\xi R_{21}+R_{22}+D_{11}$, $-\lambda C_{31}-F_{31}-S_{31}+\lambda\omega R_{31}+\lambda R_{32}+D_{12}$, $-S_{41}-D_{13}$	$-C_{11}-D_{12}-D_{13}+F_{11}+\lambda\omega R_{12}$, $-F_{21}-D_{11}$, $-\lambda C_{31}-F_{31}-S_{31}+\lambda\omega R_{31}+\lambda R_{32}+D_{12}$, $-C_{41}-S_{41}+R_{41}+R_{42}+D_{13}$	$-C_{11}-D_{12}+F_{11}+\lambda\omega R_{12}$, $-F_{21}-D_{11}$, $-\lambda C_{31}-F_{31}-S_{31}+\lambda\omega R_{31}+\lambda R_{32}+D_{12}$, $-S_{41}-D_{13}$

续表

项目			涉农企业			
			参与农户		不参与农户	
			支持	不支持	支持	不支持
地方政府不严格监管	农村集体经济组织	积极参与	$-rC_{11}-rD_{11}-rD_{12}-rD_{13}-F_{12}+\xi R_{11}+\omega R_{12}$, $-C_{21}-S_{21}+\xi R_{21}+R_{22}+rD_{11}$, $-C_{31}-S_{31}+\omega R_{31}+R_{32}+rD_{12}$, $-C_{41}-S_{41}+R_{41}+R_{42}+rD_{13}$	$-rC_{11}-rD_{11}-rD_{12}-F_{12}+\xi R_{11}+\omega R_{12}$, $-C_{21}-S_{21}+\xi R_{21}+R_{22}+rD_{11}$, $-C_{31}-S_{31}+\omega R_{31}+R_{32}+rD_{12}$, $-S_{41}-rD_{13}$	$-rC_{11}-rD_{12}-F_{12}+\omega R_{12}$, $-F_{21}-rD_{11}$, $-C_{31}-S_{31}+\omega R_{31}+R_{32}+rD_{12}$, $-C_{41}-S_{41}+R_{41}+R_{42}+rD_{13}$	$-rC_{11}-rD_{12}-F_{12}+\omega R_{12}$, $-F_{21}-rD_{11}$, $-C_{31}-S_{31}+R_{32}+rD_{12}$, $-S_{41}-rD_{13}$
		不积极参与	$-rC_{11}-rD_{11}-rD_{12}-F_{12}+\xi R_{11}+\lambda\omega R_{12}$, $-C_{21}-S_{21}+\xi R_{21}+R_{22}+rD_{11}$, $-\lambda C_{31}-F_{31}-S_{31}+\lambda\omega R_{31}+\lambda R_{32}+rD_{12}$, $-C_{41}-S_{41}+R_{41}+R_{42}+rD_{13}$	$-rC_{11}-rD_{11}-rD_{12}-F_{12}+\xi R_{11}+\lambda\omega R_{12}$, $-C_{21}-S_{21}+R_{22}+rD_{11}$, $-\lambda C_{31}-F_{31}-S_{31}+\lambda\omega R_{31}+\lambda R_{32}+rD_{12}$, $-S_{41}-rD_{13}$	$-rC_{11}-rD_{12}-F_{12}+\lambda\omega R_{12}$, $-F_{21}-rD_{11}$, $-\lambda C_{31}-F_{31}-S_{31}+\lambda\omega R_{31}+\lambda R_{32}+rD_{12}$, $-C_{41}-S_{41}+rD_{13}+R_{42}$	$-rC_{11}-rD_{12}-F_{12}+\lambda\omega R_{12}$, $-F_{21}-rD_{11}$, $-\lambda C_{31}-F_{31}-S_{31}+\lambda\omega R_{31}+\lambda R_{32}+rD_{12}$, $-S_{41}-rD_{13}$

三 均衡策略分析

设地方政府的支付矩阵为 G，涉农企业的支付矩阵为 E，农村集体经济组织的支付矩阵为 M，农户的支付矩阵为 V，G_{ij}、E_{ij}、M_{ij} 和 V_{ij} 是对应的支付矩阵中第 i 行第 j 列个元素。g_1、e_1、m_1 和 v_1 分别表示地方政府、涉农企业、农村集体经济组织和农户以概率 x、y、z 和 p 选择的纯策略，g_2、e_2、m_2 和 v_2 表示四方博弈主体以概率 $1-x$、$1-y$、$1-z$ 和 $1-p$ 选择的纯策略。由此，可得地方政府选择严格监管时的期望收益为：

$$E(g_1) = yzpG_{11} + yz(1-p)G_{12} + zp(1-y)G_{13}$$
$$+ z(1-y)(1-p)G_{14} + yp(1-z)G_{21} + y(1-z)(1-p)G_{22}$$
$$+ p(1-y)(1-z)G_{23} + (1-y)(1-z)(1-p)G_{24} \quad (10-1)$$

选择不严格监管时的期望收益为：

$$E(g_2) = yzpG_{31} + yz(1-p)G_{32} + zp(1-y)G_{33}$$
$$+ z(1-y)(1-p)G_{34} + yp(1-z)G_{41} + y(1-z)(1-p)G_{42}$$
$$+ p(1-y)(1-z)G_{43} + (1-y)(1-z)(1-p)G_{44} \quad (10-2)$$

地方政府整体的期望收益为：

$$E(x) = xE(g_1) + (1-x)E(g_2) \quad (10-3)$$

类似地，可以得到关于涉农企业的各项期望为：

$$E(e_1) = xzpE_{11} + xp(1-z)E_{21} + zp(1-x)E_{31}$$
$$+ p(1-z)(1-x)E_{41} + zx(1-p)E_{12} + x(1-z)(1-p)E_{22}$$
$$+ z(1-x)(1-p)E_{32} + (1-x)(1-z)(1-p)E_{42} \quad (10-4)$$

$$E(e_2) = xzpE_{13} + xp(1-z)E_{23} + zp(1-x)E_{33}$$
$$+ p(1-z)(1-x)E_{43} + zx(1-p)E_{14} + x(1-z)(1-p)E_{24}$$
$$+ z(1-x)(1-p)E_{34} + (1-x)(1-z)(1-p)E_{44} \quad (10-5)$$

$$E(y) = yE(e_1) + (1-y)E(e_2) \quad (10-6)$$

关于农村集体经济组织的各项期望为：

$$E(m_1) = xypM_{11} + xy(1-p)M_{12} + xp(1-y)M_{13}$$
$$+ x(1-y)(1-p)M_{14} + yp(1-x)M_{31} + y(1-x)(1-p)M_{32}$$
$$+ p(1-x)(1-y)M_{33} + (1-x)(1-y)(1-p)M_{34} \quad (10-7)$$

$$E(m_2) = xypM_{21} + xy(1-p)M_{22} + xp(1-y)M_{23}$$
$$+ x(1-y)(1-p)M_{24} + yp(1-x)M_{41} + y(1-x)(1-p)M_{42}$$

$$+p(1-x)(1-y)\boldsymbol{M}_{43}+(1-x)(1-y)(1-p)\boldsymbol{M}_{44} \quad (10-8)$$

$$\boldsymbol{E}(z)=z\boldsymbol{E}(m_1)+(1-z)\boldsymbol{E}(m_2) \quad (10-9)$$

关于农户的各项期望为：

$$\boldsymbol{E}(v_1)=xyz\boldsymbol{V}_{11}+xy(1-z)\boldsymbol{V}_{21}+yz(1-x)\boldsymbol{V}_{31}$$
$$+y(1-x)(1-z)\boldsymbol{V}_{41}+xz(1-y)\boldsymbol{V}_{13}+x(1-y)(1-z)\boldsymbol{V}_{23}$$
$$+z(1-x)(1-y)\boldsymbol{V}_{33}+(1-x)(1-y)(1-z)\boldsymbol{V}_{43} \quad (10-10)$$

$$\boldsymbol{E}(v_2)=xyz\boldsymbol{V}_{12}+xy(1-z)\boldsymbol{V}_{22}+yz(1-x)\boldsymbol{V}_{32}$$
$$+y(1-x)(1-z)\boldsymbol{V}_{42}+xz(1-y)\boldsymbol{V}_{14}+x(1-y)(1-z)\boldsymbol{V}_{24}$$
$$+z(1-x)(1-y)\boldsymbol{V}_{34}+(1-x)(1-y)(1-z)\boldsymbol{V}_{44} \quad (10-11)$$

$$\boldsymbol{E}(p)=p\boldsymbol{E}(v_1)+(1-p)\boldsymbol{E}(v_2) \quad (10-12)$$

四 模型求解

为了探究地方政府、涉农企业、农村集体经济组织和农户的长期博弈行为和策略选择问题，引入时间因素，利用复制动态方程刻画不同策略选择的概率随时间演化的结果。各方的复制动态微分方程为：

$$\frac{dx}{dt}=x(\boldsymbol{E}(g_1)-\boldsymbol{E}(x)) \quad (10-13)$$

$$\frac{dy}{dt}=y(\boldsymbol{E}(e_1)-\boldsymbol{E}(y)) \quad (10-14)$$

$$\frac{dz}{dt}=z(\boldsymbol{E}(m_1)-\boldsymbol{E}(z)) \quad (10-15)$$

$$\frac{dp}{dt}=p(\boldsymbol{E}(v_1)-\boldsymbol{E}(p)) \quad (10-16)$$

代入式（10-1）至式（10-12），可得各方具体复制动态微分方程为：

$$\frac{dx}{dt}=x(1-x)\begin{pmatrix}F_{11}+F_{12}+(1-r)(pD_{13}-D_{12}-C_{11}+yD_{11})\\+(1-\omega)zR_{12}+(1-\xi)yzR_{11}\end{pmatrix} \quad (10-17)$$

$$\frac{dy}{dt}=y(1-y)\begin{pmatrix}F_{21}-C_{21}+R_{22}-S_{21}+pxzS_{21}\\+2(x-r-rx)D_{11}+(p+x+z)\xi R_{21}\\+(z-\xi)pxR_{21}-(p+x)\xi zR_{21}\\+z(x-z)(F_{21}+rD_{11}-pF_{21}-prD_{11})\end{pmatrix} \quad (10-18)$$

$$\frac{dz}{dt}=z(1-z)\begin{pmatrix}-S_{31}+(\lambda+x-2)(C_{31}-R_{32})\\+(1-x)rD_{12}+(1-\lambda+y)\omega R_{31}\\-\omega p(x+y)R_{31}+(p-\omega)xyR_{31}\end{pmatrix} \quad (10-19)$$

$$\frac{dp}{dt}=p(1-p)\binom{R_{42}-C_{41}+2(r+x-rx)D_{13}+(x+y-xy)R_{41}}{+(1-x-y+xy)zR_{41}+xyzS_{41}} \qquad (10-20)$$

五 演化稳定性分析

令 $dx/dt=0$，$dy/dt=0$，$dz/dt=0$，$dp/dt=0$，求解非线性方程组可得地方政府、涉农企业、农村集体经济组织和农户四方演化博弈的均衡点，该方程有 2^4 即 16 个纯策略均衡解，分别为 (0, 0, 0, 0)、(0, 0, 0, 1)、(0, 0, 1, 0)、(0, 1, 0, 0)、(0, 1, 0, 1)、(0, 1, 1, 0)、(0, 1, 1, 1)、(1, 0, 0, 0)、(1, 0, 0, 1)、(1, 0, 1, 0)、(1, 0, 1, 1)、(1, 1, 0, 0)、(1, 1, 0, 1)、(1, 1, 1, 0) 和 (1, 1, 1, 1) 及 1 个混合策略平衡点 (x^*, y^*, z^*, p^*)，且 x^*，y^*，z^*，$p^* G(0, 1)$，其余解经验证均不存在。运用雅可比矩阵局部渐近稳定分析法进行微分方程 (10-17) 至微分方程 (10-20) 均衡点的稳定性分析，通过对微分方程组求偏导数可得到雅可比矩阵。

将公式求得的均衡点带入雅可比矩阵，进一步计算每个均衡点的特征根，依据博弈理论和李雅普诺夫第一法可知假如雅可比矩阵的特征根均具有负实部，则微分方程组的均衡点是渐近稳定的；假如雅可比矩阵有正实部特征根，则微分方程组的均衡点是不稳定的；假如雅可比矩阵没有正实部特征根，但是有零根或有零实部特征根，则微分方程组的均衡点可能是稳定的也可能是不稳定的，并进一步观察零根或有零实部特征根的重数是否等于 1。基于此，在 17 个均衡点中可以得到 4 个稳定点，分别为 (1, 1, 1, 1)、(0, 1, 1, 1)、(0, 0, 1, 1) 和 (x^*, y^*, z^*, p^*)。

情形 1 稳定点 (0, 0, 1, 1) 表示地方政府不严格监管，涉农企业不参与，农村集体经济组织积极参与，农户支持的策略，稳定条件是 $(r-1)(C_{11}+D_{12}+D_{13})+F_{11}+F_{12}+(1-\omega)R_{12}<0$，$-C_{21}-S_{21}-\xi R_{21}+R_{22}+2rD_{11}+F_{21}<0$，$-(\lambda-2)(C_{31}-R_{32}-\omega R_{31})+S_{31}-rD_{21}<0$，$C_{41}-R_{41}-R_{42}-2rD_{13}<0$。此时基于农村集体资源利润最大化目标，农村集体经济组织积极参与数字化产村融合盘活农村闲置资源，可获得资源增值的收益与地方政府的补贴，能够有效弥补不积极参与的运营成本节约和其他参与主体消极策略下的资源损失，即农村集体经济组织积极参与相对净收益大于 0。农户支持所需投入的成本小于所获得的资源增值收益和政府补贴之和，即农

第十章 | 数字化背景下产村融合激活农村闲置资源的实现机制

户支持数字化产村融合相对净收益大于0。而地方政府严格监管的成本大于从农村集体经济组织取得的税收，即严格监管相对于净收益小于0，地方政府降低监管力度。此时涉农企业运营成本和资源错配造成的损失大于从地方政府获得的补贴、参与数字化产村融合获得的资源增值收益及不参与所造成的社会声誉损失之和，即地方政府不严格监管、涉农企业不参与的消极执行总是最优策略。该情景下，地方政府的引导作用尚未发挥最大效用，未能吸引涉农企业参与数字化产村融合，仅依靠农村集体经济组织和农户实现内循环尚不能解决农村发展之困。

情形2稳定点（0,1,1,1）表示地方政府不严格监管，涉农企业参与，农村集体经济组织积极参与，农户支持的策略，稳定条件是$-(1-r)(C_{11}+D_{11}+D_{12}+D_{13})+F_{11}+F_{12}+(1-\xi)R_{11}+(1+\omega)R_{12}<0$，$C_{21}+S_{21}-\xi R_{21}-R_{22}-2rD_{11}-F_{21}<0$，$-(\lambda-2)(C_{31}-R_{32}-\omega R_{31})+S_{31}-rD_{21}<0$，$C_{41}-R_{41}-R_{42}-2rD_{13}<0$。与情形1相比，涉农企业考虑到农村集体经济组织积极参与和农户支持，且参与数字化产村融合有利于涉农企业数字化转型，实现产业链延长和价值链升级，获得资源增值收益和政府不严格监管下的补贴，能够有效弥补不参与时的社会声誉损失和城乡资源错配下可能的损失，选择参与数字化产村融合。农村集体经济组织因涉农企业的参与，城乡资源融合获得的额外收益增加，资源闲置的损失减少，即农村集体经济组织相对净收益大于0；农户考虑涉农企业的参与、农村集体经济组织积极参与，投入成本和资源闲置带来的损失小于支持所获得的基本收益和额外收益，仍选择支持策略。此种情景是数字化产村融合稳健期的理想状态，即地方政府不严格监管，涉农企业、农村集体经济组织和农户仍采取积极策略，形成内外循环的共生发展态势。但现实中，由于中国数字化产村融合仍处于初步探索阶段，需投入大量资源，地方政府仍是数字化产村融合的主要力量，若地方政府不严格监管，给予数字化产村融合配套支持，涉农企业仍将选择不参与。

情形3稳定点（1,1,1,1）表示地方政府严格监管，涉农企业参与，农村集体经济组织积极参与，农户支持的策略，稳定条件是$(1-r)(C_{11}+D_{11}+D_{12}+D_{13})-F_{11}-F_{12}-(1-\xi)R_{11}-(1-\omega)R_{12}<0$，$C_{21}-R_{21}-R_{22}-2D_{11}-F_{21}<0$，$(1-\lambda)(C_{31}-R_{32})-(1-\lambda\omega)R_{31}-S_{31}-F_{31}<0$，$C_{41}-S_{41}-R_{41}-R_{42}-2D_{13}<0$。与情形2相比，地方政府严格监管的税收收入和社会声

223

誉，能够有效弥补不严格监管的成本节约、社会声誉损失、税收损失时，地方政府加大监管力度，选择严格监管策略。涉农企业考虑到地方政府严格监管、农村集体经济组织积极参与和农户支持，数字化产村融合适配度高，资源增值收益增加，选择参与数字化产村融合。农村集体经济组织积极参与的农村集体资源增值的增量，能够有效弥补不积极参与的社会声誉损失、农村资源闲置的损失和收益损失时，将选择积极参与策略。农户需考虑支持数字化产村融合需投入的成本及获得的收益，相对净收益为正时，选择支持策略。在现实中，地方政府严格监管、涉农企业参与、农村集体经济组织积极参与及农户支持是数字化产村融合初创期或成长期发展的最优选择，由于数字乡村建设面临的困境，地方政府仍需占据主导力量，各方合力将营造较好的数字化产村融合发展的营商环境，有利于数字化产村融合的开展，形成良性的城乡融合共生发展新格局。

情形 4 稳定点 (x^*, y^*, z^*, p^*) 表示地方政府、涉农企业、农村集体经济组织和农户分别以一定概率选择严格监管、参与、积极参与和支持策略。地方政府为数字乡村建设和乡村振兴的需要选择严格监管，农村集体经济组织作为农村集体资源的所有者，发展新型集体经济盘活农村闲置资源选择积极参与策略，涉农企业基于利润最大化目标、农村特色资源情况、农村数字化配套水平及地方政府的政策情况进行观望再决定参与或不参与，涉农企业如果不参与不仅会错失数字化转型新机遇，丧失整合产业链、供应链的机会，也会承受一定的社会声誉损失，如果参与则会得到一定的政府补贴和农村资源融合价值增值的收益，基于自身利益最大化考虑选择参与，于是农户选择支持的概率也相应增大。随着涉农企业参与、农村集体经济组织积极参与、农户支持使地方政府补贴不断增加，地方政府将择机选择不严格监管，于是四方博弈主体都会选择混合策略。

六 数值实验与模拟仿真分析

根据博弈理论和实地调研分析数字化产村融合主体之间的博弈关系，(1, 1, 1, 1) 表示地方政府严格监管，涉农企业参与，农村集体经济组织积极参与和农户支持的状况是中国数字化产村融合发展初始阶段理想的稳定状态。为进一步研究地方政府、涉农企业、农村集体经济组织和农户四方博弈的演化趋势，本书将在（1，1，1，1）情形下分析不同参数改变后四方主体的策略选择，并进行仿真分析。

（一）系统仿真的初始设置

初始时，假设地方政府、涉农企业、农村集体经济组织和农户分别选择严格监管、参与、积极参与和支持策略的概率为（0.5，0.5，0.5，0.5），横轴代表时间 t，纵轴代表地方政府、涉农企业、农村集体经济组织和农户选择参与的概率，分别为 x、y、z 和 p。令 $r=0.5$，$\xi=0.5$，$\lambda=0.5$，$\omega=0.5$，$C_{11}=5$，$D_{11}=4$，$D_{12}=7$，$D_{13}=1$，$F_{11}=3$，$F_{12}=5$，$R_{11}=3$，$R_{12}=1$，$C_{21}=8$，$S_{21}=2$，$R_{21}=6$，$R_{22}=2$，$F_{21}=1$，$C_{31}=7$，$S_{31}=3$，$R_{31}=5$，$R_{32}=2$，$F_{31}=2$，$C_{41}=2$，$S_{41}=1$，$R_{41}=2$，$R_{42}=1$，初始状态系统演化博弈仿真如图 10-2 所示。可以发现，涉农企业首先向参与方向演进，并在 $t=1.5$ 时参与概率趋近于 1，即接近于稳态。农村集体经济组织和农户也向积极参与和支持方向演进，考虑到数字化产村融合的持续推进和地方政府的重视逐渐加强，基于集体收益最大化和自身收益最大化，最终在 $t=2$ 时到达稳定状态。地方政府随着涉农企业参与、农村集体经济组织积极参与和农户支持概率的增加其监管力度不断增加，系统于 $t=4$ 时最终达到 ｛严格监管，参与，积极参与，支持｝数字化产村融合初始阶段理想稳定状态。说明随着数字化

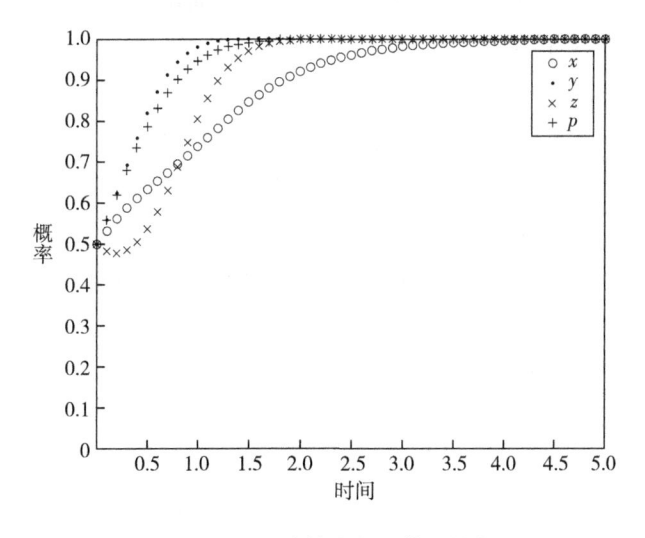

图 10-2 四方博弈初始策略仿真

技术的扩散，涉农企业基于产业链延伸、价值链凝结的需要，逐步重视产业数字化转型，参与数字化产村融合，从而促进农村形成新型集体经济模式，盘活农村闲置资源。同时，随着数字化产村融合行为主体融合度的增强，地方政府为保障该区域内数字化产村融合的有序发展，需严格监管数字化产村融合运营状态，同时注重农村承载能力和农村资源利用状态，促进数字化产村融合的循环共生发展，从而实现城乡资源双向流动，推进农业农村现代化。

（二）参数变化对系统的影响

1. 地方政府对涉农企业的补贴 D_{11} 对系统的影响

在其他参数不变的情况下，提高地方政府对涉农企业的补贴水平，即对涉农企业补贴由 $D_{11}=1$ 逐步提高到 $D_{11}=4、7、10、13$ 时，随着 D_{11} 的取值变化，对地方政府、涉农企业、农村集体经济组织和农户策略选择的影响如图10-3所示。当 $D_{11}=1、4$ 时，地方政府将分别在 $t=2、3.5$ 时严格监管的概率演化到1；当 $D_{11}=7、10、13$ 时，地方政府朝着不严格监管方向演进，并在 $t=4、2、1.5$ 时，严格监管的概率演化到0。此外 D_{11} 的变化也会影响涉农企业参与的概率，随着 D_{11} 的逐渐增加，涉农企业选择参与策略的时间越短，并且当 $D_{11}=7、10、13$ 时，涉农企业朝着参与方向演进，基本都于 $t=0.8$ 时参与概率为1；但在 $D_{11}=1$ 时，涉农企业先朝着不参与方向演进，此时农村集体经济组织也朝着不积极参与再缓慢向积极参与方向演进。D_{11} 的逐渐增加对农村集体经济组织产生振荡影响，当 $D_{11}=1、4$ 时，农村集体经济组织将分别在 $t=2.5、2$ 时朝着积极参与策略方向演进；当 $D_{11}=7、10、13$ 时，朝着不积极参与方向演进，此时地方政府也朝着不严格监管方向演进，但对农户选择支持的概率几乎没有影响。由此可见，加大地方政府对涉农企业的补贴，将加快涉农企业向积极参与策略的演化进程，但在 D_{11} 到达一定程度时，地方政府对数字化产村融合的高额补贴将难以为继，并最终朝着不严格监管方向演化，而农村集体经济组织也将随着地方政府的演化先朝着积极参与方向演进，但最终也朝着不积极参与方向演进。因此，地方政府需基于权责利关系，对涉农企业进行适当的补贴，既引导涉农企业参与，又保障系统朝理想状态演进。

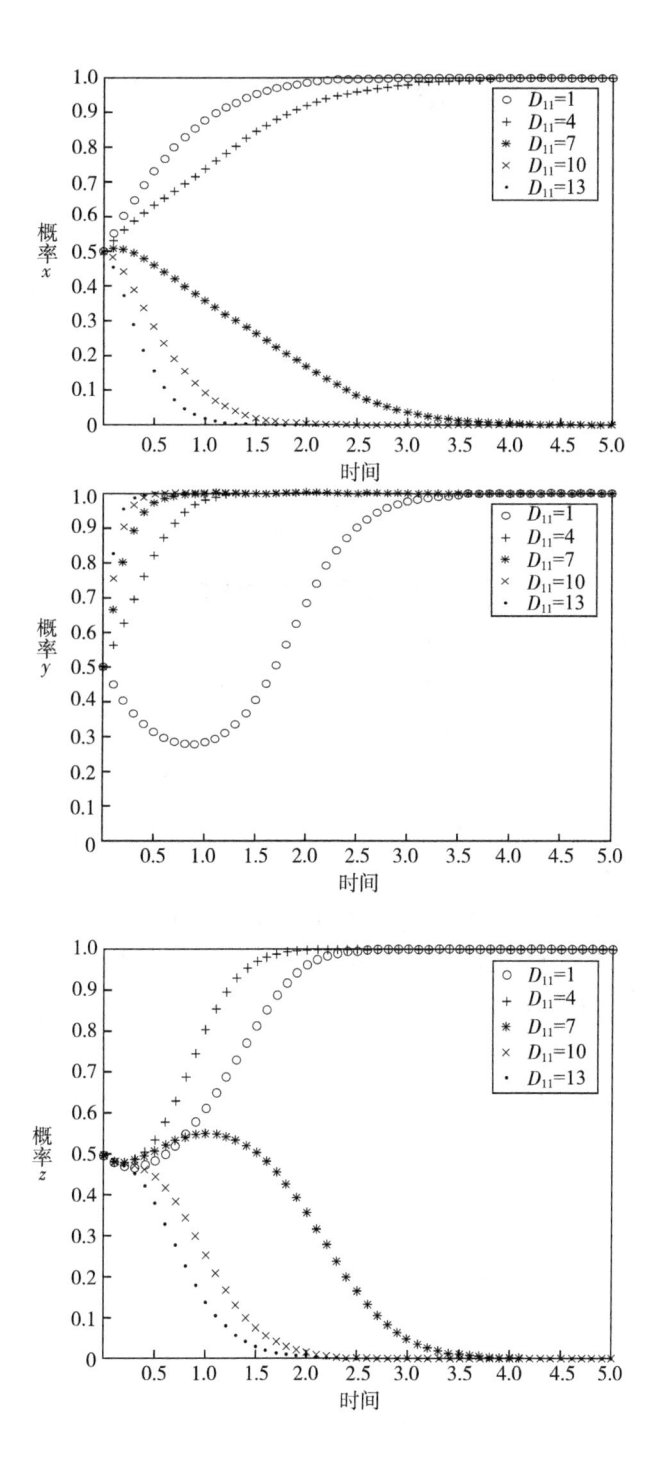

第十章 | 数字化背景下产村融合激活农村闲置资源的实现机制

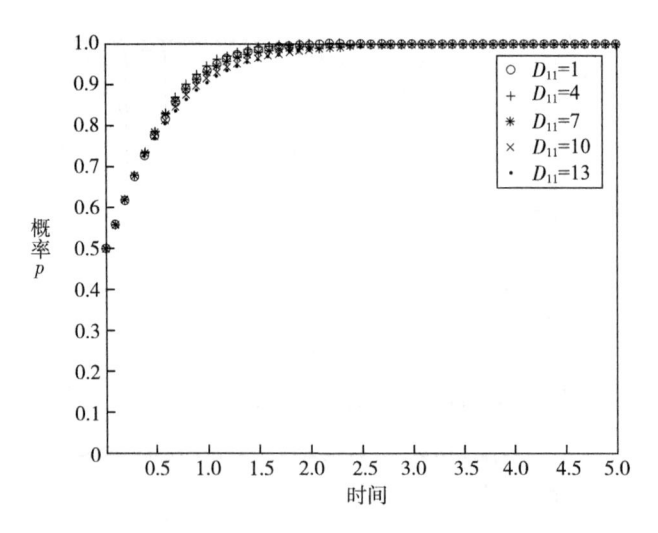

图中纵轴为"概率 p"，横轴为"时间"，图例显示 $D_{11}=1$、$D_{11}=4$、$D_{11}=7$、$D_{11}=10$、$D_{11}=13$。

图 10-3　D_{11} 变化四方博弈仿真

2. 地方政府对农村集体经济组织的补贴 D_{12} 对系统的影响

在其他参数不变的情况下，提高地方政府对农村集体经济组织的补贴水平，即对农村集体经济组织的补贴由 $D_{12}=1$ 逐步提高到 $D_{12}=4$、7、10、13 时，对地方政府、涉农企业、农村集体经济组织和农户策略选择的影响如图 10-4 所示。当 $D_{12}=1$、4、7 时，地方政府将分别在 $t=1.5$、2、3.5 时严格监管概率演化至 1；当 $D_{12}=10$、13 时，地方政府将会朝着不严格监管方向演进，且 $D_{12}=10$ 时，地方政府在 $t=5$ 时严格监管概率约为 0.13，$D_{12}=13$ 时在 $t=2.5$ 时严格监管的概率演化至 0。此外 D_{12} 的变化也将影响农村集体经济组织积极参与的概率，当 $D_{12}=1$、4、7 时，农村集体经济组织向积极参与方向演进，基本都于 $t=1.7$ 时参与概率演化至 1；当 $D_{12}=10$、13 时，先向积极参与演进然后出现一定程度的后弯，农村集体经济组织选择与地方政府选择密切相关。涉农企业也随着 D_{12} 的变化发生改变，当 $D_{12}=1$、4、7 时，涉农企业向参与方向演进，基本都于 $t=1.2$ 时参与概率演化到 1；当 $D_{12}=10$ 时，在 $t=2.5$ 时参与概率为 1；当 $D_{12}=13$ 时，涉农企业在 $t=5$ 时参与概率约为 0.88，此时对农户策略的选择基本没有影响。由此可见，地方政府对农村集体经济组织补贴达到一定程度，地方政府监管力度下降，并向不严格监管演进，而农村集体经济组织和涉农企业的策略选择与地方政府策略选择呈正相关。

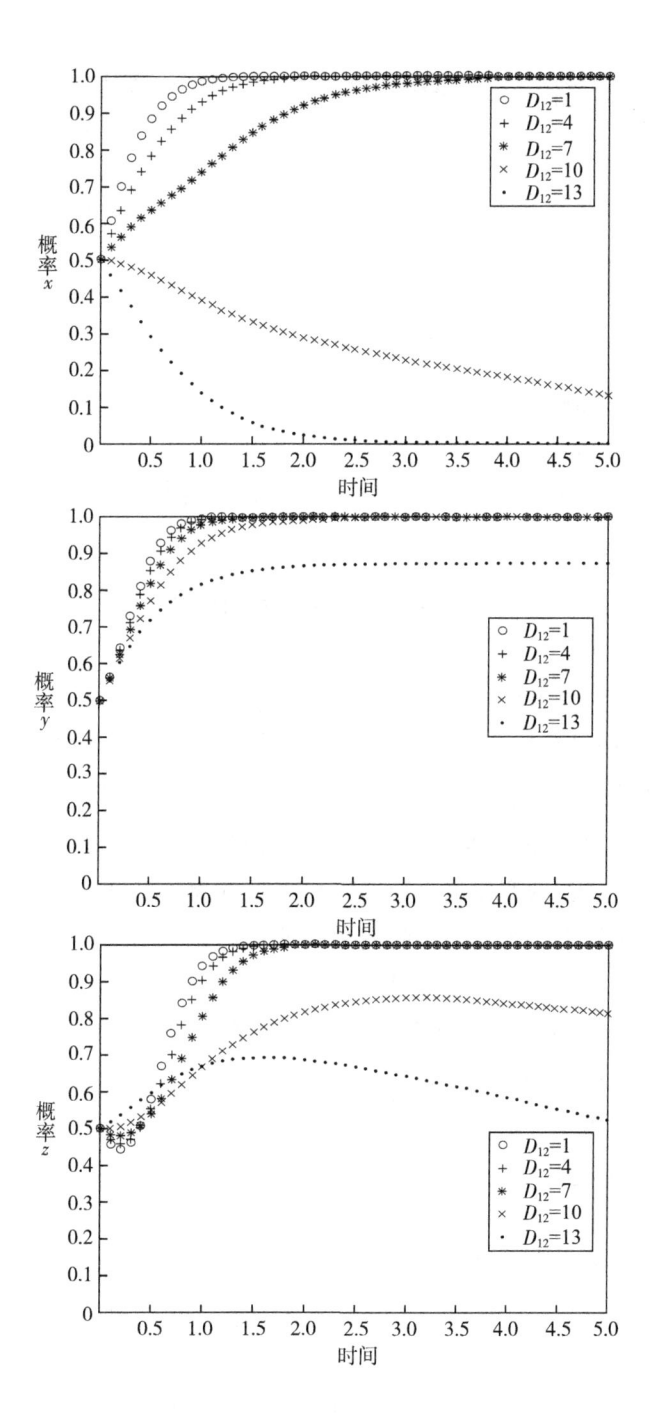

第十章 | 数字化背景下产村融合激活农村闲置资源的实现机制

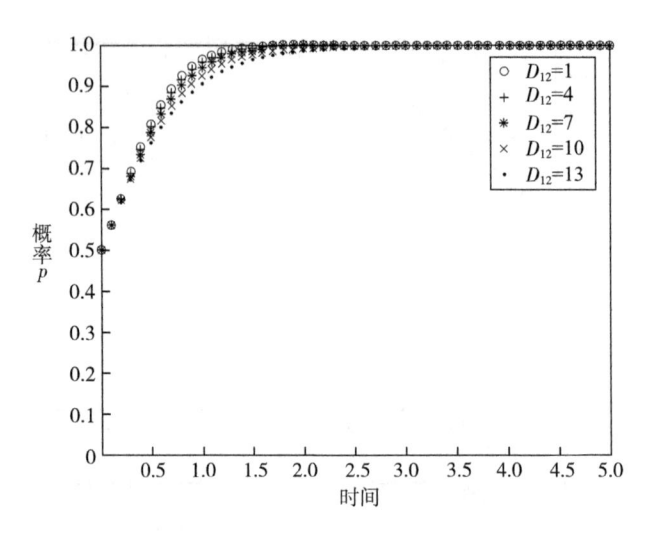

图 10-4　D_{12} 变化四方博弈仿真

3. 地方政府对农户的补贴 D_{13} 对系统的影响

在其他参数不变的情况下，提高地方政府对农户的补贴水平，即对农户的补贴由 $D_{13}=1$ 逐步提高到 $D_{13}=4、7、10、13$ 时，对地方政府、涉农企业、农村集体经济组织和农户策略选择的影响如图 10-5 所示。D_{13} 的变化也会影响农户支持的概率，随着 D_{13} 的逐渐增加，农户选择支持策略的时间越短，速率越快，这是由于 D_{13} 的增加使农户支持时相对净收益越大，从而激励农户支持数字化产村融合。此外当 $D_{13}=1$ 时，地方政府将在 $t=4$ 时严格监管概率演化到 1；当 $D_{13}=4$ 时，地方政府在 $t=4$ 时严格监管的概率为 0；当 $D_{13}=4、7、10、13$ 时，将朝着不严格监管方向演进，基本于 $t=2.5$ 时严格监管的概率演化至 0，这是因为中国农村人口庞大，第三次人口普查显示中国普通农户接近 2.26 亿户，提高对农户的补贴水平将提升地方政府财政支持力度，从而增加地方政府监管难度。当 $D_{13}=1$ 时，农村集体经济组织在 $t=2$ 时积极参与的概率为 1；当 $D_{13}=4$ 时，先朝着积极方向参与再朝着不积极方向参与演进，于 $t=4$ 时不积极参与的概率为 1；当 $D_{13}=7、10、13$ 时，将朝着不积极参与方向演进，基本于 $t=2.5$ 时积极参与的概率趋向于 0。D_{13} 的变化也对涉农企业有一定影响，D_{13} 的逐渐增大，涉农企业参与概率为 1 所需的时间越长，当 $D_{13}=13$ 时涉农企业参与的概率为 0.72。在数字化产村融合发展过程中，由于农村集体经济组织和涉农企业的策略选择跟随地方政府行动，地方政府对农户的补贴需控制在合理范围内，否则高额庞大的补贴对数字化产村融合的可持续发展具有抑制作用。

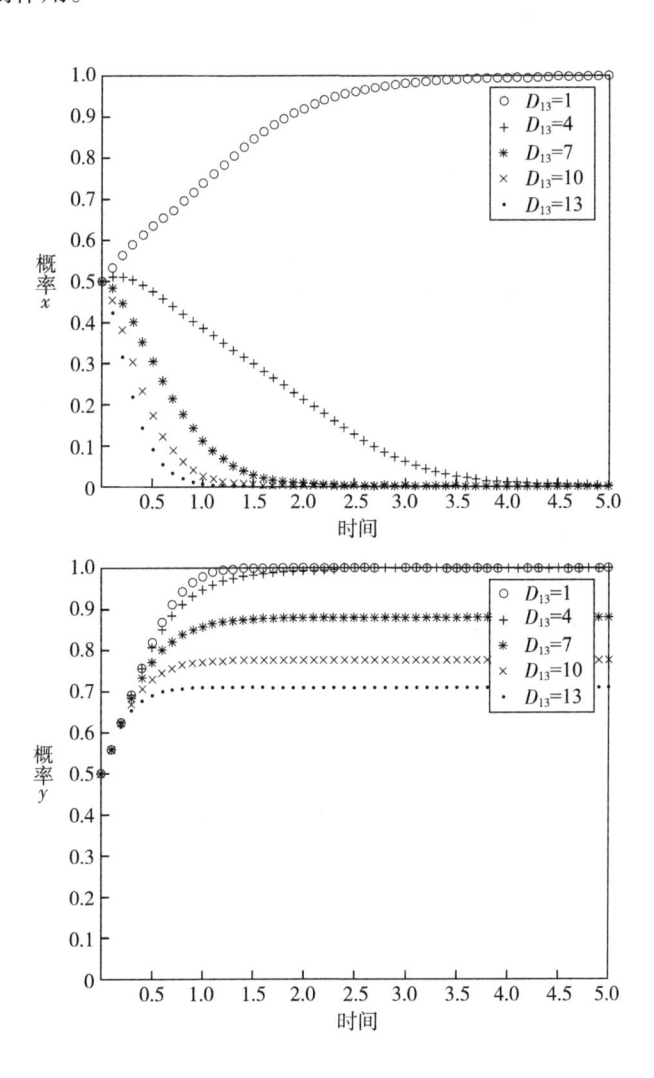

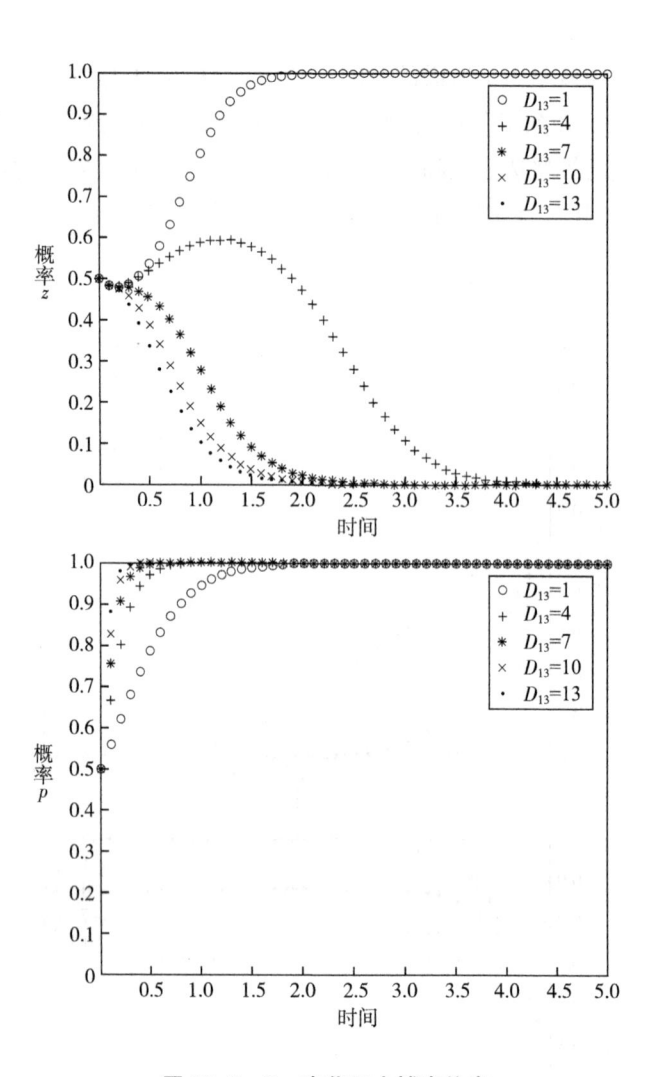

图 10-5 D_{13} 变化四方博弈仿真

4. 地方政府执行力度 r 对系统的影响

在其他参数不变的情况下，改变地方政府执行力度对系统演化的影响如图 10-6 所示。随着 r 的增加，地方政府向严格监管的方向不断演进，涉农企业、农村集体经济组织和农户也会受 r 的影响，且 r 越大其概率趋向 1 的速度更快，时间更短。值得注意的点是当 $r=0.1$ 和 $r=0.3$ 时，地方政府严格监管的概率分别将在 $t=1$ 和 $t=1.5$ 时演化至 0，涉农企业参与的概率分别在 $t=2$ 和 $t=4$ 时演化至 0，而农村集体经济组

第十章 | 数字化背景下产村融合激活农村闲置资源的实现机制

织积极参与的概率分别在 $t=1$ 和 $t=1.5$ 时演化到 0。农村集体资源资产化程度低且集体经济薄弱，数字化建设缺乏物质基础，而 r 的增加代表地方政府监管能力的强化，这在一定程度上使涉农企业、农村集体经济组织和农户获得的补贴相对增加，从而使其收益增加，并给予地方政府更高的社会声誉，构成良性的正反馈，从而形成数字化产村融合的合力，促进数字化产村融合合作稳定、持续发展。

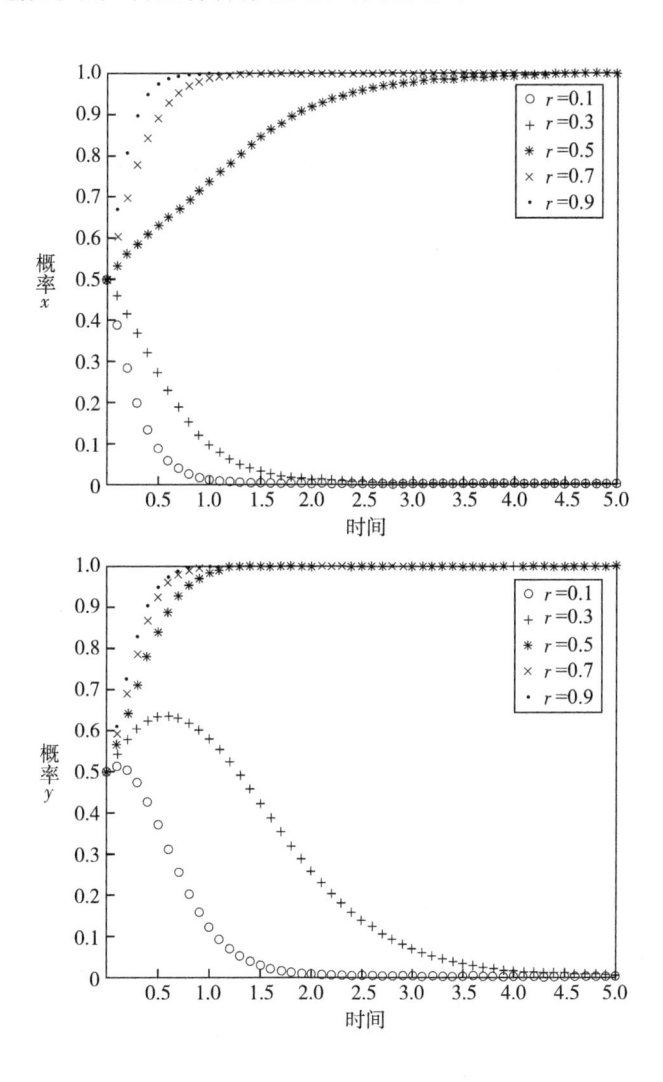

233

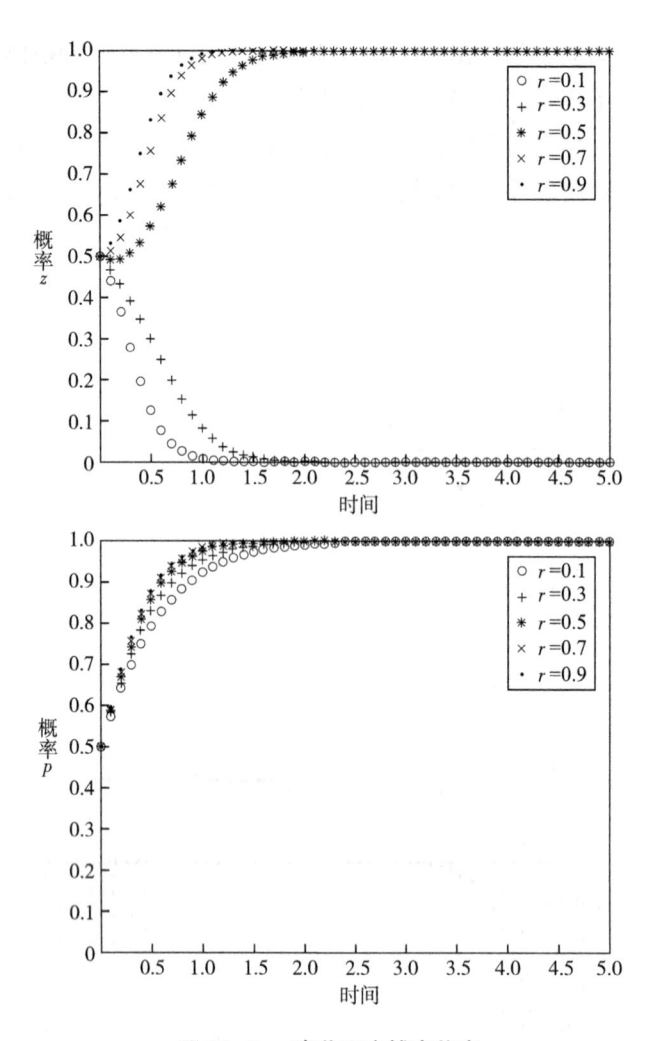

图 10-6　r 变化四方博弈仿真

5. 农村集体经济组织参与程度 λ 对系统的影响

在其他参数不变的情况下，假设农村集体经济组织参与程度 λ 分别为 0.1、0.3、0.5、0.7 和 0.9，对系统演化的影响如图 10-7 所示。由图 10-7 可知，随着 λ 的增加，地方政府、涉农企业和农户策略均衡的时间没有太大变化，随着时间的推移，均逐渐稳定。而农村集体经济组织积极参与的概率也随着 λ 的增加越来越快地趋近 1，这是因为在数字化产村融合的过程中，由于政策的稳定性，地方政府加强对农业和乡村产业融合数字化转型的政策支持，加快农村地区发展新格局建设，引

第十章 | 数字化背景下产村融合激活农村闲置资源的实现机制

导农村集体经济组织自发提高参与数字化产村融合的程度，并基于当地特色资源发展优势产业，开办农村合作社等一系列农村集体经济组织形式。此时，由于农村集体经济组织能够获得较高额外收益，可以强化农村集体经济的主体地位，发挥集体经济带动作用，促进村域土地、劳动力、资本、技术、数据资源统筹配置，实现数字化产村融合短、中、长产业结合，促进数字化产村融合发展。同时，系统内各主体博弈产生羊群效应，都朝着理想状态演化。因此，农村集体经济组织可根据当前数字化产村融合发展现状适当提高积极参与水平，以促进地方政府选择严格监管策略。

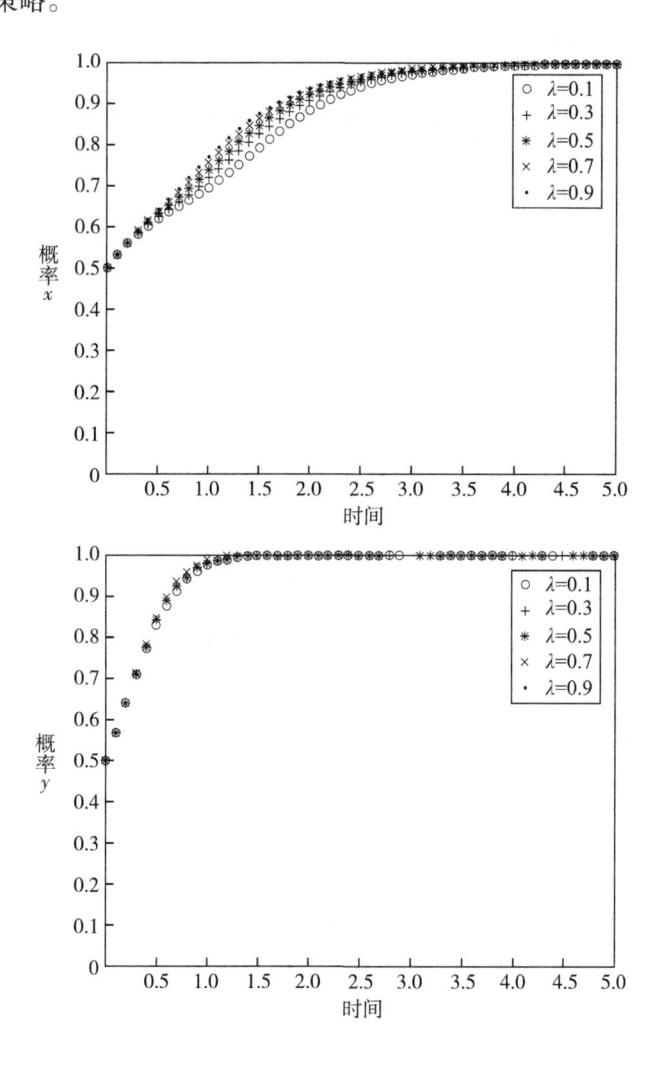

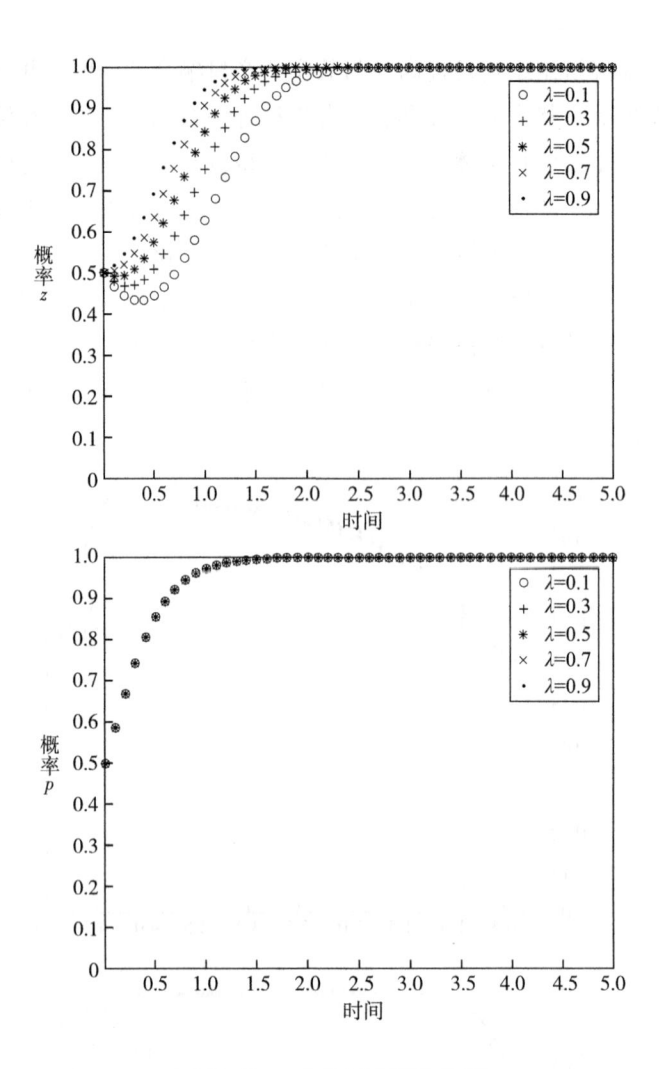

图 10-7 λ 变化四方博弈仿真

6. 涉农企业收益系数 ξ 对系统的影响

在其他参数不变的情况下，设 ξ 的取值分别为 0.1、0.3、0.5、0.7 和 0.9，对系统演化的影响如图 10-8 所示。随着 ξ 的逐渐增大，地方政府严格监管达成均衡的时间逐渐增加，农村集体经济组织达成均衡的时间则轻微变化且呈递增趋势，对农户的演化策略基本没有影响。对于地方政府，ξ 的增大给其带来额外的税收收入，可在一定程度上使其逐渐选择严格监管策略，但 ξ 越大说明各种主体采取积极策略的可能性越大，地方政府补贴和监管成本增加，势必会延长其决策时间，从而延缓选择严格监管策略。而当地方政府延缓达成严格监管策略均衡时，农村集体经济组织需提高参与水平以促使涉农企业和农户选择参与或支持策略，需要投入更多的数字化产村融合的运营成本，农村集体经济组织将延缓达成策略均衡的时间。因此，涉农企业收益系数越大，一方面会使涉农企业参与数字化产村融合能够获得资源的整合、优化和升级，投入资源的损失越少；另一方面说明数字化产村融合程度的增强，地方政府监管的成本加大，当数字化产村融合发展到一定程度时，地方政府将逐渐降低监管力度使涉农企业充分发挥其市场作用。

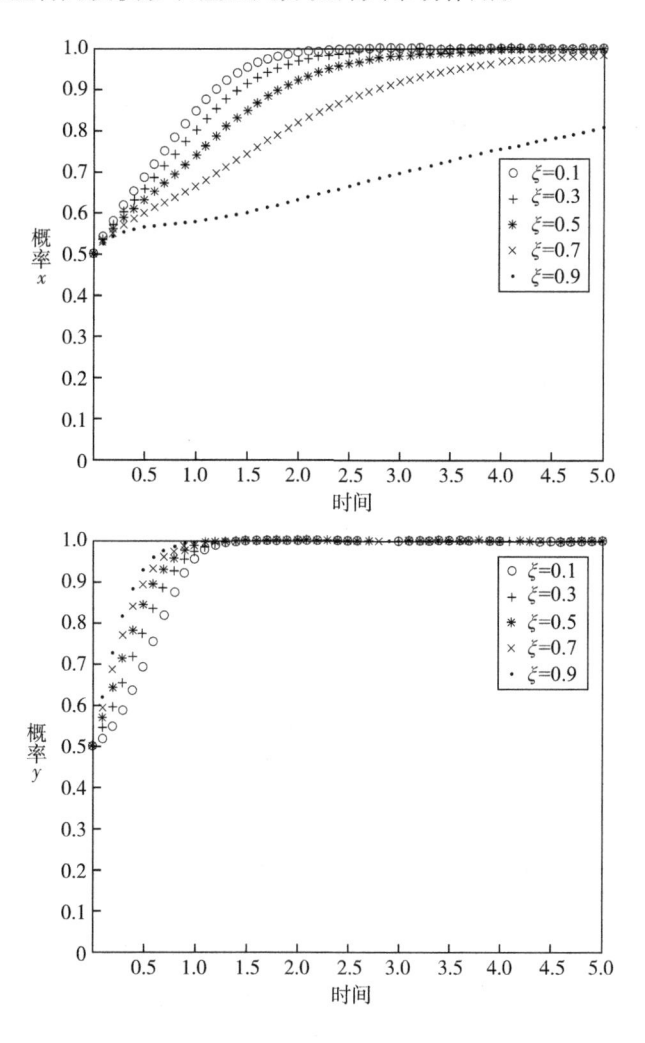

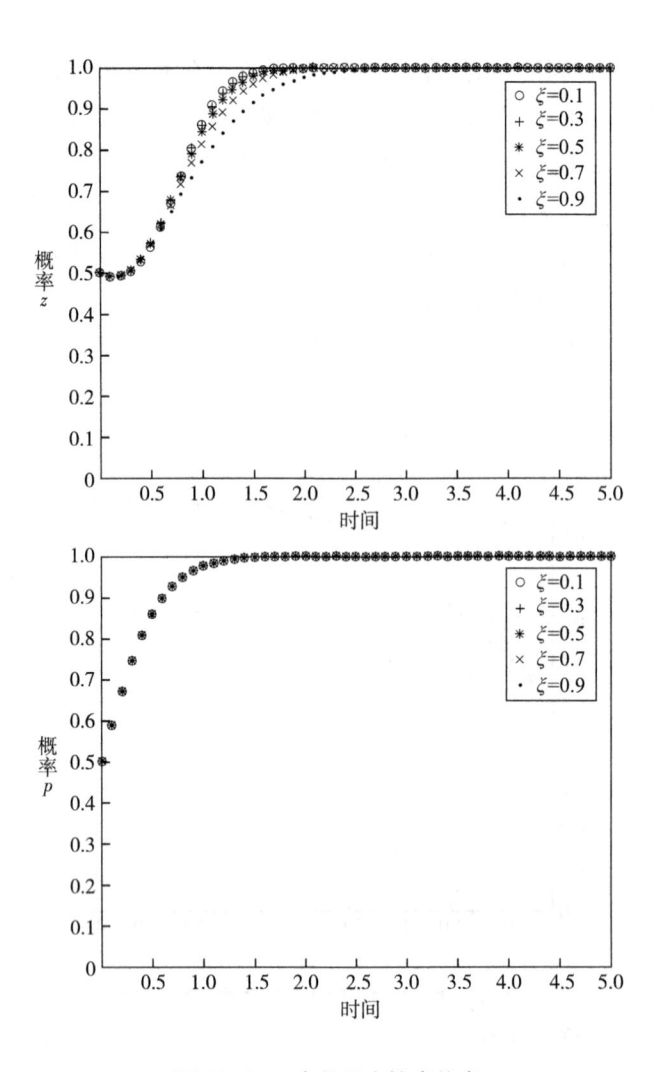

图 10-8　ξ 变化四方博弈仿真

7. 农村集体经济组织收益系数 ω 对系统的影响

在其他参数不变的情况下，设 ω 的取值分别为 0.1、0.3、0.5、0.7 和 0.9，对系统演化的影响如图 10-9 所示。随着 ω 逐渐增大，农村集体经济组织向积极参与策略演化的速率越快且时间呈递减趋势，地方政府向严格监管演化的时间逐渐增加，对涉农企业和农户的演化策略基本没有影响。这主要是由于农村集体经济组织的收益值和数字化产村融合的程度密切相关，当 ω 越大时说明各主体采取积极政策的可能性越大，融合程度越高，农村资源资产化能力越强，利益率越高。当投入成本一定时，农村经济组织所获得的额外收益增加，农村集体经济组织向积极参与的趋势呈指数型增长。因此，农村集体经济组织收益系数越大，一方面代表农村集体经济组织数字化技术提高，拥有大量的集体性资源得以盘活；另一方面代表数字化产村融合进入稳定时期，数字化产村融合微观主体形成循环共生状态，地方政府将逐渐放松监管力度，充分发挥集体经济组织的主体作用。

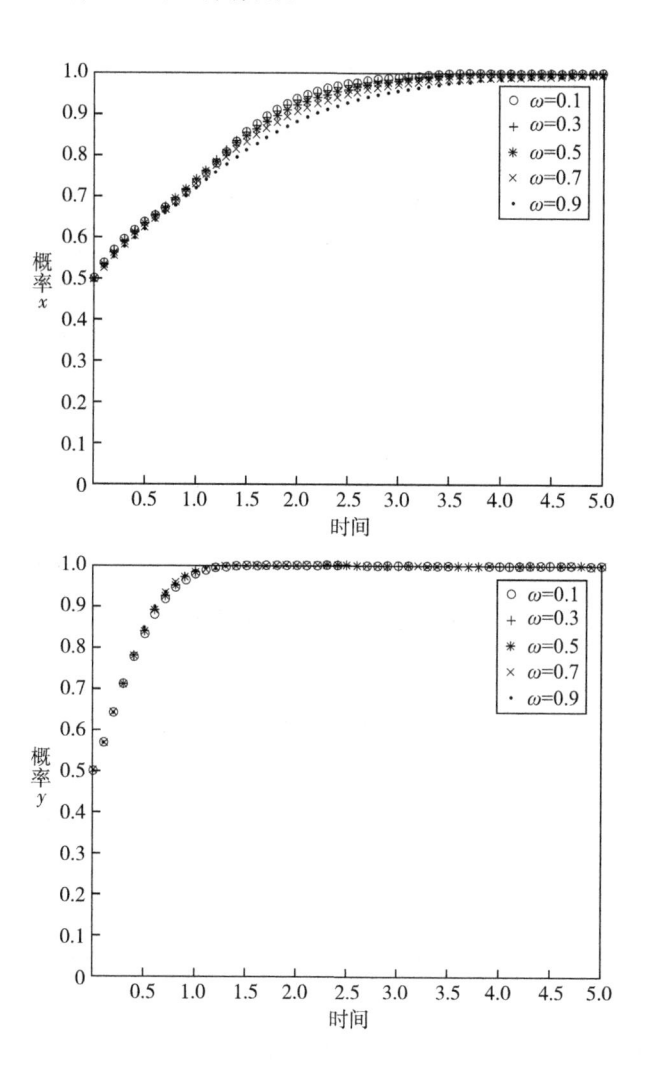

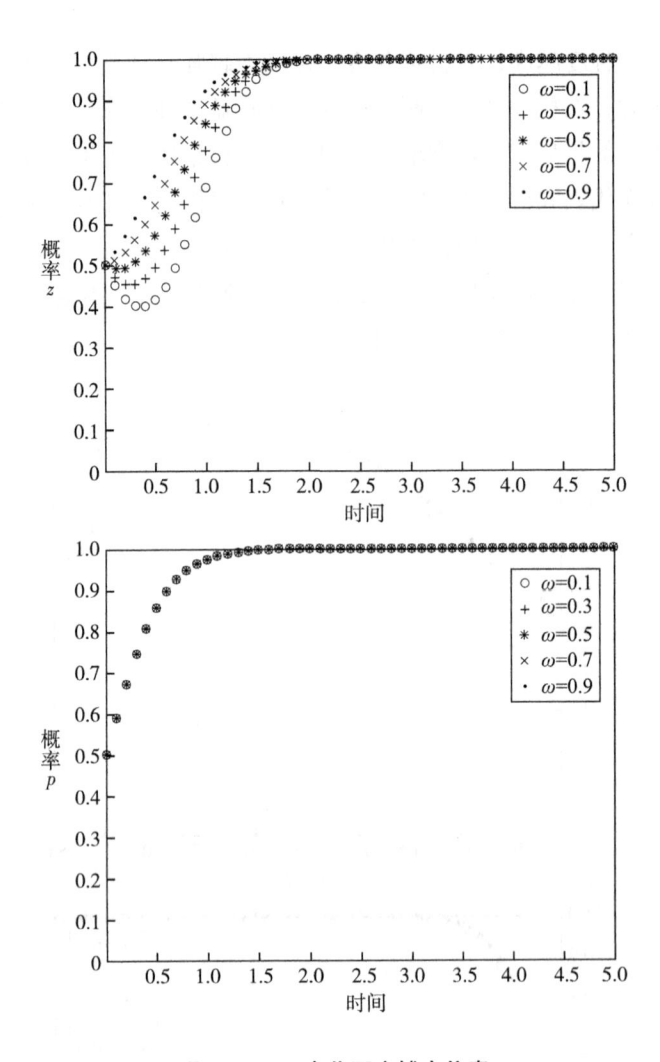

图 10-9　ω 变化四方博弈仿真

第二节　数字化产村融合激活农村闲置资源的实现机制构建

数字化产村融合共生激活农村闲置资源是一种多主体、多层次、多维度的复杂系统工程，为确保数字化产村融合共生利益的凝结、共生资源的形成和共生价值的实现，需要构建有效的实现机制，且其建立的运作机制对象是对共生要素依附的组织行为主体。在数字化产村融合共生

第十章 数字化背景下产村融合激活农村闲置资源的实现机制

的背景下，激活农村闲置资源，实现要素共生，凝结共生利益，对组织合作主体间进行约束和激励，以协调各方利益，促进合作共赢，形成持续、稳定的互利共生关系，助力乡村振兴。通过对数字化产村融合共生实现的条件进行数理分析与模拟仿真后，本节将从政策激励、功能联动、利益凝结、制度道德约束和监督评价引导五个方面，探讨在数字化背景下激活农村闲置资源的产村融合共生实现机制（见图10-10）。

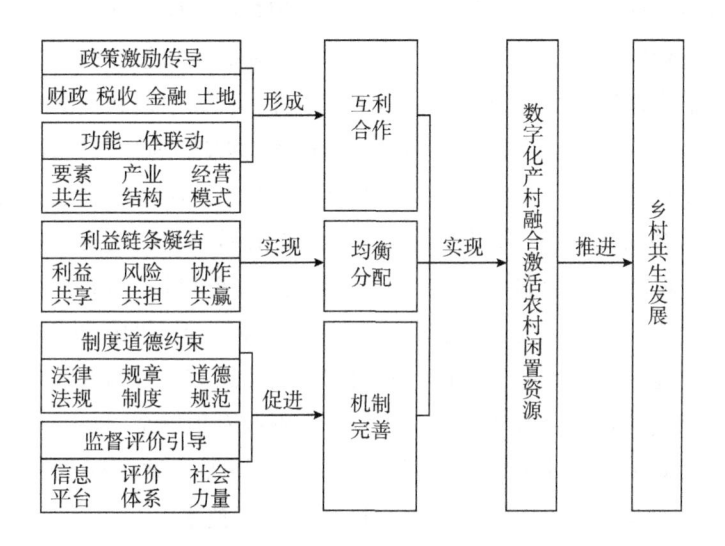

图 10-10　数字化产村融合激活农村闲置资源的实现机制

一　政策激励传导

由上述演化博弈均衡稳定性和模拟仿真分析结果可知，地方政府的扶持对于促使数字化产村融合主体采取积极策略，促进互利共生关系形成具有重要作用。在实践过程中，地方政府应根据国家层面的战略规划和政策导向，结合本区域乡村实际情况和需求，制定具体的政策措施，并通过有效的传播渠道和执行方式，将政策红利传递给涉农企业、农村集体经济组织和农户等利益主体，助力形成良好的政策氛围和市场预期，为数字化产村融合做好充分准备。政策激励是数字化产村融合共生激活农村闲置资源的重要驱动力，可以通过财政补贴、税收优惠、信贷支持、土地流转等方式，鼓励和引导各方参与者积极投身数字化产村融合的建设和发展。在政策激励的传导过程当中，地方政府是调控者，负责制定和修改相应的规章制度，促使其他各方积极参与数字化产村融合以激活农村闲置资源。总体而言，地方政府可以通过以下四条途径将政策激励传导到其余三方。

(一) 财政激励传导

地方政府应根据数字化产村融合的总体目标和重点领域，制定或完善相关的财政支持政策和标准，确保涉农企业、农村集体经济组织和农户等利益主体在数字化产村融合中能够得到相应的财政补贴、奖励、扶持等，实现财政激励的公平和有效。涉农企业、农村集体经济组织和农户等利益主体应根据自身的实际需求和条件，积极申请和享受相关的财政支持，提高数字化产村融合的投入回报率。如地方政府可以设立数字化转型专项性补贴，对涉农企业在数字化产村融合项目中的投入给予一定比例的补贴或奖励；对农村集体经济组织在数字化产村融合项目中提供的公共服务和社会服务给予一定比例的扶持或奖励；对农户在数字化产村融合项目中提供的土地、劳动等要素给予一定比例的补贴或奖励。同时，避免给予过高的补贴以免政府支持后续乏力，可通过提高地方政府对数字化产村融合激活农村闲置资源的财政专项资金支持，如技术支持、优惠政策、人才引进、完善数字基础设施等"软环境"补贴，鼓励涉农企业和农村集体经济组织积极利用数字技术参与数字乡村发展，推进乡村振兴进程。由此，地方政府通过财政激励传导能够激发涉农企业、农村集体经济组织和农户等利益主体，提高其参与数字化产村融合项目的积极性和主动性。

(二) 税收激励传导

地方政府根据数字化产村融合的总体效益和社会效益，制定或完善相关的税收优惠政策和标准，确保涉农企业、农村集体经济组织和农户等利益主体在数字化产村融合中能够享受相应的税收减免、退税、抵扣等，实现税收优惠的公正和合理。涉农企业、农村集体经济组织和农户等利益主体应根据自身的实际情况和市场变化，合理规划和安排相关的税务事项，提高数字化产村融合的税收效益。如地方政府可以对涉农企业、农村集体经济组织和农户参与数字化产村融合项目实行一定年度的免税或给予一定比例的营业收入和增值税减免。通过这些税务举措，降低涉农企业、农村集体经济组织和农户等利益主体参与数字化产村融合项目的成本和负担。

（三）金融激励传导

地方政府根据数字化产村融合可能面临的资金风险和资金缺口，制定或完善相关的金融支持政策和措施，确保涉农企业、农村集体经济组织和农户等利益主体在数字化产村融合中能够获得相应的金融信贷、担保、保险等，实现金融支持的可操作性和可持续性。涉农企业、农村集体经济组织和农户等利益主体应根据自身的资金需求和风险偏好，进行有效的资金管理和运用，提高数字化产村融合的资金效率。例如，地方政府可以与金融机构合作，对涉农企业在数字化产村融合项目中的贷款给予一定比例的贴息或担保；对农村集体经济组织在数字化产村融合项目中的贷款或集体收益给予一定比例的担保或扶持；对农户在数字化产村融合项目中的收入或财产给予一定比例的保险或补偿。地方政府与金融机构提供的金融激励，增加了涉农企业、农村集体经济组织和农户等利益主体参与数字化产村融合项目的资金来源和安全感。

（四）土地激励传导

地方政府根据数字化产村融合对土地资源的需求和利用，制定或完善相关的土地管理政策和规范，确保涉农企业、农村集体经济组织和农户等利益主体在数字化产村融合中能够依法依规进行土地流转、租赁、入股等，实现土地利用的合法和高效。农村集体经济组织和农户等利益主体应根据自身的土地权益和责任，进行合理的土地配置和利用，提高数字化产村融合的土地收益。

以上是由地方政府主导的政策激励传导主要途径，通过这四种主要途径，地方政府能够灵活地调动、调节数字化产村融合中的涉农企业、农村集体经济组织和农户的参与积极性，促使农村闲置资源得到高效转化。然而，在具体的实施过程中，地方政府还有以下几点需要注意。

1. 明确政策目标和责任主体

地方政府应根据数字化产村融合共生激活农村闲置资源的总体目标，细化分解具体的任务指标和责任分工，明确各级各部门在数字化产村融合中的职责范围和工作要求，建立健全考核评价和问责机制，确保政策落实到位。

2. 完善政策内容和执行方式

地方政府应根据数字化产村融合共生激活农村闲置资源的具体内容和特点，制定针对性强及可操作性高的政策措施，包括给予数字化产村融合组织在数字技术研发、推广、应用等环节一定的支持，对数字化产村融合项目给予资金、土地、税收等优惠，对参与数字化产村融合的涉农企业、农村集体经济组织和农户给予奖励或补偿等。同时，地方政府还应采取灵活多样的执行方式，如设立专项资金、开展示范引领、组织培训指导等，特别要对中小微型涉农企业、村干部、农文旅企业人员进行政策培训，把政策讲清讲透，让相关主体将政策吃透吃准，以提高政策执行效率和效果。

3. 加强政策宣传和反馈

地方政府应利用微信公众号、微博、抖音等新媒体网络平台，加大对数字化产村融合共生激活农村闲置资源相关政策的宣传力度，提高涉农企业、农村集体经济组织和农户等利益主体的政策知晓度和参与度，增强其对数字化产村融合的认同感和信心。同时，地方政府还应建立有效的政策反馈机制，及时收集和分析政策执行的效果和问题，不断调整和完善政策内容和方式，提高政策适应性和针对性。该工作可借用村级党群服务中心、乡政府办事大厅、县政府办事大厅等行政场所提供数字化产村融合相关政策咨询和服务，促使各类主体能够较好地抓住政策窗口推动数字化产村融合共生，从中获得资源增值的超额收益，尤其是鼓励农村集体经济组织和农户主动参与数字化产村融合激活农村闲置资源建设，促使其成为盘活农村闲置资源的内生动力和永续力量。

二 功能一体联动

功能一体联动机制是指地方政府、涉农企业、农村集体经济组织和农户等利益主体，在数字化产村融合共生激活农村闲置资源的过程中，根据各自的优势和需求，进行有效的协调和配合，形成互补互助、协同发展的合作关系。功能一体联动是数字化产村融合共生激活农村闲置资源的重要保障，可以通过形成要素共生、优化产业结构、创新经营模式等方式，实现数字技术与农业农村的深度融合，促进第一产业、第二产业、第三产业的有机衔接，提升农村闲置资源的利用效率和价值。具体而言，功能一体联动机制包括以下几个方面。

（一）形成农村要素共生

地方政府应推进农村要素市场化配置，促进要素在数字化产村融合中的自由流动和优化组合。涉农企业应根据自身比较优势，向农村输送资金、技术、人才等要素，参与农村闲置资源的开发利用。农村集体经济组织应充分发挥自身在土地、劳动、生态等方面的优势，吸引涉农企业积极参与数字化产村融合。农户应根据自身的条件和意愿，灵活选择以土地、劳动、技术等要素参与数字化产村融合，实现要素增值。同时，地方政府在制定与实施政策时，要把握政策适用范围和结构，保证涉农企业、农村集体经济组织和农户都能实现要素的最优配置，最终形成共生要素推动数字化产村融合共生。

（二）优化乡村产业结构

地方政府应根据数字化产村融合共生激活农村闲置资源的总体目标和规划，制定符合本地区特色和优势的产业发展方向和政策支持措施，引导涉农企业、农村集体经济组织和农户等利益主体进行产业调整和转型升级。涉农企业应根据市场需求和数字技术发展趋势，开发适应乡村特点和消费需求的新产品、新服务、新业态，拓展农村市场空间。农村集体经济组织应根据区域资源禀赋和文化传统，培育具有地域特色和竞争力的优势产业，打造乡村品牌形象。农户应根据自身能力和兴趣，选择适合自己的产业项目和经营方式，提高自身收入水平。

（三）创新农村经营模式

地方政府应鼓励涉农企业、农村集体经济组织和农户等利益主体，在数字化产村融合的过程中，利用数字技术和平台，创新农业生产、加工、流通、消费等各个环节的经营模式，提高农业效率和质量，增加农民收益和满意度。涉农企业应积极探索数字化产村融合的新模式，如公司+农户、合作社+农户、互联网+农业等，与农村集体经济组织和农户建立稳定的利益联结和风险分担机制，实现资源共享和利益共享。农村集体经济组织应充分利用数字技术和平台，提升自身的组织能力和服务能力，为涉农企业和农户提供优质的公共服务和社会服务，增强自身的凝聚力和影响力。农户应积极适应数字化产村融合的新要求，学习掌握数字技术和平台的使用方法，提高自身的数字素养和创新能力，拓展自身的经营渠道和市场空间。

三 利益链条凝结

利益链条凝结机制是指地方政府、涉农企业、农村集体经济组织和农户等利益主体，在数字化产村融合共生激活农村闲置资源的过程中，避免地方政府、涉农企业、农村集体经济组织及农户以自身利益最大化为目标而损害合作利益，应根据各自的利益诉求和贡献程度，建立合理有效的利益分配和风险分担机制，构建共生利益，实现优势资源互联互通、互利互补，以此形成长期稳定的合作伙伴关系。利益链条凝结是数字化产村融合共生激活农村闲置资源的重要动力，可以通过建立利益共享、风险共担、协作共赢的利益联结机制，实现地方政府、涉农企业、农村集体经济组织和农户等利益主体在数字化产村融合中的利益一致性和协调性，激发各方参与者的主动性和积极性。具体而言，利益链条凝结机制包括以下几个方面。

（一）利益共享

地方政府应根据数字化产村融合的总体目标和重点领域，制定或完善相关的财政支持政策和标准，引导涉农企业、农村集体经济组织和农户通过股份合作和股份制相互参股，确保涉农企业、农村集体经济组织和农户等利益主体在数字化产村融合中能够按照其投入的资金、技术、土地、劳动等要素，得到相应的收益回报，在实现利益公平和正向激励的同时，获得相应的政绩和社会声誉。涉农企业、农村集体经济组织和农户等利益主体应根据自身的实际需求和条件，积极申请和享受相关的财政支持，提高数字化产村融合的投入回报率。同时，要更多地考虑农户这一人数最多而又相对弱势的群体的利益，确保农户获得相对公平的收益。由此，通过给予补贴、放宽土地流转条件及减免税收的财政激励、税收激励和土地激励的政策激励传导方式，实现农村闲置资源的有效利用和价值提升，从而提高政府收益，实现各方利益共享。

（二）风险共担

地方政府应根据数字化产村融合可能面临的市场风险、技术风险、政策风险等，制定或完善相关的风险防范或补偿的政策和措施，确保涉农企业、农村集体经济组织和农户等利益主体在数字化产村融合中能够按照其承担的责任和义务得到相应的风险保障和补偿，实现风险公正。涉农企业、农村集体经济组织和农户等利益主体应根据自身的风险承受能力和风险偏好，进行合理的风险评估和规避，签订明确的风险分担协议，实现风险可控。

(三) 协作共赢

地方政府根据数字化产村融合共生激活农村闲置资源的协同效应和社会效应，制定或完善相关的协作促进政策和措施，确保涉农企业、农村集体经济组织和农户等利益主体在数字化产村融合中能够形成有效的沟通协调、资源共享、目标一致的协作关系，实现协作效率和协作价值的最大化。涉农企业、农村集体经济组织和农户等利益主体应根据自身的优势互补和需求互动，进行有效的信息交流、知识共享、经验借鉴，签订明确的协作约定，实现协作创新和协作发展，最终形成共生利益。

四 制度道德约束

制度道德约束机制是指地方政府、涉农企业、农村集体经济组织和农户等利益主体，在数字化产村融合共生激活农村闲置资源的过程中，遵守国家法律法规和地方规章制度，尊重市场规律和契约精神，完善道德规范和行为准则，维护自身和他人的合法权益，形成公平正义、诚信守法、互惠互利的制度道德秩序。制度道德约束是数字化产村融合共生激活农村闲置资源的重要基础，可以通过建立法律法规、规章制度、道德规范等制度性和社会性约束，规范涉农企业、农村集体经济组织和农户等利益主体在数字化产村融合中的行为和责任，维护数字化产村融合的秩序和效率。具体而言，制度道德约束机制包括以下几个方面。

(一) 建立法律法规约束

地方政府应根据国家的法律法规和数字化产村融合的实际情况，制定或完善相关的地方性法规和政策措施，确保涉农企业、农村集体经济组织和农户等利益主体在数字化产村融合中能够依法依规地进行土地流转、资金投入、技术创新、市场开拓等活动，实现法治保障和法治监督。涉农企业、农村集体经济组织和农户等利益主体应根据自身的权利和义务，遵守相关的法律法规和政策措施，维护自身的合法权益，承担相应的法律责任。例如，地方政府可以制定或完善关于数字化产村融合项目的审批、备案、监管等方面的地方性法规；涉农企业可以依据相关的法律法规和政策措施，与农村集体经济组织和农户签订合法有效的合同协议；农村集体经济组织和农户可以依据相关的法律法规和政策措施，享受相应的优惠政策和补贴奖励，由此保障各方的合法权益和责任。

（二）建立规章制度约束

地方政府应根据数字化产村融合的总体目标和重点领域，制定或完善相关的规章制度和标准规范，确保涉农企业、农村集体经济组织和农户等利益主体在数字化产村融合中能够按照统一的要求和标准进行生产经营、质量管理、环境保护等活动，实现制度引导和制度约束。涉农企业、农村集体经济组织和农户等利益主体应根据自身的实际情况和条件，遵守相关的规章制度和标准规范，提高自身的管理水平和竞争力。例如，地方政府可以制定或完善关于数字化产村融合项目的质量检验、安全监督、信息公开等方面的规章制度；涉农企业可以按照相关的规章制度和标准规范，提高产品质量、安全性、可追溯性等；农村集体经济组织和农户可以按照相关的规章制度和标准规范，提高生态环境治理、资源利用、社会服务等水平，由此提升各方的管理水平和竞争力。

（三）建立道德规范约束

地方政府应根据数字化产村融合的社会效益和文化效益，制定或完善相关的道德规范和行为准则，确保涉农企业、农村集体经济组织和农户等利益主体在数字化产村融合中能够遵循社会公德、职业道德、行业道德等，实现道德教育和道德激励。涉农企业、农村集体经济组织和农户等利益主体应根据自身的道德观念和价值取向，遵守相关的道德规范和行为准则，树立良好的社会形象和信誉。例如，地方政府可以制定或完善关于数字化产村融合项目的诚信经营、公平竞争、社会责任等方面的道德规范；涉农企业可以按照相关的道德规范和行为准则，诚信履约、公平交易、回馈社会等；农村集体经济组织和农户可以按照相关的道德规范和行为准则，尊重合作、互助共赢、传承文化等，由此树立各方的社会形象和信誉。

五 监督评价引导

监督评价引导机制是指地方政府、涉农企业、农村集体经济组织和农户等利益主体，在数字化产村融合共生激活农村闲置资源的过程中，利用数字技术和平台，建立完善的信息沟通、反馈、评价、激励等机制，形成有效的内部监督和外部监督，实现自我约束和互相促进。监督评价引导是数字化产村融合激活农村闲置资源的重要手段，可以通过建立信息平台、评价体系，以及发挥社会作用力量等监督评价引导手段，监测和评估涉农企业、农村集体经济组织和农户等利益主体在数字化产村融合中的效果和存在的问题，并提供及时的反馈和指导，促进数字化产村融合的优化和改进。具体而言，监督评价引导机制包括以下几个方面。

（一）建立信息平台

地方政府根据数字化产村融合的信息化需求和特点，建立或完善相关的信息平台和数据库，确保涉农企业、农村集体经济组织和农户等利益主体在数字化产村融合中能够获取和发布相关的信息和数据，实现信息共享和数据开放。涉农企业、农村集体经济组织和农户等利益主体应根据自身的信息需求和数据贡献，积极使用和更新相关的信息平台和数据库，提高自身信息利用和数据分析的能力。地方政府可以通过信息平台及时了解数字化产村融合项目的进展情况、存在问题、改进建议等，为数字化产村融合提供有效的监督和指导。

（二）建立评价体系

地方政府根据数字化产村融合的评价目标和评价指标，建立或完善相关的评价体系和评价方法，确保涉农企业、农村集体经济组织和农户等利益主体在数字化产村融合中能够接受全面、客观、公正的评价，实现评价科学和评价公信。涉农企业、农村集体经济组织和农户等利益主体应根据自身的评价结果和评价反馈，积极改进和完善自身在数字化产村融合中的表现，提高评价水平和评价效果。地方政府可以通过评价体系定期对数字化产村融合项目进行效益评价、风险评价、社会评价等，并根据评价结果给予相应的奖励或惩罚、荣誉或责任、竞争或合作等激励或惩处措施，为数字化产村融合提供有效的监督和指导。

（三）发挥社会作用力量

地方政府应根据数字化产村融合的社会效益和文化效益，发挥社会各界的作用力量，确保涉农企业、农村集体经济组织和农户等利益主体在数字化产村融合中能够得到社会各界的支持、参与、监督等，实现社会共治和社会共赢。涉农企业、农村集体经济组织和农户等利益主体应根据自身的社会责任和社会形象，积极与社会各界进行沟通、协作、互动、共享等，提高社会认同和社会影响。地方政府可以通过社会力量动员和组织社会各界对数字化产村融合项目进行宣传、推广、培训、评估等,并根据社会反馈进行调整或优化,为数字化产村融合提供有效的监督和指导。

第三节 本章小结

本章首先构建了地方政府—涉农企业—农村集体经济组织—农户四方演化博弈模型,分析其主体行为决策的稳定策略,并利用仿真模拟分析不同情形下的演化趋势,得出以下结论。①四方演化博弈系统的16个纯策略点中,共有3个条件稳定,其余13个均衡点在任何情况下都不稳定。3个条件均衡点代表数字化产村融合激活农村闲置资源中各利益主体可能呈现的均衡策略,相对净收益为正时,相关主体会倾向选择该策略。②数值仿真分析结果表明,增大地方政府对涉农企业、农村集体经济组织和农户的补贴,可以促使其倾向选择积极策略,提高积极性,但当地方政府补贴达到一定程度时呈边际递减效应,即地方政府选择积极策略的概率越低,速度越慢,如在 D_{11}、D_{12} 和 D_{13} 的取值分别在7、10和4时地方政府严格监管的概率演化至0。地方政府执行力度对涉农企业、农村集体经济组织和农户都有影响,执行力度大于0.5时,能够更快地使系统向理想状态演化,涉农企业和农村集体经济组织与地方政府的执行力度正相关。农村集体经济组织参与程度也会对地方政府、涉农企业和农户采取积极策略产生一定影响,参与程度越高,其他三方采取积极策略的时间呈递减趋势。而且涉农企业和农村集体经济组织的收益系数越大,其参与和积极参与数字化产村融合的时间越快,但在长期看来并不能使系统处于稳定状态。因此增大涉农企业、农村集体经济组织和农户补贴短期内有利于提高数字化产村融合水平,但过高的补贴将不利于系统达到理想稳定状态,是一种非长效的数字化产村融合激励措施。提高地方政府监管力度和农村集体经济组织参与程度,可以使涉农企业选择参与策略速度加快,农户也加快支持策略,最终有利于系统向理想状态演化。

其次,本章从政策激励传导、功能一体联动、利益链条凝结、制度道德约束和监督评价引导五个方面进行完善工作,为数字化产村融合激

第十章 | 数字化背景下产村融合激活农村闲置资源的实现机制

活农村闲置资源提供了有效的支持和保障。其中，政策激励传导是通过政策信号、政策工具、政策效果三个环节，实现政策目标和利益主体行为的有效匹配，通过建立财政激励传导、税收激励传导、金融激励传导、土地激励传导四个方面，实现数字化产村融合共生激活农村闲置资源的有效推进和优化。功能一体联动是通过整合城乡要素资源、优化乡村产业结构、创新乡村经营模式等方式，实现数字技术与农业农村的深度融合，促进第一产业、第二产业、第三产业的有机衔接，提升农村闲置资源的利用效率和价值，增加农民收益和满意度。利益链条凝结是通过建立利益共享、风险共担、协作共赢的利益联结机制，实现涉农企业、农村集体经济组织和农户等利益主体在数字化产村融合中的利益一致性和协调性，激发各方参与者的主动性和积极性，通过建立利益共享机制、风险共担机制、协作共赢机制三个方面，实现数字化产村融合共生激活农村闲置资源的有效利用和价值提升。制度道德约束是通过建立法律法规、规章制度、道德规范等制度性和社会性约束，规范涉农企业、农村集体经济组织和农户等利益主体在数字化产村融合中的行为和责任，维护数字化产村融合的秩序和效率，通过建立法律法规约束、规章制度约束、道德规范约束三个方面，实现数字化产村融合共生激活农村闲置资源的规范运行和持续发展。监督评价引导是通过建立信息平台、评价体系、社会作用力量等监督评价引导手段，监测和评估涉农企业、农村集体经济组织和农户等利益主体在数字化产村融合中的效果和问题，提供及时的反馈和指导，实现数字化产村融合的优化和改进，通过建立信息平台、评价体系、社会作用力量三个方面，实现对数字化产村融合共生激活农村闲置资源的有效监督和指导。

第十一章

数字化背景下产村融合激活农村闲置资源的政策建议

数字化产村融合共生有利于形成共生资源，优化农村资源配置，也有利于凝结共生利益，构建持续、稳定的互利共生合作关系，获得共生价值，实现资源价值创造、价值转换和价值增值。因此，数字化产村融合共生能够在一定程度上破解农村资源闲置，城乡发展不平衡、农村发展不充分等问题，释放乡村发展活力。随着数字乡村建设和乡村振兴战略的有序推进，引导了大量资本、技术、优质人才等资源流入乡村，与农村"生产、生态、生活"空间融合，加快了数字化产村融合共生发展。目前，部分农村地区已加快数字化转型，数字化产村融合共生已取得初步成效。本章将结合数字化产村融合激活农村闲置资源的共生机理、共生路径和实现机制，探寻数字化产村融合激活农村闲置资源的共生路径优化策略，并提出相应的政策建议，为进一步推动数字化产村融合共生发展提供可参考的实施建议。

第一节 数字化产村融合激活农村闲置资源共生路径优化策略

由于农村生产效率较低，要素多为向城市单向流动，要素配置效率低，因此需抓住新技术经济范式带来的颠覆性创新窗口，提高农村闲置资源转换率，实现农村闲置资源的价值增值，促使农村发展形成持续、稳定的互利共生关系，推动数字化产村融合共生发展。本节内容根据前

第十一章 数字化背景下产村融合激活农村闲置资源的政策建议

文数字化产村融合激活农村闲置资源的共生机理及路径的研究结论,进一步总结提炼其成果经验,从而提出路径优化策略。

一 激活数字化产村融合行为主体促进城乡要素双向流动

激活产村融合行为主体通过采用数字化产村融合的模式,包括数字交易平台、数字人才市场、数字普惠金融和数据要素等措施,有效促进了城乡要素的双向流动。数字技术作为农村发展的重要驱动力,提高了各要素流动的效率,数字赋能平台集成城乡资源市场,数字人才市场吸引人才流向农村,数字普惠金融降低了融资难度,而数据要素通过构建数字要素数据库为闲置资源的激活提供新路径。这为城乡资源的有序流通提供了关键支持,有助于解决农村资源闲置问题,推动了城乡融合发展和农村经济振兴。以下将详细探讨激活产村融合行为主体如何促进城乡要素双向流动,为农村经济振兴和现代化发展提供新的动力和机遇。

(一)数字赋能平台

数字赋能平台充当了城乡资源流动的桥梁,通过数字技术将城乡资源相"链接",为双方提供了便捷的互动渠道。由于信息不对称和交易成本较高,农村资源往往无法顺畅流向城市,造成资源的浪费和闲置。而数字赋能平台能够打破传统的地域限制,更好地挖掘农村资源,实现了资源的高效配置。首先,数字赋能平台提供可信的信息和便捷的交易方式,如电子商务和直播带货等数字赋能平台为农产品进入城市市场提供了便捷渠道,缩短了流通环节,提高了农民收入。同时,数字赋能平台也推动了城市技术与人才下乡,通过在线培训、远程办公等方式提升农村的技术和管理水平。其次,农村的文化、生态旅游资源能够通过数字赋能平台得到广泛推广,吸引城市游客,推动乡村旅游和文化产业的发展。同时,城市的资金、医疗和教育等服务资源也通过数字金融、远程医疗和在线教育等数字赋能平台流向农村,提升了农村基础设施和生活水平。最后,大数据和物流数字赋能平台能够加快信息共享和供应链优化,实现城乡供需的精准对接,确保资源流动更加高效。数字赋能平台为城乡要素双向流动提供了更大的机会和便利,有助于更合理地配置资源,降低资源闲置率,提高资源的利用效率,促进城乡共同繁荣发展。

(二) 数字人才市场

长久以来，城市是高素质人才就业定居的首选地，农村地区则面临着大量人才流失的问题。然而，数字化产村融合共生通过建立数字人力资源要素市场，带动人才流向农村地区，吸引了各类高素质人才到乡村发展。首先，数字人才市场围绕"引、育、留、用、转"等关键环节，为数字人才和企业提供人力资源服务，提供更多的职业机会，包括数字农业、农村电商和数字化农村管理等领域，吸引大量青年和专业人才返乡创业就业。其次，数字技术的应用使远程服务成为可能，人才在农村工作也能享受到城市的生活质量。这不仅有利于缓解城市的人口压力，还为农村地区注入了新的活力和创新力。通过数字人才市场的构建，城乡之间的人才流动变得更加顺畅，为农村地区提供了更多的发展机会。

(三) 数字普惠金融

在传统金融体系中，农村地区往往面临着融资困难的问题，因为传统金融机构基于回款风险倾向将资金集中贷给优质企业。而数字普惠金融通过数字技术的应用为农村资金需求方提供了更多的融资选择，包括数字化贷款、众筹和数字支付等。这些金融工具使涉农企业、农村集体经济组织和农民更容易获得所需的资金，推动农村经济的发展。此外，数字普惠金融也降低了融资成本，因为数字平台可以更精确地评估信用风险，从而降低了贷款利率。这为农村资金需求方提供了更具竞争力的融资条件，有助于吸引更多的投资和资本流向农村地区，促进了资源的流动和配置。

(四) 数据要素推动

数据要素具有其独特的属性，如衍生性、共享性、非竞争性和流动性，通过数字化要素数据库的构建，加快资源的整合和交易。通过数字平台的"大数据+物联网"技术，传统的人才、资本和土地等生产要素被数字技术整合，形成了新型的数字数据要素和数字资产，并通过数字平台实现更精确和高效的匹配，使资源要素流动顺畅，从而降低交易成本，提高资源配置的效率，促使农村地区能够吸引更多的资本、技术和人才等资源。另外，数据要素的共享性和流动性也使城乡资源要素之间的协同配合效应变得更加明显。数据要素可以在城市和农村之间自由流动，为不同领域的资源要素提供信息和支持。如在数字农业领域，城市的科研成果和技术可以通过数字平台迅速传递到农村,从而提高农业产出水平和效率。同时,农村地区的数据也可以为城市的决策和市场分析提供重要信息。这种互动加强了城乡要素之间的互补性,推动了资源要素的重新配置和交叉融合。

综上所述,在数字化产村融合的模式下,激活产村融合行为主体通过数字平台、数字人才市场、数字普惠金融和数据要素的推动,有效地促进了城乡要素双向流动。这一系列措施提高了要素流动的效率、便捷性和精确性,为城乡资源的有序流通提供了重要支持,有助于解决农村资源闲置问题,推动了城乡融合发展和农村经济振兴。

二 延长产业链条盘活农村闲置资源实现资源共生

延长产业链条是盘活农村闲置资源并实现产村融合初步共生的重要策略,具有深远的经济和社会影响。通过数字化产村融合,农村地区能够更有效地利用自身资源,实现农业产业的多元化发展,提高生产效率,并促进农村经济的可持续增长。这一战略的核心在于建立乡村产业链和延长产业链,将传统农业与现代产业有机地连接起来,从而实现资源的综合利用和资源要素的有序流动。延长产业链的初步共生效应不仅会对农村地区的资源配置产生积极影响,如加快资源共生,还会对农民的生活水平和整个社会的可持续发展产生深远影响。

(一)优化农产品流通

数字技术的兴起打破了传统农产品流通的局限性,通过在线平台将农民、生产者、批发商和零售商相连接,实现了信息的实时传递与共享。这提高了农业生产效率,避免了农产品生产过剩或供应不足的情况。涉农企业、农村集体经济组织和农民能够更精确地了解市场需求、价格趋势,以及消费者偏好,从而精细规划农业生产,避免资源浪费。同时,消费者也因数字技术的应用能够获得更加透明的农产品信息,使其更能作出明智的购买决策。数字化技术还为农产品的直接销售提供了新的机会,通过缩短供应链、降低成本,使涉农企业、农村集体经济组织和农民能够更好地从生产中获利,同时消费者也能够更便捷地获得高质量的农产品。

(二)促进乡村产业升级

数字技术的引入为乡村产业注入了新的活力。通过建立产业链,将传统农业与现代产业进行有机融合，实现了农产品的多元化发展，进而提升了产业的附加值和竞争力。数字化技术引入农业物联网，通过监测土壤湿度、气温等数据，使农田管理智能化。涉农企业、农村集体经济组织和农户可以根据农业生产、销售、服务等信息数据，精确调整农业生产策略，从而提高农产品质量，提升市场化水平，同时促进农业的可持续发展。此外，数字技术还助力农产品加工和新兴产业的发展，如农村旅游、生态农业和文化创意产业，为农村经济注入新的活力与动力，成为乡村发展新引擎。

（三）优化农村资源

数字技术在乡村领域的应用不仅促进了农村资源的多元化利用，加快共生资源的形成，还推动了乡村产业升级，提高了农村经济的韧性和可持续性。通过数字化技术的应用，农村地区的资源要素与城市资源要素能够更自由地流通并协同发展，这有助于改善农民的生活质量，实现农村和产业的初步共生，为农村地区的现代化转型和发展提供了新的动力和机遇。这不仅对农村经济产生积极影响，还对农民的生活质量，以及整个社会的可持续发展产生深远的影响，展现了数字化产村融合在推动农业农村经济社会发展中的重要作用。

三 提高农村闲置资源可利用推动数字化产村融合要素共生增值

提高农村闲置资源的可利用率是推动产村融合要素共生增值的重要途径。在当前数字化产村融合的背景下，充分挖掘和利用农村地区的潜在资源潜力，尤其是那些长期处于闲置状态的资源，已成为农村可持续发展的当务之急。数字技术的引入为农村地区创造了新机遇，使城乡资源要素能够更加高效地流通和发挥协同作用，从而实现初步共生和增值效应。本节将探讨如何通过数字化资源管理系统、资源整合和优化、多元化资源利用、数字化市场接入，以及教育和培训等策略，提高农村闲置资源的可利用率，推动数字化产村融合要素共生增值。

（一）数字化资源管理系统

建立数字化资源管理系统可以有效地收集、存储和分析有关农村资源的数据，包括土地、水资源、森林、农田品质等信息。这些数据能够反映资源状态和进一步挖掘资源隐性价值和显性价值，有助于农村地区明智地规划资源的利用方式。如通过土地质量和土壤数据的监测，农村地区可以确定哪些土地适合特定类型的农作物种植,从而提高农产品的产量和质量。

(二)资源整合和优化

资源整合和优化旨在将不同的资源要素有机地结合起来,以实现资源的最佳利用。如充分利用"大、智、移、云"等新一代信息技术,提升产、村、景的智能化水平,提升乡村智慧农业、数字经济、数字文化、数字服务等方面的能力和水平,推进农村闲置资源数字化、平台化。这使地方政府、涉农企业、农村集体经济组织和农户能够及时获得乡村资源、生态等实况数据,提升其资源配置能力。此外,数字技术还促进了农产品加工和价值链的延伸,将农产品转化为高附加值的产品,进一步提高了资源的利用效率。多元化资源利用战略为农村地区提供了广阔的发展机会。

(三)多元化资源利用

长期以来,农村地区主要依赖农业产业,但在数字化产村融合共生背景下,农村地区能够更广泛地利用其他资源,实现多元化资源利用,有助于农村地区减轻对传统资源的过度依赖,提高农业农村经济的韧性和竞争力。如农村地区可以将自然风光和文化资源与生态旅游、文化创意产业相结合,吸引游客和投资,增加农村地区的收入。这都有利于乡村资源的整合和优化,加快"资源产业化—产业生态化—生态村景化—村景智慧化"进程。

(四)数字化市场接入

数字化市场接入是提高农村闲置资源可利用率的重要途径之一。通过在线市场和数字平台,涉农企业、农村集体经济组织和农户能够将他们的产品推向更广泛的市场,与城市和国际市场相连接,提高市场竞争力,加快市场化进程。这不仅提高了农产品的销售机会,还促进了资源要素的有序流动。数字平台不仅为农村地区提供了更广泛的市场渠道,还提高了市场透明度,使农产品的价格更加公平和合理。

(五)教育和培训

教育和培训在提高农村闲置资源的可利用率方面也具有重要作用。涉农企业、农村集体经济组织和农民需适应组织环境变化,积极参与数字技术和资源管理方面的培训,提升数字素养和能力,以便更好地理解和利用数字技术赋能农业农村发展。地方政府和社会组织应加大线上和线下数字技术应用、电子商务、数字就业等培训课程授课频次，帮助涉农企业、农村集体经济组织和农民掌握数字技术和数字工具，并将其应用于资源管理和产村融合领域。这有助于提高涉农企业、农村集体经济组织和农民的数字技能水平，使其能够更好地利用数字技术来管理和优化农村资源，从而提升农村资源的附加值。

综上所述，提高农村闲置资源的可利用率是农村地区实现产村融合要素共生增值的关键战略之一。数字化资源管理、资源整合和优化、多元化资源利用、数字化市场接入及教育和培训等策略有助于充分挖掘和利用农村地区的资源潜力，推动资源要素的有序流动，从而实现初步共生和增值效应。这些举措不仅会对农村经济产生积极影响，还有助于提高农村地区的可持续发展水平，为农村地区的现代化转型和发展提供了新动力和新机遇。

第二节　数字化产村融合激活农村闲置资源的政策建议

为了实现数字化产村融合激活农村闲置资源，有效助推数字化产村融合共生路径发展，本节将从"五个精准"方面提出相应的政策建议。

一　精准识别资源禀赋优势，深入挖掘乡村美丽元素

各个乡村应根据自身特点深入挖掘美丽元素，并进行共生开发和利用，实现美丽资源产业化。同时，还需努力激发乡村建设主体活力、鼓励农民主动参与到美丽乡村建设中，以充分发挥其主人翁精神，激活美丽乡村建设的内生动力。

二　精准引流城乡社会资本，夯实乡村资金技术人才

在美丽乡村建设过程中，资金、技术和人才保障是其首要前提。这就需要做好以下工作。一是通过政府出资和引进民间资金的做法共同成立"产村融合发展基金"，为产村融合助推美丽乡村建设提供资金保障。二是政府加大财政资金投入力度或出台相应的定向税收减免优惠政策，以期充分利用政府财政支出与税收政策的信号引导机制引导更多社

会资金流入美丽乡村建设过程。三是通过架构"互联网+技术"共享机制，整合全球技术资源，为产村融合助推美丽乡村建设提供远距离技术服务。四是进一步夯实"一村一名"大学生工程，培养新型职业农民和乡村好青年，让农民成为让人羡慕的职业。同时，通过差异化的政治与经济激励机制积极引导高校、机关、国有企业等社会团体优秀人才下乡，反哺美丽乡村建设。

三　精准指导产村融合实践，做实美丽乡村建设工作

各乡村及其上级政府应尽快制定《产村融合助推美丽乡村建设的指导意见》，以便更好地指导产村融合助推美丽乡村建设工作。在此过程中，应做好以下工作。一是在遵循自然规律、保留乡村生态性与原始感的原则下，使产业和村庄高度融合，以期做到"人在产中、产在村中、村在景中"。二是通过设定短期和长期发展目标，分步骤地引导各乡村实施产村融合的具体计划。三是出台产业、生态、村庄三者融合共生的指导意见，具体包括相应的资金融通、人才引培等相关政策来完善美丽乡村建设的资金与人才保障。四是对于重点性建设项目，应设立督查小组以对其实施不定期的监督检查，并及时向上级反馈发现的问题并妥善地加以解决处理。五是从制定乡村产业空间格局和乡村发展建设格局等规划入手，大力建造新型农业现代化引领区、产村融合样板区，通过产业发展全链条融合打造出特色产业基地，为美丽乡村产业空间格局规划创造出独特的发展优势。

四　精准架构产村融合大脑，动态监测美丽乡村建设

在美丽乡村建设过程中，不仅要有效地实施产村融合计划，更要守住产业、生态、农村三者融合共生的底线，这就需要构建有效的产村融合指标并对其进行动态监测。这需要做好以下工作。一是以"资"产合一、产景相连、村景相融等为核心指标，构建"产村融合"指标体系。二是架构产村融合大数据平台，对全国村庄产村融合程度进行动态监测与评价，并依此结果授予如"生态家园"等荣誉称号。三是通过大数据平台对监测结果进行分析以发现各个村庄在产村融合助推美丽乡村建设过程中所存在的问题，为美丽乡村建设提供智慧化决策支持。四是依托产村融合大数据平台，加入智能分析板块，根据全国各地不同的地理位置、生态环境及文化背景，为其量身定制合适的产村融合发展

共生路径，提供精准到村的发展建议。

五　精准打造产村融合典范，引领美丽乡村全面发展

美丽乡村建设不可能一蹴而就，这就需要打造一个产村融合典范，并在全国范围内进行大力倡导与宣传。这需要做好以下工作。一是构建生态家园授牌制度，如生态家园县牌、市牌、省牌甚至国牌等。这不仅可以激励各个乡村努力探索产村融合助推美丽乡村建设的有效途径、提升乡村知名度，而且在品牌示范作用下，还可以加速"乡村网红"计划的培育、形成产业与生态的良性循环。二是树立产村融合典型，并通过融媒体在全国范围进行推广宣传，以期为产村融合更好地促进美丽乡村建设提供经验借鉴与范式参考。三是在示范村成立"产村融合研究院"，并组织全国各村村委会到典型村庄参观、学习、轮训、挂职等，为其他乡村培养产村融合优秀干部。四是定期召开产村融合论坛和交流会并聘请专家与农民进行相互交流，为美丽乡村现代化建设提供现场指导。

第三节　数字化产村融合激活农村闲置资源的保障措施

通过前文的理论和实践分析，探索了数字化产村融合激活农村闲置资源的共生机理、路径及实现机制，本书发现在新技术经济范式的背景下，数字化产村融合实现共生的关键点在于凝结共生利益，形成共生资源及实现共生价值。因此，本书为了确保数字化产村融合共生能够充分落实，从产业、机制、人才和技术层面提出相应的政策建议。

一　动力主体层面

乡村振兴的关键在于产业振兴，数字化产村融合的发展也应注重生产融合。地方政府、涉农企业、农村集体经济组织和农户在数字化产村融合中都扮演着重要角色。为了加快乡村产业发展，应从数字化产村融合重要主体的视角提升与优化乡村产业营商环境，延长产业链和价值链，促进数字化产村融合发展，实现农村资源要素的有序流动和共生增值，推动农业农村可持续发展。

第十一章 数字化背景下产村融合激活农村闲置资源的政策建议

（一）地方政府

地方政府需着力推动乡村振兴，全力促进数字化产村融合共生，并将其作为农村发展的重要方向之一。地方政府应积极引导有能力的企业转移延伸生产实体，以特色资源和优势产业为基础，精准下沉数字化产村融合相关项目，并对下沉至农村的企业提供多元化政策支持，特别是需要更加明确的数字化产村融合战略，包括数字农业、农产品流通、农村金融等多个领域的政策框架，以可持续发展的原则为基础，注重资源的长期利用和保护，确保资源要素的有序流动和共生增值。与此同时，地方政府和乡村应加快完善数字基础设施建设，包括"大、智、移、云"这些新一代信息技术等，促进资源的优化配置，使传统农业向科技农业、数字农业、旅游农业转变，提升农业附加值。此外，金融机构应当提供数字普惠金融服务，包括信贷、保险和支付服务等，满足涉农企业、农村集体经济组织和农民的融资需求，降低融资门槛和成本，促进数字化产村融合发展。

（二）涉农企业

涉农企业应积极投资数字化农业相关技术的研发和应用，包括开发智能农业机械、农业物联网和数字农业咨询服务等，运用前沿农业科技和新一代信息技术为乡村振兴赋能，以提高农产品生产的效率和质量，能够顺应消费形态和消费结构的变化，实现价值链迁移和延伸，以及生产运作和价值实现的效率提升。同时，涉农企业可以建立数字流通平台，为农村集体经济组织、农民等数字化产村融合组织提供在线市场服务及物流支持，促进农产品及农村特色产品的销售和流通，提高其产销效率。此外，地方政府应积极鼓励涉农企业与农村集体经济组织和农户合作，共享资源，共同开发数字化产村融合项目，形成乡村发展合力，实现城乡资源要素的共生增值，提高产业链的整体效益。

（三）农村集体经济组织

农村集体经济组织要充分做好数字化产村融合项目的协调工作。一方面，农村集体经济组织要充分调动能人、乡绅、乡贤掌握的资源，鼓励其返乡创业并积极参与数字化产村融合项目，整合订单资源、客户资源等优质资源，这样既增加了当地农民就业机会，又延伸了当地的产业链；另一方面，依托农村集体资源，根植乡村特色资源和优势，对接数字乡村发展战略需求,促成农业农村向"数字化生产""数字化生态""数字化生活"转型升级。并针对数字产村融合发展现状,提高参与数字化产村融合的力度,增强数字化乡村建设主体意识,大力发展和壮大村集体经济,成立专业合作社和村办企业,将涣散的农户组织起来,打造乡村特色资源和优势产业基地,增强农村集体经济组织的谈判能力和市场竞争力,实现农业生产规模化。

(四)农户

农户应积极参与数字技术培训课程,拓宽视野,提升数字素养,实现单一技能农民向综合素质农民的转变,使其更好地理解和利用数字工具,提高资源管理和农产品生产的效率。同时,鼓励农户积极参与数字化产村融合项目,以土地、劳动力、技术等资源入股,整合城乡资源,提高资源要素的协同效应,实现当地就业,进一步提升乡村活力。此外,农户可以利用数字流通平台,使农产品及特色产品直接销售给消费者,提高农产品及特色产品的市场可及性,降低销售成本,占据产品价格优势,提高农产品及特色产品产销能力。

二 机制层面

为了从机制层面保障数字化产村融合共生发展,地方政府应采取一系列措施,包括构建四方合作奖惩机制、完善四方主体利益联结机制、引入政府担保机制等。这些举措将有助于促使数字化产村融合组织形成稳定的、长期的互利共生合作关系,凝聚为乡村发展合力。

(一)构建四方合作奖惩机制

在数字化产村融合激活农村闲置资源共生发展的过程中,为了降低信用风险和解决潜在的合作冲突,地方政府必须建立完善的四方合作奖惩机制。首先是提高双方在违约行为上的罚金力度,特别是在合作参与方之间存在明显的差异时,较高水平的罚金有助于提高整体的合作水平和收益水平。一旦一方采取不当行为,合同规定将允许另一方索赔,这将鼓励各方认真遵守合同,降低合作冲突的风险。同时,罚金也可视为一种赔偿机制,用以弥补受损一方的损失,从而确保双方的利益都能得到充分保护。然而,仅缴纳罚金解决不了根本问题,因此地方政府应建立征信平台,对政府、涉农企业、农村集体经济组织和农民的信用记录进行评级。这有助于监督合作参与方的信用表现,并及时采取措施来应对违约、信用等风险问题。如果出现信用问题，可以采取轻微的警告措施，或者在情况严重时终止合作，这有助于提升各方的责任感和诚信度，从而减少了合作冲突的可能性。同时，地方政府和农村集体经济组织还可以宣传信用良好的涉农企业或农户，并为其提供优惠待遇，以鼓励更多的合作参与方维护良好的信用，这将促进合作方之间的信任，增强长期合作的稳定性。

（二）完善四方主体利益联结机制

完善四方主体利益联结机制，以能够实现公平公正的利益分配。在数字化产村融合激活农村闲置资源的过程中，避免涉农企业、农村集体经济组织或农户以自身利益最大化为目标而损害合作利益，需构建地方政府、涉农企业、农村集体经济组织和农户四方主体协同互利的利益联结机制，实现优势资源互联互通、互利互补，引导涉农企业、农村集体经济组织和农户通过股份合作和股份制相互参股，更多地考虑农户这一弱势群体的利益，从而提高涉农企业和农村集体经济组织的收益系数，使涉农企业、农村集体经济组织和农户在参与数字化产村融合过程中获得更多的资源增值的额外收益，地方政府获得社会声誉和政绩。

（三）引入政府担保机制

引入政府担保机制有助于降低操作风险和合规风险。在数字化产村融合激活农村闲置资源的建设过程中，地方政府扮演着维护最佳合作策略稳定性的重要角色，地方政府可以为涉农企业、农村集体经济组织和农户设立担保机制，为其提供支持，变"废"为"宝"挖掘乡村特色产业，如"一村一格、一村一韵"等。涉农企业和农村集体经济组织将从地方政府的支持中受益，同时地方政府也需要推动农户参与乡村振兴，以提高农户的可支配收入。担保机制的建立有助于推动乡村产业的规模化和集约化发展，从而提高农民的可支配收入水平。然而，农民也应积极参与监督数字化产村融合过程中的不当行为，并及时向地方政府报告问题，以保护自身的权益，规范涉农企业和农村集体经济组织行为。政府的监督和规范措施有助于提高公信力，并增强政府、涉农企业和农村集体经济组织和农户之间的信任共识，从而维护农民的基本权益。这有助于减少合作冲突，提高各方的合作积极性。

三 人才层面

数字化产村融合是农业农村经济社会的重要趋势之一。为了实现农村地区的数字化转型，地方政府应采取一系列措施，其中包括用好驻村第一书记制度、创建数字人才市场、支持人才回乡创业、建立数字化人才培训体系等。这些举措将有助于吸引和培养数字化人才，改善农民的生活质量，推动农村地区的经济发展和创新活力，为农村地区的繁荣和进步创造更多机会。

（一）支持创建数字人才市场

数字人才市场是数字化产村融合的关键环节之一，能够吸引人才流向农村地区。地方政府应提供资金支持和政策激励，以鼓励企业、科研机构等在农村建设数字化人才市场，包括提供数字化培训、职业发展机会和人才引进计划，以吸引和留住各类人才，特别是科技和创新领域的人才。数字化人才市场不仅可以提供就业机会，还可以激发农村的创新活力，推动科研成果在农村落地，从而实现数字技术的产品化、商品化。

（二）支持人才返乡创业

通过党组织输送人才、村"两委"招募人才和优质项目吸引人才，营造良好的人才振兴环境。一方面，为了吸纳数字化产村融合人才，政府可以为愿意回乡创业的人才提供资金支持、税收优惠和创业培训等优惠政策，并为回乡创业的创业园区和孵化器提供必要的基础设施和资源支持。这将有助于将城市的人才资源引入农村，推动乡村经济的多元化和创新发展。另一方面，乡村人才振兴的关键在于让人才在乡村落地生根、开枝散叶和开花结果，使其获得成就感、满足感和归属感，持续为乡村资源的开放和开发提供智力与才能。因此，地方政府应加快数字技术赋能乡村建设，强化数字基础设施建设，提升宜居宜业水平，改善村风村貌，并基于农耕文化、田园文化、生态文化和传统文化，融合休闲文化、体验文化、创意文化和互联网文化，打造集居住、旅游、创业、社交等多功能于一体的高质量乡村社区，使乡村成为其用武之地、慰藉之所和理想之园。

（三）建立数字化人才培训体系

为了满足农村地区数字化发展的需求，地方政府和教育机构应合作建立数字化人才培训体系,包括开设数字技术课程、举办创业培训班和提供远程教育等。培训体系应当针对不同年龄层次和教育背景的人群,提供多样化的培训和学习机会。特别要依托青年、信任青年、培育青年,青年富有创新思维和革新勇气,是最活跃的主观能动性所在。地方政府可以提供奖学金和补贴,鼓励涉农企业、农村集体经济组织、村干部和农户参与数字化培训,这将有助于培养农村地区所需的技术和管理人才,推动数字化产村融合的发展。

四 技术层面

数字技术是激活农村闲置资源、实现产村融合的关键所在,推动数字普惠金融、构建数字化交易平台及投资数字基础设施,有助于从技术层面支持数字化产村融合发展。

(一) 完善数字普惠金融技术支持服务

为了促进数字化产村融合,地方政府应积极完善数字普惠金融技术支持服务。数字普惠金融是指通过数字技术手段为农村地区提供金融服务,包括数字支付系统、数字信贷和金融科技创新等。这将为农村经济提供多样化的融资渠道,通过数据流带动资本流,降低交易成本,为农村经济提供更为灵活的金融支持。地方政府可以采取多种方式来支持数字普惠金融的发展。首先,地方政府应出台相关政策,鼓励金融机构扩大对农村地区的金融覆盖,包括设立更多的农村信用合作社和金融服务点,以使涉农企业、农村集体经济组织和农户能够更容易地获得贷款和其他金融服务。其次,地方政府可以鼓励金融科技创新,推动数字支付系统和信贷评估技术的发展,以提高金融服务的效率和便捷性。最后,地方政府还可以提供财政支持,为数字普惠金融项目提供资金支持,以吸引更多的金融机构和科技企业参与。数字普惠金融的推动将有助于缓解数字化产村融合项目融资难的问题,帮助涉农企业、农村集体经济组织和农户更好地管理资金,扩大生产规模,提高生产效率,提高收入水平,促进农村经济的发展。此外,数字普惠金融还可以降低农村金融服务的成本,提高金融包容性,让涉农企业、农村集体经济组织和农户受益于金融服务,推动农村经济的多元化发展。

(二) 构建数字化交易平台

数字化交易平台的建设可以提高农村生产要素的流动性和可配置

性，使资源可以更加高效地匹配，促进农村企业的创新和发展，促进乡村产业结构的升级和优化，推动数字化产村融合共生发展。地方政府应积极支持建设数字化交易平台，通过"大数据+物联网"技术整合传统生产要素的数据，提高要素配置的效率，进一步激发农村的创新活力。首先，地方政府可以出台政策，包括提供财政支持和税收激励，鼓励涉农企业、农村集体经济组织和农户参与数字化交易平台的建设和运营，吸引更多数字化产村融合组织参与其中。其次，地方政府可以推动数字技术的应用，促进乡村产业链的数字化升级。如通过数字化交易平台，农产品即特色产品的生产、流通和销售过程可以实现信息共享和智能化管理，提高产业链的效率和质量。最后，地方政府可以鼓励合作和协同创新，促进数字化交易平台与其他数字化产村融合项目的互联互通，形成完整的数字化生态系统。

（三）投资数字基础设施

为了支持数字化产村融合，地方政府应加大对数字基础设施的投资，包括高速互联网覆盖、数字化农业技术和智能化农村基础设施等。这将为农村地区提供支持数字化产村融合的技术基础，挖掘数字产业的发展潜力。首先，地方政府可以提供资金支持，资助农村地区建设高速互联网基础设施，以确保数字技术的普及和应用。其次，地方政府可以鼓励农村地区引入数字化农业技术，包括智能农机、农业大数据和远程监控系统等。这将提高农村农业生产的效率和质量，为数字化产村融合提供更强有力的支持。此外，地方政府还可以推动智能化农村基础设施的建设，包括智能供水系统、智能电网和智能物流网络。这有利于提高农村基础设施的效能，为数字化产村融合创造更加有利的条件。数字基础设施的投资不仅将改善农民的生活质量，还将提高涉农企业、农村集体经济组织和个体户的生产效率和竞争力。其中高速互联网覆盖将使涉农企业、农村集体经济组织和农户更容易获取信息，参与电子商务和在线教育等数字化服务；数字化农业技术将帮助涉农企业、农村集体经济组织和农户更好地管理土地和农作物，减少资源浪费，提高农产品质量；智能化农村基础设施将提高农村交通、供水和能源供应的可靠性和效率，为乡村产业的可持续发展创造更加有利的环境。

第四节　本章小结

本章根据数字化产村融合调研案例，并结合数字化产村融合共生机理、路径和实现机制，得出目前中国数字化产村融合处于初步发展和探索阶段，从而提出数字化产村融合激活农村闲置资源的共生路径优化策略，具体为探寻出激活产村融合行为主体促进城乡要素双向流动；延长产业链盘活农村闲置资源实现资源共生；提高农村闲置资源利用率推动产村融合要素共生增值。为了实现数字化产村融合激活农村闲置资源，有效助推数字化产村融合共生路径发展，本章从"五个精准"方面提出了相应的政策建议，具体为精准识别资源禀赋优势，深入挖掘乡村美丽元素；精准引流城乡社会资本，夯实乡村资金技术人才；精准指导产村融合实践，做实美丽乡村建设工作；精准架构产村融合大脑，动态监测美丽乡村建设；精准打造产村融合典范，引领美丽乡村全面发展。之后从产业、机制、人才、技术四个方面提出相应的保障措施，具体为从数字化产村融合重要主体的视角提升与优化乡村产业营商环境；构建四方合作奖惩机制、完善四方主体利益联结机制、引入政府担保机制保障数字化产村融合实现；用好驻村第一书记制度、创建数字人才市场、支持人才回乡创业、建立数字化人才培训体系吸引和培养数字化产村融合共生人才；推动数字普惠金融、构建数字化交易平台及投资数字基础设施形成数字化产村融合创新生态。

附 录

附录一　调查问卷

实地走访与网络调查问卷

您好！我们是某大学的学生。为了解农民的生活质量和乡村经济的发展情况，特发放此问卷进行调研。答案没有"对"或者"错"的区别，您只要在最适合您的项目序号上相应框内画"√"就可以了。本问卷只用在计算机上分析，不需要署名。

一　基本信息

1. 您的性别

    A. 男　　　　　　　　　B. 女

2. 您的年龄

    A. 20 岁及以下　　　　　B. 21—35 岁　　　　　C. 36—50 岁

    D. 51—65 岁　　　　　　E. 65 岁以上

3. 您的文化程度

    A. 小学及以下　　　　　B. 初中

    C. 高中/中专　　　　　　D. 大专及以上

4. 您当前主要居住的地区

    A. 全年居住在农村　　　B. 全年居住在城镇

    C. 半年以上居住在农村　D. 半年以上居住在城镇

5. 您的月收入情况

    A. 低于 1000 元　　　　　B. 1000—3000 元

    C. 3000—5000 元　　　　 D. 5000 元以上

6. 您的职业

    A. 务农　　　　　　　　B. 本地企业职工

    C. 政府部门（事业单位）D. 外出经商

    E. 私营业主（个体）　　F. 外出务工　　　　　G. 其他

二　数字化基础设施建设程度调查

1. 生活性基础设施—农村电网

A. 非常不满意　　　　　B. 满意　　　　　　C. 一般
D. 不满意　　　　　　E. 非常不满意

2. 生活性基础设施—垃圾处理

A. 非常不满意　　　　　B. 满意　　　　　　C. 一般
D. 不满意　　　　　　E. 非常不满意

3. 生活性基础设施—污水处理

A. 非常不满意　　　　　B. 满意　　　　　　C. 一般
D. 不满意　　　　　　E. 非常不满意

4. 生活性基础设施—供热燃气设备

A. 非常不满意　　　　　B. 满意　　　　　　C. 一般
D. 不满意　　　　　　E. 非常不满意

5. 人文性基础设施—职能教学模式

A. 非常不满意　　　　　B. 满意　　　　　　C. 一般
D. 不满意　　　　　　E. 非常不满意

6. 人文性基础设施—卫生医疗设施

A. 非常不满意　　　　　B. 满意　　　　　　C. 一般
D. 不满意　　　　　　E. 非常不满意

7. 人文性基础设施—文化娱乐服务

A. 非常不满意　　　　　B. 满意　　　　　　C. 一般
D. 不满意　　　　　　E. 非常不满意

8. 流通性基础设施—交通安全系统

A. 非常不满意　　　　　B. 满意　　　　　　C. 一般
D. 不满意　　　　　　E. 非常不满意

9. 流通性基础设施—路灯感应系统

A. 非常不满意　　　　　B. 满意　　　　　　C. 一般
D. 不满意　　　　　　E. 非常不满意

10. 流通性基础设施—广播通信建设

A. 非常不满意　　　　　B. 满意　　　　　　C. 一般
D. 不满意　　　　　　E. 非常不满意

11. 流通性基础设施—宽带服务

A. 非常不满意　　　　　B. 满意　　　　　　C. 一般

D. 不满意 E. 非常不满意

12. 流通性基础设施——快递接收

A. 非常不满意 B. 满意 C. 一般

D. 不满意 E. 非常不满意

三 激活农村闲置资源的成效及存在的问题调查

1. 请列举您所知道的农村地区的闲置资源类型（可多选）

A. 闲置土地 B. 闲置宅基地

C. 闲置劳动力 D. 闲置农机设备

E. 闲置教育、医疗资源

F. 闲置自然资源（例如，林地、山地、水库）

G. 其他

2. 您认为当地政府对激活农村闲置资源的重视程度

A. 特别高 B. 较高 C. 一般

D. 不高 E. 不重视

3. 您是否了解您村为激活农村闲置资源所提供的扶持政策

A. 非常了解并且享受了相应的政策

B. 了解但未得到政策扶持

C. 听说但不了解 D. 从未听说

4. 您认为在您所在的农村地区，农村闲置资源的激活情况如何

A. 非常好 B. 好 C. 一般

D. 差 E. 非常差

5. 您认为本村还存在哪些闲置资源

A. 闲置土地 B. 闲置宅基地

C. 闲置劳动力 D. 闲置农机设备

E. 闲置教育医疗资源

F. 闲置自然资源（例如，林地、山地、水库）

G. 其他

6. 您认为本村激活农村闲置资源对农民的影响如何

A. 利大于弊 B. 弊大于利

C. 没什么影响 D. 不清楚

7. 如有机会，您是否愿意进行农村闲置资源的流转

A. 愿意　　　　　　　　B. 不愿意

8. 如果愿意，更倾向于哪种方式流转（可多选）

A. 村委会统一流转　　　B. 租赁　　　　　　　C. 投资入股

D. 抵押置换　　　　　　E. 直接买卖　　　　　F. 其他

9. 您认为您居住地区激活农村闲置资源主要面临着什么问题（最多选三项）

A. 资源和产业不合一　　B. 产业发展乏力

C. 激活动力不足　　　　D. 激活路径单一

E. 乡村地域特色缺失　　F. 产业布局不合理

G. 其他

10. 您认为当地资源与产业发展有哪些困境（单选）

A. 有资源无产业　　　　B. 产业单一化

C. 资源与产业错配

11. 您认为当地村景融合过程中产业布局不合理的主要因素是（单选）

A. 政府规划不合理　　　B. 数字基础设施落后

C. 入驻企业规划不足

12. 您认为当地村庄产业乏力的影响因素有哪些（单选）

A. 农民责任担当意识薄弱

B. 乡村合作社作用不显著

C. 基层组织参与不足

D. 政府优惠政策力度不够

13. 您认为出现这些困境的主要原因是（可多选）

A. 产业引培盲目　　　　B. 资金短缺

C. 智慧化技术落后　　　D. 产业规划短视

E. 利益联结机制滞后　　F. 政策引导不足

G. 激励动力不足　　　　H. 其他

14. 您认为在您所在地区最缺乏哪项农村产业建设

A. 从自然界获取产品（第一产业）

B. 初级产品的再加工（第二产业）

C. 生产和消费服务（第三产业）

D. 不清楚

15. 您认为目前开展新型产业的制约因素有哪些（可多选）
   A. 融资困难　　　　　　B. 销售渠道困难
   C. 交通运输条件制约　　D. 产业风险大
   E. 市场信息不完善　　　F. 政策扶持不够　　　G. 其他
16. 您认为在产村融合激活农村闲置资源后，年轻劳动力是否愿意返乡就业
   A. 愿意　　　　　　　　B. 不愿意　　　　　　C. 不清楚

附录二　省（市、县、乡）领导访谈提纲

一　访谈设计

访谈对象：（省、市、县、乡）领导。

访谈目的：本调研旨在收集数字化产村融合对于农业农村现代化的重要程度等信息，并了解调查地方政府、涉农企业、农村集体经济组织和农户在数字化产村融合中的行动策略及受益情况。

概念解释：数字化产村融合旨在基于共生发展和绿色发展理念，运用数字技术使产业、农村、农户、资源围绕生产、生态、生活三个维度实现高度融合，筑建宜居宜业、产村景相连、人文融通的循环生态共生体，能够盘活大量农村闲置资源。

二　访谈内容

（一）基本情况描述

1. 请简要介绍您的基本情况，如姓名、职务、任期、所属地区、主要职责等。

2. 请简要介绍所属地区涉农企业、农村集体经济组织和农户的基础情况。

（二）技术应用描述

1. 所属地区乡村数字技术应用情况，数字技术与农业农村融合的过程、成果？

2. 如何看待数字技术在农业农村中的应用？

3. 所属地区涉农企业和农村集体经济组织为采纳数字技术创新产品做了哪些努力？

（三）组织创新情况描述

1. 您推动哪些数字化产村融合机制及平台建设，其特点和优势是什么，对您所属地区的发展有哪些帮助和支持？

2. 您认为现在与过去相比，涉农企业、农村集体经济组织和新型农村经营主体的数量及质量发生了哪些变化？

3. 所属地区涉农企业、农村集体经济组织和农户参与数字化产村融合的积极性如何，以及参与过程。

4. 是否组织过数字技术相关培训？授课老师所在单位和职位？参与人数多吗？主要参加培训的人员是什么身份和职位？

（四）共生价值增值情况

1. 所属地区数字化产村融合中资源整合情况及激活农村闲置资源的过程、价值增值情况。

2. 为进一步激活农村闲置资源，实现资源共生，获得资源价值增值，你们会做哪些努力？

附录三　村干部访谈提纲

一　访谈设计

访谈对象：村干部。

访谈目的：本调研旨在收集数字化产村融合对于农业农村现代化的重要程度等信息，并了解调查地方政府、涉农企业、农村集体经济组织和农户在数字化产村融合中的行动策略及受益情况。

概念解释：数字化产村融合旨在基于共生发展和绿色发展理念，运用数字技术使产业、农村、农户、资源围绕生产、生态、生活三个维度实现高度融合，筑建宜居宜业、产村景相连、人文融通的循环生态共生体，能够盘活大量农村闲置资源。

二　访谈内容

（一）基本情况描述

1. 请简要介绍您的基本情况，如姓名、职务、任期、主要职责等。

2. 请简要介绍所属村庄产业的主要情况以及特色产业、产品。

3. 请简要介绍所属村庄及其附近村庄地方政府、涉农企业、农村集体经济组织和农户的基础情况。

（二）技术应用描述

1. 乡村数字技术应用情况，数字技术与农业农村融合的过程、成果？

2. 如何看待数字技术在农村生产、生态、生活空间中的应用？

3. 乡村采纳数字技术创新产品做了哪些努力？

（三）组织创新情况描述

1. 省市县乡领导对数字乡村建设的重视程度？这会影响你们引用数字技术吗？

2. 目前乡村企业现在主要经营业务是什么，您认为现在与过去相比，涉农企业和农村集体经济组织的数量及质量发生了哪些变化？

3. 涉农企业、农村集体经济组织和农户参与数字化产村融合的积极性如何，以及参与过程。

4. 村庄是否组织过数字技术相关培训？授课老师所在单位和职位？参与人数多吗？主要参加培训的人员是什么身份和职位？

（四）共生价值增值情况

1. 村庄在数字化产村融合中资源整合情况及激活农村闲置资源的过程、价值增值情况。

2. 农民是否享受到数字化产村融合的红利（基础设施、教育、医疗、人居环境优化等）？

3. 为进一步激活农村闲置资源，实现资源共生，获得资源价值增值，你们会做哪些努力？

附录四　涉农企业访谈提纲

一　访谈设计

访谈对象：涉农企业。

访谈目的：本调研旨在收集数字化产村融合对于农业农村现代化的重要程度等信息，并了解调查地方政府、涉农企业、农村集体经济组织和农户在数字化产村融合中的行动策略及受益情况。

概念解释：数字化产村融合旨在基于共生发展和绿色发展理念，运用数字技术使产业、农村、农户、资源围绕生产、生态、生活三个维度实现高度融合,筑建宜居宜业、产村景相连、人文融通的循环生态共生体,能够盘活大量农村闲置资源。

二 访谈内容

(一) 基本情况描述

1. 请简要介绍贵公司的主要情况,如主要产品和服务、销售渠道、上下游产业链情况、规模及成立时间等。

2. 请简要介绍数字化产村融合其他行为主体(如地方政府、涉农企业、农村集体经济组织和农户)的基本情况。

(二) 技术应用描述

1. 贵公司数字技术应用情况,数字转型的过程及成果。

2. 贵公司认为数字技术未来在乡村产业发展的趋势以及未来将如何进一步加快与数字技术的"链接"?

3. 贵公司为采纳数字技术创新产品做了哪些努力?

(三) 组织创新情况描述

1. 省市县乡领导或村干部对数字乡村建设的重视程度?这会影响你们引用数字技术吗?

2. 贵公司享受到什么数字化产村融合政策?

3. 贵公司是否与高校、科研机构等建立了合作?

4. 贵公司是否参与或组织过数字技术技能及趋势培训?

5. 贵公司人才构成情况及未来数字转型规划情况,需要哪些条件和资源来实现数字转型。

(四) 共生价值增值情况

1. 贵公司是如何与农业、文化、旅游等产业进行融合的,采用了哪些融合模式,开发了哪些融合产品或服务,实现了哪些融合效益?

2. 贵公司利用了哪些农村资源进行生产,是否实现资源价值增值?

3. 贵公司与当地政府、农村集体经济组织、农户等利益相关者是如何建立共生关系的,通过哪种形式与其进行合作和互动,为其提供了哪些资源和价值,从当地政府、农村集体经济组织、农户等利益相关者那里又获得了哪些支持和帮助?

4. 贵公司如何看待目前数字化产村融合的发展情况及如何看待这

种合作关系？

5. 为一步实现资源共生，获得资源价值增值，贵公司将做哪些努力？

附录五　农村集体经济组织访谈提纲

一　访谈设计

访谈对象：农村集体经济组织。

访谈目的：本调研旨在收集数字化产村融合对于农业农村现代化的重要程度等信息，并了解调查地方政府、涉农企业、农村集体经济组织和农户在数字化产村融合中的行动策略及受益情况。

概念解释：数字化产村融合旨在基于共生发展和绿色发展理念，运用数字技术使产业、农村、农户、资源围绕生产、生态、生活三个维度实现高度融合，筑建宜居宜业、产村景相连、人文融通的循环生态共生体，能够盘活大量农村闲置资源。

二　访谈内容

（一）基本情况描述

1. 请简要介绍农村集体经济组织的主要情况，如主要产品及服务、规模及成立时间。

2. 请简要介绍数字化产村融合其他行为主体（如地方政府、涉农企业、农村集体经济组织和农户）的基本情况。

（二）技术应用描述

1. 数字技术应用情况，是否采纳了数字技术？如采纳，主要目的是什么、采用了哪些数字技术和平台、获得了什么效果？如未采纳，主要是什么原因？

2. 您认为数字技术在乡村应用有哪些应用前景，未来你们是否会考虑引入或采纳数字技术？

（三）组织创新情况描述

1. 省（市、县、乡）领导或村干部对数字乡村建设的重视程度？这会影响你们引用数字技术吗？

2. 你们享受到了什么数字化产村融合政策？

3. 你们是否与企业、高校等组织在农业农村数字技术创新、人才培养等方面开展合作？是否与高校、科研机构等建立了合作？

4. 你们是否参与或组织过数字技术技能及趋势培训？

5. 你们未来有进行数字化规划吗？

（四）共生价值增值情况

1. 你们利用了哪些农村资源进行生产，尤其是对集体资源的利用情况，是否实现资源价值增值？

2. 你们与当地政府、涉农企业、农户等利益相关者是如何建立共生关系的，通过哪种形式与其进行合作和互动，为其提供了哪些资源和价值，从当地政府、涉农企业、农户等利益相关者那里又获得了哪些支持和帮助？

3. 你们如何看待目前数字化产村融合的发展情况及如何看待这种合作关系？

4. 为进一步激活农村闲置资源，实现资源共生，获得资源价值增值，您将做哪些努力？

附录六　农户访谈提纲

一　访谈设计

访谈对象：农户。

访谈目的：本调研旨在收集数字化产村融合对于农业农村现代化的重要程度等信息，并了解调查地方政府、涉农企业、农村集体经济组织和农户在数字化产村融合中的行动策略及受益情况。

概念解释：数字化产村融合旨在基于共生发展和绿色发展理念，运用数字技术使产业、农村、农户、资源围绕生产、生态、生活三个维度实现高度融合，筑建宜居宜业、产村景相连、人文融通的循环生态共生体，能够盘活大量农村闲置资源。

二　访谈内容

（一）基本情况描述

1. 请简要介绍您的基本情况，如您的姓名、年龄、文化程度、家庭成员等。

2. 请简要介绍您从事农业生产和经营的情况，如经营品质、规模、地点等。

3. 请简要介绍乡村生产数字化、生态数字化、生活数字化的现状。

4. 请简要介绍数字化产村融合其他行为主体（如地方政府、涉农企业、农村集体经济组织和农户）的基本情况。

（二）技术应用描述

1. 您如何看待数字化产村融合？

2. 您参与数字化产村融合的途径有哪些？

3. 您为采纳数字技术创新产品做了哪些努力？

（三）组织创新情况描述

1. 省市县乡领导或村干部对数字乡村建设的重视程度？这会影响你们引用数字技术吗？

2. 您享受到了什么数字化产村融合政策？

3. 您参与或组建了哪些新型农业经营主体或服务主体，其类型、名称、规模、业务是什么，对您的农业生产和经营有哪些帮助和支持？

4. 您是否参与过数字技术相关培训？培训内容主要是哪一方面？

（四）共生价值增值情况

1. 您闲置的资源是否得到利用，激活情况如何，是否实现资源价值增值？

2. 您与当地政府、涉农企业、农村集体经济组织等其他利益相关者是如何建立共生关系的，您与哪些利益相关者进行了共生合作，您提供了哪些资源和价值，您从共生合作中获得了哪些支持和帮助？

3. 您如何看待目前数字化产村融合的发展情况及如何看待这种合作关系？

4. 为进一步激活农村闲置资源，实现资源共生，获得资源价值增值，您将做出哪些努力？

附录七　LDA 主题模型语料库

数字化产村融合相关政策的 LDA 主题模型语料库

序号	文件	颁布时间（年）
1	中共中央 国务院印发《数字乡村发展战略纲要》	2019
2	农业农村部办公厅印发《2019 年农业农村部网络安全和信息化工作要点》	2019
3	《中共中央、国务院关于抓好"三农"领域重点工作确保如期实现全面小康的意见》	2020
4	中央网信办、农业农村部、国家发展改革委、工业和信息化部、科技部、市场监管总局、国家乡村振兴局等部门相关司局组织编制《数字乡村建设指南 1.0》	2021
5	中共中央 国务院印发了《关于推动城乡建设绿色发展的意见》	2021
6	《中共中央 国务院关于全面推进乡村振兴加快农业农村现代化的意见》	2021
7	中央网信办、农业农村部、国家发展改革委、工业和信息化部、国家乡村振兴局联合印发《2022 年数字乡村发展工作要点》	2022
8	《中共中央、国务院关于做好 2022 年全面推进乡村振兴重点工作的意见》	2022
9	《高举中国特色社会主义伟大旗帜 为全面建设社会主义现代化国家而团结奋斗——在中国共产党第二十次全国代表大会上的报告》	2022
10	《农业农村部关于推进稻渔综合种养产业高质量发展的指导意见》	2022
11	中央网信办、农业农村部、国家发展改革委、工业和信息化部、国家乡村振兴局联合印发《2023 年数字乡村发展工作要点》	2023
12	《中共中央、国务院关于做好 2023 年全面推进乡村振兴重点工作的意见》	2023

参考文献

安同良、杨晨：《互联网重塑中国经济地理格局：微观机制与宏观效应》，《经济研究》2020年第2期。

白暴力、程艳敏：《乡村振兴中生态经济发展研究——以新时代中国特色社会主义生态经济理论为指导》，《当代经济研究》2022年第6期。

白福臣等：《生态资源赋能乡村共富——数字经济的促进作用》，《中国农业大学学报》2023年第6期。

蔡知整、苏小东：《数字经济场域下农村经济的契机、障碍及策略》，《农业经济》2021年第7期。

曹冬英、王少泉：《习近平总书记关于数字治理的重要论述研究》，《中共福建省委党校学报》2019年第4期。

曹前满：《论共同富裕、共享发展与农村集体经济的发展取向》，《当代经济研究》2023年第5期。

陈丹、姚明明：《数字普惠金融对农村居民收入影响的实证分析》，《上海金融》2019年第6期。

陈瑾：《建筑师主导模式下的小庄村美丽乡村建设全过程研究》，硕士学位论文，山东建筑大学，2021年。

陈美、孙瑞乾：《政策工具视域下我国省级数字经济政策文本的量化分析——基于LDA的主题社会网络分析》，《情报杂志》2023年第11期。

陈美球等：《乡村振兴与土地使用制度创新》，《土地经济研究》2019年第1期。

程名望、张家平：《互联网普及与城乡收入差距：理论与实证》，

《中国农村经济》2019年第2期。

陈旎、李志：《数字乡村建设与现代农业融合发展困境及其破解之道》，《改革》2023年第1期。

陈培彬、朱朝枝：《非农就业会促进农村居民家庭的消费升级吗？——基于收入与偏好效应理论的实证检验》，《江苏农业学报》2021年第3期。

陈卫洪、王莹：《数字化赋能新型农业经营体系构建研究——"智农通"的实践与启示》，《农业经济问题》2022年第9期。

陈曦：《农村三产融合发展评价研究》，博士学位论文，吉林大学，2021年。

陈向明：《质的研究方法与社会科学研究》，教育出版社2000年版。

陈一明：《数字经济与乡村产业融合发展的机制创新》，《农业经济问题》2021年第12期。

陈英华、杨学成：《农村产业融合与美丽乡村建设的耦合机制研究》，《中州学刊》2017年第8期。

陈运平等：《基于系统基模的"互联网+"驱动传统农业创新发展路径研究》，《管理评论》2019年第6期。

邓久根、邹伟：《领先市场研究的新进展》，《演化与创新经济学评论》2018年第2期。

邓瑜：《数字金融能力对家庭消费升级影响的实证》，《统计与决策》2022年第18期。

丁关良：《宅基地"三权分置"之权利入股农民合作社的法理障碍和化解对策》，《天津商业大学学报》2020年第2期。

丁艳：《乡村生态产品价值实现的现实困境与优化路径——基于共同富裕的视角》，《中国国土资源经济》2023年第4期。

杜宏：《发展特色花卉产业，推进月南新村建设——以峨眉山市"月南花海"项目规划为例》，《住宅与房地产》2017年第27期。

杜志雄：《农业农村现代化：内涵辨析、问题挑战与实现路径》，《南京农业大学学报》（社会科学版）2021年第5期。

高红等：《差异化视角下数字经济与农村电商发展》，《商业经济研究》2020 年第 19 期。

高红贵、赵路：《探索乡村生态振兴绿色发展路径》，《中国井冈山干部学院学报》2019 年第 1 期。

樊轶侠、徐昊：《中国数字经济发展能带来经济绿色化吗？——来自我国省际面板数据的经验证据》，《经济问题探索》2021 年第 9 期。

范子英等：《公共交通对住房市场的溢出效应与虹吸效应：以地铁为例》，《中国工业经济》2018 年第 5 期。

方鑫、董静：《管理层能力对创业企业双元创新战略的影响研究》，《外国经济与管理》2022 年第 11 期。

冯朝睿、徐宏宇：《当前数字乡村建设的实践困境与突破路径》，《云南师范大学学报》（哲学社会科学版）2021 年第 5 期。

高金龙等：《苏南地区农村宅基地转型研究：基于利用状态的视角》，《自然资源学报》2021 年第 11 期。

高鸣、芦千文：《中国农村集体经济：70 年发展历程与启示》，《中国农村经济》2019 年第 10 期。

郭朝先、苗雨菲：《数字经济促进乡村产业振兴的机理与路径》，《北京工业大学学报》（社会科学版）2023 年第 1 期。

郭华等：《乡村旅游小微企业间知识转移的动力因素与作用机理——基于扎根理论的探索性研究》，《旅游学刊》2023 年第 4 期。

郭俊华、卢京宇：《产业兴旺推动乡村振兴的模式选择与路径》，《西北大学学报》（哲学社会科学版）2021 年第 6 期。

郭素芳：《城乡要素双向流动框架下乡村振兴的内在逻辑与保障机制》，《天津行政学院学报》2018 年第 3 期。

龚云：《新时代要高度重视发展农村集体经济》，《马克思主义研究》2022 年第 3 期。

古川、黄安琪：《数字化背景下农产品批发业经营效率的变化——基于面板门槛模型的实证检验》，《中国流通经济》2021 年第 6 期。

顾书桂：《中国土地财政研究综述》，《湖北经济学院学报》2019 年第 4 期。

关丽丽等：《基于益农信息社的农业信息服务新模式探索与实践》，《黑龙江农业科学》2017 年第 7 期。

韩晶等:《数字经济赋能绿色发展的现实挑战与路径选择》,《改革》2022年第9期。

韩先锋等:《互联网能成为中国区域创新效率提升的新动能吗》,《中国工业经济》2019年第7期。

韩旭东等:《农业全链条数字化助推乡村产业转型的理论逻辑与实践路径》,《改革》2023年第3期。

郝爱民:《流通数字化对我国农村三产融合的影响》,《中国流通经济》2022年第2期。

何慧丽等:《政府理性与村社理性:中国的两大"比较优势"》,《国家行政学院学报》2014年第6期。

何寿奎:《长江经济带环境治理与绿色发展协同机制及政策体系研究》,《当代经济管理》2019年第8期。

何学松、孔荣:《金融素养、金融行为与农民收入——基于陕西省的农户调查》,《北京工商大学学报》(社会科学版)2019年第2期。

[日]鹤见和子、川田侃主编:《内发型发展理论》,东京大学出版会1989年版。

胡斌:《上海社会资本参与老工业基地转型研究》,《科学发展》2021年第2期。

胡滨、程雪军:《金融科技、数字普惠金融与国家金融竞争力》,《武汉大学学报》(哲学社会科学版)2020年第3期。

胡守庚等:《乡村振兴规划体系与关键技术初探》,《地理研究》2019年第3期。

胡巍巍等:《数字化赋能闲置宅基地和闲置农房盘活改革》,《中国农业信息》2022年第3期。

胡卫卫、申文静:《技术赋能乡村数字治理的实践逻辑与运行机制——基于关中H村数字乡村建设的实证考察》,《湖南农业大学学报》(社会科学版)2022年第5期。

胡莹:《乡村振兴背景下城乡数字鸿沟审视》,《中国特色社会主义研究》2022年第4期。

胡颖峰:《社会生态农业、乡村振兴与共同富裕:第13届社会生态农业(CSA)大会实录》,《鄱阳湖学刊》2022年第2期。

华理维：《我国数字经济发展促进经济增长的传导路径研究——基于省级面板数据》，硕士学位论文，浙江大学，2021年。

黄茂兵等：《县域绿色发展与改革试点的集成探索及其对策研究——以广西乐业县为例》，《农业资源与环境学报》2023年第3期。

黄挺：《"三产融合"助推农业现代化》，《江苏农村经济》2016年第3期。

黄永春等：《数字经济、要素配置效率与城乡融合发展》，《中国人口·资源与环境》2022年第10期。

黄小勇等：《数字化产村融合激活农村闲置资源的演化博弈行为研究》，《中国软科学》2023年第7期。

黄欣荣、潘欧文：《"数字中国"的由来、发展与未来》，《北京航空航天大学学报》（社会科学版）2021年第4期。

黄兴：《岳池县农村空心化治理路径研究》，硕士学位论文，四川农业大学，2019年。

黄祖辉：《准确把握中国乡村振兴战略》，《中国农村经济》2018年第4期。

贾晋、尹业兴：《脱贫攻坚与乡村振兴有效衔接：内在逻辑、实践路径和机制构建》，《云南民族大学学报》（哲学社会科学版）2020年第3期。

贾雅喆：《基于因子分析与聚类分析的一线城市房地产上市公司综合评价》，《财会通讯》2011年第17期。

姜长云：《推进农村一二三产业融合发展的路径和着力点》，《中州学刊》2016年第5期。

江洪：《美国发展数字化农业的经验和启示》，《农村经济与科技》2020年第8期。

姜晶、崔雁冰：《推进农村一二三产业融合发展的思考》，《宏观经济管理》2018年第7期。

姜劲、徐学军：《技术创新的路径依赖与路径创造研究》，《科研管理》2006年第3期。

焦丽娟：《安徽省农村一二三产业融合发展研究》，硕士学位论文，安徽农业大学，2018年。

焦豪等:《数据驱动的企业动态能力作用机制研究——基于数据全生命周期管理的数字化转型过程分析》,《中国工业经济》2021年第11期。

康晗:《乡村振兴战略视野下相对贫困治理的逻辑与机制——以河北为例》,《四川农业大学学报》2022年第6期。

孔祥智、周振:《我国农村要素市场化配置改革历程、基本经验与深化路径》,《改革》2020年第7期。

郎宇、王桂霞:《生态资源价值化助推乡村振兴的逻辑机理与突破路径》,《自然资源学报》2024年第1期。

雷诚等:《苏南"工业村"乡村振兴路径研究》,《现代城市研究》2019年第7期。

雷晓康、陈泽鹏:《迈向共同富裕进程中的第三次分配：价值、基础与进路》,《济南大学学报》(社会科学版)2022年第4期。

李川川、刘刚:《数字经济创新范式研究》,《经济学家》2022年第7期。

李谷成等:《农业机械化、劳动力转移与农民收入增长——孰因孰果?》,《中国农村经济》2018年第11期。

李广昊、周小亮:《推动数字经济发展能否改善中国的环境污染——基于"宽带中国"战略的准自然实验》,《宏观经济研究》2021年第7期。

李国祥:《乡村产业兴旺必须正确认识和处理的重大关系》,《西部大开发》2018年第4期。

李国英:《乡村振兴战略视角下现代乡村产业体系构建路径》,《当代经济管理》2019年第10期。

李国英:《农业全产业链数字化转型的底层逻辑及推进策略》,《区域经济评论》2022年第5期。

李虹含等:《我国贫困县普惠金融创新发展研究——以河南省兰考县为例》,《新疆财经》2020年第5期。

李娟:《乡村产业融合发展中的城乡要素共生研究》,博士学位论文,江苏大学,2020年。

李雷、周端明:《产业政策、资本配置效率与企业技术创新》,《金融与经济》2021年第1期。

李丽娜、李兆峰：《河南省高职院校开展农村劳动力转移培训服务的现状及对策研究》，《农村经济与科技》2018年第17期。

李利文：《乡村综合整治中的数字监管：以D村经验为例》，《电子政务》2020年第12期。

李玲燕等：《"资源—要素—政策"相协调下乡村典型发展模式与可持续发展路径探析》，《中国农业资源与区划》2022年第10期。

李欠男等：《中国农业绿色发展水平的地区差异及收敛性——基于地级市面板数据的实证》，《中国农业大学学报》2022年第2期。

李瑞峰等：《MLP框架下农业低碳转型路径的前因组态研究》，《技术经济》2022年第12期。

李实、杨一心：《面向共同富裕的基本公共服务均等化：行动逻辑与路径选择》，《中国工业经济》2022年第2期。

李婷婷等：《中国农村宅基地闲置程度及其成因分析》，《中国土地科学》2019年第12期。

李先军、黄速建：《新中国70年企业扶贫历程回顾及其启示》，《改革》2019年第7期。

李晓华：《数字经济新特征与数字经济新动能的形成机制》，《改革》2019年第11期。

李晓龙、陆远权：《农村产业融合发展的减贫效应及非线性特征——基于面板分位数模型的实证分析》，《统计与信息论坛》2019年第12期。

李翔、宗祖盼：《数字文化产业：一种乡村经济振兴的产业模式与路径》，《深圳大学学报》（人文社会科学版）2020年第2期。

李星林等：《产业生态化和生态产业化发展：推进理路及实现路径》，《改革与战略》2020年第2期。

李兴洲主编：《中国教育发展与减贫研究》，社会科学文献出版社2018年版。

李逸飞：《面向共同富裕的我国中等收入群体提质扩容探究》，《改革》2021年第12期。

李因果、陈学法：《农村资源资本化与地方政府引导》，《中国行政管理》2014 年第 12 期。

李豫新、许新娜：《数字经济对农村要素错配的影响研究——基于三产融合视角》，《农林经济管理学报》2023 年第 4 期。

李媛、阮连杰：《数字经济背景下中国式农业农村现代化的拓展路径与政策取向》，《西安财经大学学报》2023 年第 2 期。

李周等：《加快推进农业农村现代化："三农"专家深度解读中共中央一号文件精神》，《中国农村经济》2021 年第 4 期。

梁栋等：《农业农村数字资源体系架构研究与设计》，《农业大数据学报》2019 年第 3 期。

林琳：《当代粤西乡村聚落空间环境提升研究》，博士学位论文，华南理工大学，2018 年。

刘秉镰等：《中国区域经济理论演进与未来展望》，《管理世界》2020 年第 2 期。

刘秉镰、高子茗：《城市群空间结构视角下中国式城镇化的内涵、机制与路径》，《西安交通大学学报》（社会科学版）2023 年第 4 期。

刘丹、巩前文：《中国农村宅基地面积测算及其分布特征》，《世界农业》2021 年第 6 期。

刘海启：《以精准农业驱动农业现代化加速现代农业数字化转型》，《中国农业资源与区划》2019 年第 1 期。

刘和东、杨丽萍：《高新技术产业创新产出空间集聚及关联性研究》，《科技进步与对策》2020 年第 19 期。

刘合光：《激活参与主体积极性，大力实施乡村振兴战略》，《农业经济问题》2018 年第 1 期。

刘俊祥、曾森：《中国乡村数字治理的智理属性、顶层设计与探索实践》，《兰州大学学报》（社会科学版）2020 年第 1 期。

刘克宝等：《大数据在黑龙江省数字农业中的应用现状与展望》，《农业大数据学报》2020 年第 1 期。

刘敏楼等：《乡村振兴战略背景下农村一二三产业融合：理论框架与发展对策》，《河北农业大学学报》（社会科学版）2022 年第 4 期。

刘明辉、卢飞：《城乡要素错配与城乡融合发展——基于中国省级面板数据的实证研究》，《农业技术经济》2019 年第 2 期。

刘天元、田北海：《治理现代化视角下数字乡村建设的现实困境及优化路径》，《江汉论坛》2022年第3期。

刘晓宇：《乡村振兴背景下苏州特色田园乡村规划策略研究》，硕士学位论文，苏州科技大学，2018年。

刘玉邦、眭海霞：《绿色发展视域下我国城乡生态融合共生研究》，《农村经济》2020年第8期。

刘志惠、黄志刚：《P2P网络借贷平台风险识别及度量研究——基于熵值法和CRITIC算法》，《合肥工业大学学报》（社会科学版）2019年第2期。

陆林、储小乐：《旅游地演化研究进展与启示》，《安徽师范大学学报》（自然科学版）2018年第1期。

陆铭：《从分散到集聚：农村城镇化的理论、误区与改革》，《农业经济问题》2021年第9期。

卢祥波、邓燕华：《乡村振兴背景下集体与个体的互惠共生关系探讨——基于四川省宝村的个案研究》，《中国农业大学学报》（社会科学版）2021年第3期。

罗敏等：《迈向互惠共生：乡村振兴战略下的农村土地流转复合型模式——来自西北民族地区X县W乡的地方性经验》，《东南学术》2021年第6期。

罗平：《都市圈城乡产业融合：基本特征、实现机制及政策建议》，《农村经济》2021年第6期。

罗雨等：《乡村振兴视角下秦巴山区农村路网通达性评价与分区优化研究——以陕西省山阳县为例》，《人文地理》2020年第3期。

吕宾、俞睿：《乡村文化自信培养困境与路径选择》，《学习论坛》2018年第4期。

吕普生：《数字乡村与信息赋能》，《中国高校社会科学》2020年第2期。

马晓河：《推进农村一二三产业深度融合发展》，《中国合作经济》2015年第2期。

马玥：《数字经济对消费市场的影响：机制、表现、问题及对策》，《宏观经济研究》2021年第5期。

毛奕欢等：《经济增长目标、官员压力与企业绿色创新》，《中南财经政法大学学报》2022年第3期。

梅方权：《农业信息化带动农业现代化的战略分析》，《中国农村经济》2001年第12期。

孟祺：《数字经济与高质量就业：理论与实证》，《社会科学》2021年第2期。

孟维福、任碧云：《数字金融对农村产业融合的影响机制和空间效应》，《西南民族大学学报》（人文社会科学版）2023年第3期。

牟天琦等：《数字经济与城乡包容性增长：基于数字技能视角》，《金融评论》2021年第4期。

宁志中、张琦：《乡村优先发展背景下城乡要素流动与优化配置》，地理研究》2020年第10期。

牛耀红：《建构乡村内生秩序的数字"社区公共领域"——一个西部乡村的移动互联网实践》，《新闻与传播研究》2018年第4期。

彭影：《乡村振兴视角下农村产业融合的增收减贫效应——基于农村数字化与教育投资的调节作用分析》，《湖南农业大学学报》（社会科学版）2022年第3期。

戚聿东等：《数字经济发展、就业结构优化与就业质量提升》，《经济学动态》2020年第11期。

钱立华等：《刺激政策中的绿色经济与数字经济协同性研究》，《西南金融》2020年第12期。

秦秋霞等：《乡村振兴中的数字赋能及实现途径》，《江苏大学学报》（社会科学版）2021年第5期。

邱俊杰等：《乡村产业数字化转型升级内涵特征、驱动机制与实现路径》，《西北农林科技大学学报》（社会科学版）2023年第5期。

任育锋等：《中国农村宅基地资源时空分布及利用特征》，《中国农业大学学报》2020年第10期。

商冉等：《人地关系视角下农村居民点转型的时空特征与形成机理》，《资源科学》2020年第4期。

沈费伟、陈晓玲：《"零污染"村庄的参与式治理路径与实现机制》，《北京理工大学学报》（社会科学版）2021年第6期。

石宏伟、郭余豪：《乡风文明建设助推农村基层治理现代化的现实思考》，《常州大学学报》（社会科学版）2023年第1期。

石忆邵、顾萌菁：《农业产业化与农村城市化共生模式研究》，《经济理论与经济管理》2001年第10期。

施远涛：《共同富裕视角下数字乡村建设的内在逻辑与实现路径——以浙江省实践为例》，《山西农业大学学报》（社会科学版）2022年第5期。

石璋铭、杜琳：《工业互联网平台对产业融合影响的实证研究》，《科技进步与对策》2022年第19期。

宋刚等：《复杂性科学视野下的科技创新》，《科学对社会的影响》2008年第2期。

宋伟等：《中国村庄宅基地空心化评价及其影响因素》，《地理研究》2013年第1期。

苏毅清等：《农村一二三产业融合发展：理论探讨、现状分析与对策建议》，《中国软科学》2016年第8期。

隋斌等：《论乡村振兴战略背景下农业工程科技创新》，《农业工程学报》2019年第4期。

孙继国、赵文燕：《数字金融素养何以推动农民农村共同富裕》，《上海财经大学学报》2023年第3期。

孙九霞等：《共同富裕目标下乡村旅游资源创造性传承与开发》，《自然资源学报》2023年第2期。

唐文浩：《数字技术驱动农业农村高质量发展：理论阐释与实践路径》，《南京农业大学学报》（社会科学版）2022年第2期。

唐燕、罗胤晨：《农业技术进步效率测度及区域差异研究》，《统计与决策》2021年第16期。

唐志远等：《城乡公共文化服务数字化发展中的信息鸿沟及其弥合——基于S市D区的实证分析》，《图书情报工作》2022年第24期。

陶柳伊、张永成：《乡村文化振兴战略的实践与思考——以南宁市"美丽南方"文化振兴为例》，《农村经济与科技》2020年第17期。

田成诗、陈雨：《人口虹吸、集聚与城市能源效率——以沪苏浙皖地区为例》，《统计研究》2022年第5期。

王丹玉等：《农村产业融合视域下美丽乡村建设困境分析》，《西北农林科技大学学报》（社会科学版）2017 年第 2 期。

王定祥、冉希美：《农村数字化、人力资本与农村产业融合发展——基于中国省域面板数据的经验证据》，《重庆大学学报》（社会科学版）2022 年第 2 期。

王军：《黄河流域空天地一体化大数据平台架构及关键技术研究》，《人民黄河》2021 年第 4 期。

王良健、吴佳灏：《基于农户视角的宅基地空心化影响因素研究》，《地理研究》2019 年第 9 期。

王明康、刘彦平：《旅游产业集聚、城镇化与城乡收入差距——基于省级面板数据的实证研究》，《华中农业大学学报》（社会科学版）2019 年第 6 期。

王其藩：《系统动力学理论与方法的新进展》，《系统工程理论方法应用》1995 年第 2 期。

王瑞峰、李爽：《涉农电商平台助力乡村产业数字化转型的实践逻辑》，《现代经济探讨》2022 年第 5 期。

王善良：《农村社区教育数字化建设调查及对策研究》，《远程教育杂志》2010 年第 4 期。

王胜等：《数字乡村建设：作用机理、现实挑战与实施策略》，《改革》2021 年第 4 期。

王颂吉、白永秀：《城乡要素错配与中国二元经济结构转化滞后：理论与实证研究》，《中国工业经济》2013 年第 7 期。

王文：《数字经济时代下工业智能化促进了高质量就业吗》，《经济学家》2020 年第 4 期。

王旭、褚旭：《制造业企业绿色技术创新的同群效应研究——基于多层次情境的参照作用》，《南开管理评论》2022 年第 2 期。

王子凤、张桂文：《数字经济如何助力农民增收——理论分析与经验证据》，《山西财经大学学报》2023 年第 2 期。

王子敏、李婵娟：《中国互联网发展的节能减排影响实证研究：区域视角》，《中国地质大学学报》（社会科学版）2016 年第 6 期。

魏后凯、黄秉信主编：《中国农村经济形势分析与预测（2020—

2021）》，社会科学文献出版社2021年版。

韦鸣秋等：《旅游目的地精益服务平台机制研究》，《旅游学刊》2023年第1期。

温铁军等：《乡村振兴背景下生态资源价值实现形式的创新》，《中国软科学》2018年第12期。

温铁军、逯浩：《国土空间治理创新与空间生态资源深度价值化》，《西安财经大学学报》2021年第2期。

吴金鹏、韩啸：《制度环境、府际竞争与开放政府数据政策扩散研究》，《现代情报》2019年第3期。

吴伟伟、刘耀彬：《非农收入对农业要素投入结构的影响研究》，《中国人口科学》2017年第2期。

吴晓怡、张雅静：《中国数字经济发展现状及国际竞争力》，《科研管理》2020年第5期。

吴晓曦：《数字经济与乡村产业融合发展研究》，《西南金融》2021年第10期。

吴秀波：《日本、韩国激励合作R&D的政策绩效比较及启示》，《中国科技论坛》2005年第5期。

武前波等：《乡村振兴背景下东部沿海发达地区乡村性空间格局——以浙江省为例》，《地理科学》2022年第3期。

武宵旭、任保平：《数字经济背景下要素资源配置机制重塑的路径与政策调整》，《经济体制改革》2022年第2期。

夏明等：《城市数字经济高质量发展协同路径研究——基于技术经济范式的定性比较分析》，《科研管理》2023年第3期。

夏显力等：《农业高质量发展：数字赋能与实现路径》，《中国农村经济》2019年第12期。

鲜军：《产村融合行为主体合作机制的演化博弈研究》，《价格理论与实践》2021年第8期。

向超：《农村经济数字化发展的实现路径研究》，《人民论坛·学术前沿》2021年第23期。

肖华堂等：《农民农村共同富裕：现实困境与推动路径》，《财经科学》2022年第3期。

肖若晨：《大数据助推乡村振兴的内在机理与实践策略》，《中州学刊》2019 年第 12 期。

谢璐、韩文龙：《数字技术和数字经济助力城乡融合发展的理论逻辑与实现路径》，《农业经济问题》2022 年第 11 期。

谢小芹、任世辉：《TOE 框架下数字乡村试点建设路径的组态研究与区域比较——基于全国 76 个数字乡村试点的定性比较分析》，《电子政务》2024 年第 1 期。

谢云飞：《数字经济对区域碳排放强度的影响效应及作用机制》，《当代经济管理》2022 年第 2 期。

徐达：《技术变革抑或创新尝试：数字文化赋能城乡融合实现文化共富的探索研究》，《浙江大学学报》（人文社会科学版）2023 年第 4 期。

徐洁等：《农村闲置土地的界定分析》，《现代农业科技》2014 年第 13 期。

徐俊丽等：《以人才振兴带动乡村振兴——日本和韩国的经验及其启示》，《中国农业会计》2021 年第 4 期。

徐兰、吴超林：《数字经济赋能制造业价值链攀升：影响机理、现实因素与靶向路径》，《经济学家》2022 年第 7 期。

徐旭初等：《农业产业数字化的实践逻辑及其关键机制——基于四省四县的多案例分析》，《农林经济管理学报》2023 年第 2 期。

许凯、杨寒：《小微制造业村镇"产、村融合"空间模式研究——基于 STING 法的实证分析》，《城市规划》2016 年第 7 期。

许宪春等：《大数据与绿色发展》，《经济研究参考》2019 年第 10 期。

许玉韫、张龙耀：《农业供应链金融的数字化转型：理论与中国案例》，《农业经济问题》2020 年第 4 期。

许竹青：《我国数字农业发展的现状、问题与政策建议》，《全球科技经济瞭望》2020 年第 6 期。

薛俊军等：《基于共生理论的县域医共体医防协同问题探讨》，《南京医科大学学报》（社会科学版）2022 年第 1 期。

严东伟：《国内外发展数字农业情况及经验》，《云南农业》2019

年第 5 期。

杨虎涛：《数字经济的增长效能与中国经济高质量发展研究》，《中国特色社会主义研究》2020 年第 3 期。

杨江华、刘亚辉：《数字乡村建设激活乡村产业振兴的路径机制研究》，《福建论坛》（人文社会科学版）2022 年第 2 期。

杨佩卿：《数字经济的价值、发展重点及政策供给》，《西安交通大学学报》（社会科学版）2020 年第 2 期。

杨忍等：《新时代中国乡村振兴：探索与思考——乡村地理青年学者笔谈》，《自然资源学报》2019 年第 4 期。

杨恬、张世龙：《关于盘活利用农村闲置宅基地的思考》，《农村经济与科技》2020 年第 3 期。

杨文凤、林卿：《生态农业数字化实践、现实挑战与推进策略》，《福建论坛》（人文社会科学版）2022 年第 9 期。

杨秀琴：《我国农村闲置宅基地盘活难题探析》，《农业开发与装备》2020 年第 12 期。

叶琴、曾刚：《经济地理学视角下创新网络研究进展》，《人文地理》2019 年第 3 期。

叶胥等：《数字经济发展的就业结构效应》，《财贸研究》2021 年第 4 期。

易行健、周利：《数字普惠金融发展是否显著影响了居民消费——来自中国家庭的微观证据》，《金融研究》2018 年第 11 期。

殷浩栋等：《农业农村数字化转型：现实表征、影响机理与推进策略》，《改革》2020 年第 12 期。

袁纯清：《共生理论及其对小型经济的应用研究（下）》，《改革》1998 年第 3 期。

袁建雄、侯志娟：《数字化赋能乡村生态振兴的价值导向、作用机理和路径探究》，《农村经济与科技》2022 年第 22 期。

曾帆等：《成都市美丽乡村建设重点及规划实践研究》，《现代城市研究》2017 年第 1 期。

曾可昕、张小蒂：《数字商务与产业集群外部经济协同演化：产业数字化转型的一种路径》，《科技进步与对策》2021 年第 16 期。

曾晔等：《"互联网+"介入下的城郊型村庄产村融合规划策略——以桃江县杨家湾村美丽乡村规划为例》，《小城镇建设》2016 年第 8 期。

曾小溪、汪三贵：《城乡要素交换：从不平等到平等》，《中州学刊》2015 年第 12 期。

曾亿武等：《中国数字乡村建设若干问题刍议》，《中国农村经济》2021 年第 4 期。

张超等：《数字创新生态系统：理论构建与未来研究》，《科研管理》2021 年第 3 期。

张鸿等：《乡村振兴背景下中国数字农业高质量发展水平测度——基于 2015—2019 年全国 31 个省市数据的分析》，《陕西师范大学学报》（哲学社会科学版）2021 年第 3 期。

张环宙等：《内生式发展模式研究综述》，《浙江大学学报》（人文社会科学版）2007 年第 2 期。

张军：《乡村价值定位与乡村振兴》，《社会科学文摘》2018 年第 7 期。

张丽、张祯：《基于文本挖掘的新冠肺炎疫情下医药在线消费者的需求研究》，《运筹与管理》2024 年第 8 期。

张良贵等：《数字经济结构优化与高质量发展效应：闲暇时间与研发效率动态关系变化的经验启示》，《贵州财经大学学报》2022 年第 2 期。

张林等：《农村产业融合发展与农民收入增长：理论机理与实证判定》，《西南大学学报》（社会科学版）2020 年第 5 期。

张龙江等：《基于主导生态功能保护的美丽宜居村镇生态建设模式研究》，《生态与农村环境学报》2021 年第 7 期。

张荣博、钟昌标：《智慧城市试点、污染就近转移与绿色低碳发展——来自中国县域的新证据》，《中国人口·资源与环境》2022 年第 4 期。

张三峰、魏下海：《信息与通信技术是否降低了企业能源消耗——来自中国制造业企业调查数据的证据》，《中国工业经济》2019 年第 2 期。

张腾等：《数字经济能否成为促进我国经济高质量发展的新动

能?》，《经济问题探索》2021年第1期。

张婷婷、孟颖：《数字普惠金融支持农村经济高质量发展的机遇、挑战与现实路径》，《农业经济》2022年第12期。

张晓玲、吕晓：《国土空间用途管制的改革逻辑及其规划响应路径》，《自然资源学报》2020年第6期。

张勋等：《数字经济、普惠金融与包容性增长》，《经济研究》2019年第8期。

张延龙等：《中国农业产业化龙头企业发展特点、问题及发展思路》，《农业经济问题》2021年第8期。

张勇：《乡村振兴战略下闲置宅基地盘活利用的现实障碍与破解路径》，《河海大学学报》（哲学社会科学版）2020年第5期。

张永强等：《我国农业全要素生产率及其影响因素研究——基于资源环境约束视角》，《资源开发与市场》2017年第6期。

张蕴萍、栾菁：《数字经济赋能乡村振兴：理论机制、制约因素与推进路径》，《改革》2022年第5期。

赵丙奇、章合杰：《数字农产品追溯体系的运行机理和实施模式研究》，《农业经济问题》2021年第8期。

赵黎：《成功还是失败？欧盟国家农业知识创新服务体系的演变及其启示》，《中国农村经济》2020年第7期。

赵敏、储佩佩：《中国省域农村产业融合水平的空间收敛性与分异特征》，《资源与产业》2023年第1期。

赵宁宁等：《中部地区乡村生产要素协同转型的时空格局及影响因素——以湖南岳阳为例》，《自然资源学报》2021年第12期。

赵卫军等：《1984—2050年中国农业剩余劳动力存量估算和预测》，《人口研究》2018年第2期。

郑风田：《中国城乡一体化发展路径选择》，《人民论坛》2016年第S1期。

郑巧茜：《浙江省特色小镇建设路径探究——以杭州良渚文化村建设为例》，《黑龙江科技信息》2017年第3期。

郑宇芳：《浅析我国农村剩余劳动力转移问题与对策》，《中外企业家》2018年第29期。

植草益：《信息通讯业的产业融合》，《中国工业经济》2001年第2期。

钟文、郑明贵：《数字经济对区域协调发展的影响效应及作用机制》，《深圳大学学报》（人文社会科学版）2021年第4期。

钟真、刘育权：《数据生产要素何以赋能农业现代化》，《教学与研究》2021年第12期。

周锦：《数字文化产业赋能乡村振兴战略的机理和路径》，《农村经济》2021年第11期。

周涛：《以数字经济为导向加强生态农业建设——促进农业可持续发展》，《现代农业研究》2020年第11期。

周雄勇等：《数字追溯对食品企业创新行为的影响——知识整合的中介效应和环境动态性的调节效应》，《中国管理科学》2023年第3期。

周振华：《产业融合：产业发展及经济增长的新动力》，《中国工业经济》2003年第4期。

朱光磊、裴新伟：《中国农民规模问题的不同判断、认知误区与治理优化》，《北京师范大学学报》（社会科学版）2021年第6期。

朱静静：《福建省农业信息化现状与发展对策研究》，硕士学位论文，福建农林大学，2019年。

朱太辉等：《数字经济时代平台企业如何促进共同富裕》，《金融经济学研究》2022年第1期。

朱奕帆、朱成全：《数字乡村建设对农户共同富裕影响的实证检验》，《技术经济》2023年第8期。

朱媛媛等：《资源型地区乡村三产融合及其内生动力提升——以湖北省大冶市为例》，《自然资源学报》2023年第8期。

Acemoglu D., Restrepo P., "Secular Stagnation? The Effect of Aging on Economic Growth in the Age of Automation", *American Economic Review*, Vol. 107, No. 5, 2017.

Acemoglu D., Restrepo P., "The Race between Man and Machine: Implications of Technology for Growth, Factor Shares, and Employment", *American Economic Review*, Vol. 108, No. 6, 2018.

Bosworth G., et al., "Empowering Local Action through Neo-Endogenous Development: The Case of LEADER in England", *Sociologia Ruralis*, Vol. 56, No. 3, 2016.

Chen Y., et al., "Investigation of Finance Industry on Risk Awareness Model and Digital Economic Growth", *Annals of Operations Research*, Vol. 326, 2023.

Cheng M., et al., "The Effect of Technological Factors on Industrial Energy Intensity in China: New Evidence from the Technological Diversification", *Sustainable Production and Consumption*, Vol. 28, 2021.

De Bary A., *Die Erscheinung Der Symbiose: Vortrag Gehalten Auf Der versammlung Deutscher Naturforscher Und Aerzte Zu Cassel*, Trübner, 1879.

Ehrlich P. R., Raven P. H., "Butterflies and Plants: A Study in Coevolution", *Evolution*, 1964.

Galagoda R. K. B., et al., "Planning Ecotourism in Up-country Tea Estates in Sri Lanka: Testing a 'Tourism Potential Index' ", *Tourism and Hospitality Planning & Development*, Vol. 3, No. 1, 2006.

Hacklin F., *Management of Convergence in Innovation: Strategies and Capabilities for Value Creation beyond Blurring Industry Boundaries*, Springer Science & Business Media, 2007.

Hayami Y., Ruttan V. W., *Agricultural Development: An International Perspective*, Baltimore, MD/London: The Johns Hopkins Press, 1971.

Helfat C. E., Raubitschek R. S., "Dynamic and Integrative Capabilities for Profiting from Innovation in Digital Platform-based Ecosystems", *Research Policy*, Vol. 47, No. 8, 2018.

Hercheui M., Ranjith R., "Improving Organization Dynamic Capabilities Using Artificial Intelligence", *Global Journal of Business Research*, Vol. 14, No. 1, 2020.

Herot C. F., Weinzapfel G., "One-point Touch Input of Vector Information for Computer Display", Proceedings of the 5th Annual Conference on Computer Graphics and Interactive Techniques, 1978.

Ilkay S. C., et al., "Technology Spillovers and Sustainable Environment: Evidence from Time-series Analyses with Fourier Extension", *Jour-*

nal of Environmental Management, Vol. 294, 2021.

Jolliffe L., Aslam M. S. M., "Tea Heritage Tourism: Evidence from Sri Lanka", Journal of Heritage Tourism, Vol. 4, No. 4, 2009.

Lefebvre H., From the Production of Space, Theatre and Performance Design: Routledge, 2012.

Li M., et al., "Analysis of Potential Factors Influencing China's Regional Sustainable Economic Growt", Applied Sciences, Vol. 11, No. 22, 2021.

Liu Y., et al., "Rural Vitalization Promoted by Industrial Transformation under Globalization: The Case of Tengtou Village in China", Journal of Rural Studies, Vol. 95, 2022.

Lordan G., Neumark D., "People Versus Machines: The Impact of Minimum Wages on Automatable Jobs", Labour Economics, Vol. 52, 2018.

MacDougall D., The Benefits and Costs of Private Investment from Abroad: A Theoretical Approach, Studies in Political Economy: Volume II: International Trade and Domestic Economic Policy, London: Palgrave Macmillan UK, 1975.

Maddison A., Economic Progress and Policy in Developing Countries, London: Routledge, 2013.

Margarian A., "A Constructive Critique of the Endogenous Development Approach in the European Support of Rural Areas", Growth and Change, Vol. 44, No. 1, 2013.

Margulis L., Fester R., Symbiosis as a Source of Evolutionary Innovation: Speciation and Morphogenesis, Cambridge: MIT Press, 1991.

Oliveira T., Martins M. F., "Literature Review of Information Technology Adoption Models at Firm Level", Electronic Journal of Information Systems Evaluation, Vol. 14, No. 1, 2011.

Ozcan B., Apergis N., "The Impact of Internet Use on Air Pollution: Evidence from Emerging Countries", Environmental Science and Pollution Research, Vol. 25, No. 5, 2018.

Pan X., et al., "The Effects of Outward Foreign Direct Investment and

Reverse Technology Spillover on China's Carbon Productivity", *Energy Policy*, Vol. 145, 2020.

Perez C., *Technological Revolutions and Financial Capital*, Cheltenham: Edward Elgar, 2003.

Preston D. A., "Rural-urban and Inter-Settlement Interaction: Theory and Analytical Structure", *Area*, Vol. 7, No. 3, 1975.

Röder M., et al., "Exploring the Space of Topic Coherence Measures", Proceedings of the Eighth ACM International Conference on Web Search and Data Mining.

Rosenberg N., "Technological Change in the Machine Tool Industry, 1840-1910", *The Journal of Economic History*, 1963, Vol. 23, No. 4.

Schultz T. W., "Changing Relevance of Agricultural Economics", *Journal of Farm Economics*, Vol. 46, No. 5, 1964.

Sita K., Aji T. M., Hanim W., "Integrating Tea and Tourism: A Potential Sustainable Livelihood Approach for Indonesia Tea Producer Central Area", IOP Conference Series: Earth and Environmental Science, IOP Publishing, Vol. 892, No. 1, 2021.

Strauss A. L., *Qualitative Analysis for Social Scientists*, London: Cambridge University Press, 1987.

Strauss A., Corbin J., "Grounded Theory Methodology: An Overview", in Denzin N. K. and Lincoln Y. S., eds., *Handbook of Qualitative Research*, London: Sage Publications, 1994.

Strubell E., Ganesh A., McCallum A., "Energy and Policy Considerations for Modern Deep Learning Research", Proceedings of the AAAI Conference on Artificial Intelligence, Vol. 34, No. 9, 2020.

Sudarmini N. M., et al., "Bali Agro-tourism Development: Integrating a Micro-scale Business and Natural Conservation", *International Journal of Social Science Research and Review*, Vol. 5, No. 12, 2022.

Teece D. J., "Explicating Dynamic Capabilities: The Nature and Microfoundations of (Sustainable) Enterprise Performance", *Strategic Management Journal*, Vol. 28, No. 13, 2007.

Teece D. J., Linden G., "Business Models, Value Capture, and the Digital Enterprise", *Journal of Organization Design*, Vol. 6, No. 1, 2017.

Thériault M., et al., Vandersmissen M-H., "The Effects of Land Use Planning on Housing Spread: A Case Study in the Region of Brest, France", *Land Use Policy*, Vol. 92, 2020.

Usman M., et al., "Unveiling the Dynamic Relationship between Agriculture Value Addition, Energy Utilization, Tourism and Environmental Degradation in South Asia", *Journal of Public Affairs*, Vol. 22, No. 4, 2022.

Xie N. Y., Zhang Y., "The Impact of Digital Economy on Industrial Carbon Emission Efficiency: Evidence from Chinese Provincial Data", *Mathematical Problems in Engineering*, Vol. 1, No. 1, 2022.

Wang L., Shao J., "Digital Economy, Entrepreneurship and Energy Efficiency", *Energy*, Vol. 269, 2023.

Wang X., Wang Q., "Research on the Impact of Green Finance on the Upgrading of China's Regional Industrial Structure from the Perspective of Sustainable Development", *Resources Policy*, Vol. 74, 2021.

Warner K. S. R., Wäger M., "Building Dynamic Capabilities for Digital Transformation: An Ongoing Process of Strategic Renewal", *Long Range Planning*, Vol. 52, No. 3, 2019.

Zhang D., "The Innovation Research of Contract Farming Financing Mode under the Block Chain Technology", *Journal of Cleaner Production*, Vol. 270, 2020.

Zhao Z., et al., "The Assistance of Digital Economy to the Revitalization of Rural China", 2019 4th International Conference on Social Sciences and Economic Development (ICSSED 2019), Atlantis Press, 2019.

Zhou Y., et al., "Land Consolidation and Rural Revitalization in China: Mechanisms and paths", *Land Use Policy*, Vol. 91, 2020.

后　记

本书获国家社科基金重点项目"数字化背景下激活农村闲置资源的产村融合共生路径研究"（21AGL020）支持，由黄小勇教授和邹伟博士共同完成。本书基于产城融合、产村融合共生发展的理论研究成果，并在国家社会科学基金重点项目"数字化背景下激活农村闲置资源的产村融合共生路径研究"研究报告和邹伟博士论文基础上修改完成。同时，相关研究成果发表于《中国软科学》《江西发展研究》《区域经济评论》《江西财经大学学报》等杂志，在此，对已经发表本书内容的杂志表示由衷的感谢！

书稿能够顺利完成，凝聚了相关课题组成员的巨大心血，黄小勇和邹伟负责了本书总体框架的设计与撰写，博士生查育新、成忠厚、李世成参与了课题研究和书稿撰写，硕士生陈飞羽、凌智铭、李豪旺、熊及云、阳细娜、符雯婷、温书逸、贺醴、蔡紫群、陈蕊萍、陶丽情、魏俊涛等参与了修改与校对，本科生胡彧琪、张梦桓、王薪凯、陈歌、张舒棨等参与了原始资料的收集和整理。在此，对以上成员的积极努力表示深深的谢意！

书稿能够顺利出版，获得了江西师范大学财政金融学院与钟昌标博士科研启动金的出版资助，在此表示深深的感谢！同时，在研究和撰写过程中参阅了大量乡村振兴发展案例和文献资料，在此表示深深的谢意。当然，研究永无止境，在乡村振兴高质量发展背景下，"乡村之问"需要不断研究和拓展，未来希望在产镇融合共生、城乡融合共生发展等方面获得更多理论与实践研究成果，为乡村可持续发展提供决策支持和政策参考。